COLLECTION MICHEL LÉVY

OEUVRES COMPLÈTES

DE

ALEXANDRE DUMAS

ŒUVRES COMPLÈTES
D'ALEXANDRE DUMAS

PARUES DANS LA COLLECTION MICHEL LÉVY

Amaury... 1	Impressions de voyage :
Ange Pitou... 2	— Le Capitaine Arena... 1
Ascanio... 2	Ingénue... 2
Aventures de John Davys... 2	Isabel de Bavière... 2
Les Baleiniers... 2	Italiens et Flamands... 2
Le Bâtard de Mauléon... 3	Ivanhoe de Walter Scott (trad.).. 2
Black... 1	Jane... 1
La Bouillie de la comtesse Berthe. 1	Jehanne la Pucelle... 1
La Boule de Neige... 1	Les Louves de Machecoul... 3
Bric-à-Brac... 2	Madame de Chamblay... 2
Un Cadet de famille... 3	La Maison de glace... 2
Le Capitaine Pamphile... 1	Le Maître d'armes... 1
Le Capitaine Paul... 1	Les Mariages du père Olifus... 1
Le Capitaine Richard... 1	Les Médicis... 1
Catherine Blum... 1	Mes Mémoires... 5
Causeries... 2	Mémoires de Garibaldi... 2
Cécile... 1	Mémoires d'une aveugle... 2
Charles le Téméraire... 2	Mémoires d'un Médecin. — Joseph
Le Chasseur de sauvagine... 1	Balsamo... 5
Le Château d'Eppstein... 2	Le Meneur de loups... 1
Le Chevalier d'Harmental... 2	Les Mille et un fantômes... 1
Le Chevalier de Maison-Rouge... 2	Les Mohicans de Paris... 4
Le Collier de la Reine... 3	Les Morts vont vite... 2
Le Comte de Monte-Cristo... 6	Napoléon... 1
La Comtesse de Charny... 6	Une Nuit à Florence... 1
La Comtesse de Salisbury... 2	Olympe de Clèves... 3
Les Confessions de la marquise... 2	Le Page du duc de Savoie... 2
Conscience l'innocent... 2	Le Pasteur d'Ashbourn... 2
La Dame de Monsoreau... 3	Pauline et Pascal Bruno... 1
Les Deux Diane... 3	Le Père Gigogne... 2
Dieu dispose... 2	Le Père la Ruine... 1
Le Drames de la mer... 1	La Princesse Flora... 1
La Femme au collier de velours.. 1	Les Quarante-Cinq... 3
Fernande... 1	La Reine Margot... 2
Une Fille du régent... 1	La Route de Varennes... 1
Les Frères corses... 1	Le Salteador... 1
Gabriel Lambert... 1	Salvator (suite et fin des Mohicans de Paris)... 5
Gaule et France... 1	
Georges... 1	Souvenirs d'Antony... 1
Un Gil Blas en Californie... 1	Les Stuarts... 1
La Guerre des Femmes... 2	Sultanetta... 1
Histoire d'un casse-noisette... 1	Sylvandire... 1
L'Horoscope... 1	Le Testament de M. Chauvelin.. 1
Impressions de voyage : Suisse. 3	Trois Maîtres... 1
— L'Arabie Heureuse... 3	Les Trois Mousquetaires... 2
— Les Bords du Rhin... 2	Le Trou de l'Enfer... 1
— Quinze jours au Sinaï... 1	La Tulipe noire... 1
— Le Véloce... 2	Le Vicomte de Bragelonne... 6
— De Paris à Cadix... 2	La Vie au désert... 2
— Le Speronare... 2	Une Vie d'artiste... 1
— Une année à Florence... 1	Vingt ans après... 3

POISSY. — TYP. DE A. BOURET.

MES
MÉMOIRES

PAR

ALEXANDRE DUMAS

DEUXIÈME SÉRIE

PARIS

MICHEL LÉVY FRÈRES, LIBRAIRES ÉDITEURS

RUE VIVIENNE, 2 BIS, ET BOULEVARD DES ITALIENS, 15

A LA LIBRAIRIE NOUVELLE

—

1863

Tous droits réservés

MÉMOIRES

DE

ALEXANDRE DUMAS

XXIX

La carrière. — Les Français mangent le haricot cuit pour les Cosaques. — Le duc de Trévise. — Il se laisse surprendre. — Le bonnetier Ducoudray. — Terreurs.

A cinq ou six cents pas de la ferme de Noue, au milieu de ces plaines semées de genévriers nains, où les rochers percent de tous côtés la terre, comme les os percent la peau d'un phthisique, s'ouvre tout à coup une excavation pareille à celle qu'on rencontre à chaque pas dans la campagne de Rome. Cette excavation semble quelque antre de Cumes, quelque soupirail de l'Averne. Quand on se baisse vers son orifice, on entend — en grand, en effroyable, en gigantesque — ce bruissement qui étonne quand on approche un coquillage de son oreille; puis, si l'œil s'exerce un instant à percer les ténèbres, qui vont s'épaississant à mesure qu'il plonge dans les profondeurs, on aperçoit à pic, à vingt-cinq ou trente pieds au-dessous de soi, une espèce de roc qui, par une pente rapide, s'enfonce dans les entrailles de la terre.

C'est l'entrée de la carrière.

De quelle carrière?

De la carrière par excellence sans doute, puisqu'on se contentait de l'appeler la Carrière, comme on appelait Rome *la Ville* — *Urbs*.

Quand, à l'aide d'une échelle, on avait descendu ces vingt-cinq ou trente pieds, quand, du terre-plein, on s'était laissé glisser par cette pente rapide pendant cinq ou six pas, on se trouvait à l'entrée d'un immense labyrinthe, près duquel celui du Crétois Dédale n'était qu'un jardin d'enfant à enfermer dans une boîte.

Qui avait creusé ces immenses catacombes? quelle ville était sortie de ces profondeurs inconnues? La chose eût été bien difficile à dire.

Sans doute, par des voies souterraines, elles communiquaient à quelque ouverture plus grande indiquant l'exploitation. Quant à l'ouverture par laquelle on pénétrait alors, c'était, comme nous l'avons dit, une simple crevasse, trop étroite pour avoir dégorgé jamais la quantité de pierres qui manquait aux flancs vides de la montagne.

C'était dans cette carrière que, pressée par la terreur, s'était réfugiée la moitié de Villers-Cotterets.

Là, au milieu d'un carrefour de granit, sous une voûte de granit, soutenue par des piliers de granit, à un quart de lieue à peu près de l'ouverture, à une profondeur de cent ou cent cinquante pieds, s'était établi un grand campement, une espèce de village habité par cinq ou six cents personnes.

Une des premières, ma mère avait été y choisir sa place, l'avait marquée, l'avait retenue. On y avait porté des matelas, des couvertures, une table et des livres.

Nous n'avions donc plus, à la première alerte, qu'à quitter Villers-Cotterets, et à nous réfugier dans la carrière.

Avant d'arriver à cette extrémité, ma mère voulait épuiser tous les moyens de conciliation; et l'un de ces moyens de conciliation, celui qu'elle regardait comme le plus efficace, était son haricot de mouton et son vin du Soissonais.

Mais l'homme propose et Dieu dispose. Après trois jours d'attente sur le feu, après trois jours d'attente dans la cave, le haricot de mouton fut mangé et le vin fut bu par des Français.

C'était le corps du maréchal Mortier, chargé de défendre, avec ce qui restait de la jeune garde et une douzaine de pièces de canon, le passage de la forêt.

Notre joie fut grande. Il était beau de voir, à la place des hideux Cosaques que nous attendions, ces beaux jeunes gens pleins d'espoir et de courage.

La jeunesse touche encore à Dieu, c'est ce qui fait qu'elle ne désespère jamais.

Il n'en était pas ainsi des vieux généraux, et surtout du duc de Trévise.

Dans tous ces hommes dont la fortune avait suivi celle de l'empereur, il y avait une lassitude étrange. C'est que leur position matérielle était faite; c'est que, devenus maréchaux, ils étaient arrivés à l'apogée de leur fortune ; tandis qu'il restait toujours quelque chose à désirer à Napoléon, ce désireux de l'impossible..

Aussi, ceux qui ne se couchaient pas morts et sanglants sur les champs de bataille s'arrêtaient-ils sur la route de sa retraite, secouant la tête à sa course éternelle et fiévreuse, et disant : « C'est bon pour cet homme de fer ; mais, pour nous, il est impossible d'aller plus loin. »

Villers-Cotterets fut une de ces haltes où le duc de Trévise s'engourdit de fatigue. Dans la matinée, nous le vîmes passer à cheval, guidé par M. Deviolaine l'inspecteur, pour aller faire une reconnaissance dans la forêt.

Ma mère détacha la vieille cocarde tricolore qui était restée au chapeau de mon père, depuis la campagne d'Égypte, et la porta à M. Deviolaine avec une espingole.

M. Deviolaine mit la cocarde à son chapeau et l'espingole à l'arçon de sa selle.

Je vois encore le maréchal, ce vétéran de nos premières batailles, qui échappa, pendant toutes nos guerres, à la mitraille de la Prusse, de l'Angleterre, de la Russie et de l'Autriche, pour venir tomber au boulevard du Temple sous la machine infernale de Fieschi.

Il passait, le géant, tout courbé sur son cheval; on eût dit en ce moment qu'un enfant suffisait pour vaincre cet invincible.

Tant que l'Hercule couronné portait le monde à lui tout seul, cela allait bien. Mais, quand il en laissait la moindre part sur les épaules de ses lieutenants, leurs épaules pliaient.

Le soir vint; il y eut un grand dîner chez M. Deviolaine, on m'y fit venir. Le maréchal me prit entre ses jambes, et me caressa.

Il avait connu mon père.

Je lui demandai des nouvelles de mon parrain Brune; il était en disgrâce ou à peu près.

Le dîner fut triste, la soirée lugubre. Le maréchal se retira de bonne heure, se coucha et s'endormit.

A minuit, nous fûmes réveillés par des coups de fusil. On se battait dans le Parterre. Le maréchal s'était mal gardé; l'ennemi venait de lui prendre son parc, et lui-même, à moitié vêtu, s'était sauvé de chez M. Deviolaine par une porte de derrière.

Le matin, l'ennemi avait disparu, emmenant nos douze pièces d'artillerie.

Le même jour, le maréchal se retira sur Compiègne, je crois, et la ville resta abandonnée.

Cette fois, l'ennemi ne devait point tarder à paraître : ma mère se remit à un second haricot de mouton.

Les journées se passaient en alarmes continuelles. Pour deux cavaliers que l'on apercevait sur la grande route, le cri « Les Cosaques! les Cosaques! » retentissait. Une espèce de trombe de gens courant, d'enfants criant, passait par les rues; volets et portes se fermaient sur son passage, et la ville prenait l'aspect funèbre d'une ville morte.

Ma mère, malgré son haricot de mouton, qui bouillait incessamment sur le fourneau, et son vin du Soissonais, qui attendait le tire-bouchon, s'effrayait comme les autres, fermait sa porte, et alors, dans quelque coin retiré, me pressait sur sa poitrine, tout émue et toute tremblante.

On comprend qu'au milieu de ces transes, il n'y avait plus

de classes, il n'y avait plus de collége, il n'y avait plus d'abbé Grégoire.

Je me trompe : l'abbé Grégoire, au contraire, était là plus que jamais.

L'abbé Grégoire, c'était la sérénité et, par conséquent, la consolation. Il allait de maison en maison rassurant tout le monde, expliquant que le mal vient du mal, et que, si l'on ne faisait pas de mal à ces Cosaques tant redoutés, de leur côté ils n'en feraient pas.

D'ailleurs, leur intérêt était de ne pas trop faire les méchants. Une fois à Villers-Cotterets, ils se trouvaient au milieu d'une forêt immense, habitée par trente ou quarante gardes forestiers, qui en connaissaient les tours et les détours mieux qu'Osman ne connaissait ceux du sérail, et qui, à cent pas, étaient tous, un peu plus ou un peu moins, sûrs de mettre une balle dans un écu de six livres. C'étaient là des considérations fort appréciables, même pour des Cosaques.

En attendant, le temps passait; on se battait à Mormant, à Montmirail, à Montereau; on assurait même qu'à cette dernière bataille, Bonaparte, comme il l'avait dit lui-même, en se refaisant artilleur, avait sauvé Napoléon.

Soissons avait été repris par nous, le 19 février.

Il y avait cinq jours que le haricot de mouton était sur le feu. On n'attendait plus les Cosaques, de quelque temps, du moins. Nous mangeâmes le haricot de mouton.

On avait des nouvelles assez rassurantes. On parlait d'un armistice conclu avec l'empereur d'Autriche, par l'intermédiaire du prince de Lichtenstein. Napoléon était rentré à Troyes le 24, et avait destitué le préfet; des conférences, enfin, avaient eu lieu à Largny pour une suspension d'armes.

Mais bientôt, la flamme se rallume à je ne sais quelle étincelle, et l'on apprend, coup sur coup, les combats de Bar-sur-Aube, de Meaux, et la reddition de la Fère.

L'ennemi se rapprochait de nous.

Ma mère se remit à un troisième haricot de mouton.

Tout à coup, au milieu d'une matinée brumeuse de février, le cri « Les Cosaques! » retentit. On entend le galop de plusieurs chevaux, et nous voyons déboucher, par la rue de Soissons, une quinzaine de cavaliers à longue barbe, à longue lance, qui semblent bien plutôt des fuyards éperdus que des vainqueurs menaçants.

Devant eux fenêtres et portes se ferment. Leurs chevaux, lancés au galop, parcourent la rue de Largny dans toute sa longueur; puis ils reviennent sur leurs pas, toujours galopant, se rengouffrent dans la rue de Soissons, d'où ils sont sortis, et disparaissent comme une bruyante et hideuse vision.

A peine ont-ils disparu, qu'on entend un coup de feu.

A ce bruit, ma mère tressaille; mais la poudre fait sur moi son effet ordinaire; je glisse entre ses mains, je lui échappe; je cours, malgré ses cris, à l'entrée de la rue de Soissons.

Sur le seuil d'une porte ouverte, une femme se tord les bras.

C'est la femme d'un marchand bonnetier, nommé Ducoudray.

A ses cris, à ses gestes de désespoir, au fur et à mesure que les portes se rouvrent, les voisins accourent et s'amassent sur la porte.

Je suis arrivé l'un des premiers, et j'ai reconnu la cause de ces cris et de ce désespoir.

A l'approche des Cosaques, le bonnetier a refermé, par crainte, sa porte, qu'après leur premier passage il avait ouverte par curiosité; en passant, l'un des cavaliers a lâché dans la porte fermée, comme il eût fait dans une cible, un coup de pistolet. La balle a traversé la porte, a frappé M. Ducoudray à la gorge, et lui a brisé la colonne vertébrale.

Il était couché à terre, la tête reposant sur les genoux de sa fille, perdant des flots de sang par sa blessure, qui avait déchiré l'artère, et il ne respirait déjà plus.

La mort avait été instantanée.

De là les cris, de là le désespoir de la femme.

Quant aux Cosaques, ils avaient disparu comme ils avaient apparu, et, sans cette trace sanglante qu'ils avaient laissée de leur passage, la ville aurait pu croire qu'elle venait de faire un mauvais rêve.

Moitié par crainte, moitié pour me faire le porteur de cette importante nouvelle, je repris tout courant le chemin de la maison. Au coin de la rue, je rencontrai ma mère ; elle connaissait déjà la catastrophe.

Cette fois, ni le haricot de mouton, ni le vin du Soissonais, ne lui parurent un sûr bouclier contre le danger qui menaçait. Elle voyait les Cosaques passant devant notre porte, au lieu de passer devant la porte de M. Ducoudray ; elle voyait le coup de pistolet tiré dans cette porte, et, à la suite de ce coup de pistolet, moi, étendu, sanglant, expiré.

Nous avions une espèce de femme de ménage, qu'on appelait la Reine. Ma mère laissa à la Reine son troisième haricot de mouton et son vin du Soissonais, la chargea de veiller sur la maison, me prit par la main, et, d'une course presque folle, m'entraîna vers la carrière.

En sortant de la ville, nous nous retournâmes et nous aperçûmes notre troupe de Cosaques montant au galop une longue montagne, qu'on appelle la montagne de Dampleux.

C'était une petite troupe égarée qui s'égarait de plus en plus.

J'ai entendu dire, depuis, que, de ces douze ou quinze hommes, pas un n'était sorti de la forêt.

Nous courions toujours, ma mère et moi, comme courent des gens qui portent l'alarme avec eux ; la panique fut grande : nous annoncions, non-seulement la présence des Cosaques, mais encore l'assassinat qu'ils avaient commis dix minutes auparavant.

Tout ce qui était hors de la carrière y rentra à l'instant ; derrière le dernier qui descendit, on retira l'échelle, et, de vingt-quatre heures, nul de la colonie n'eut le courage de se rapprocher de l'ouverture.

Peu à peu cette première terreur se calma ; on se hasarda de mettre le nez au jour. Les plus braves gagnèrent la surface de la terre. On s'informa. On apprit que les Cosaques avaient complétement disparu, et que, sauf le malheur arrivé vingt-quatre heures auparavant, la ville était tranquille.

Ma mère se décida alors à accepter l'offre que lui avait faite madame Picot; c'était de venir avec moi passer la journée à la ferme, et de ne rentrer à la carrière que le soir, pour y coucher.

S'il naissait quelque incident nouveau, on était à l'instant même prévenu par quelqu'un des nombreux journaliers que M. Picot occupait sur le territoire, et qui, dételant un cheval d'une charrue ou d'une herse, accourait à toute bride à la ferme, et donnait l'alarme.

Cinq ou six jours s'écoulèrent ainsi, pendant lesquels on apprit successivement les combats de Lizy, de Saint-Julien, de Bar-sur-Seine.

Enfin, un jour, nous entendîmes le canon, comme je l'ai dit, de la cour de la ferme.

On se battait à Neuilly-Saint-Front.

La nuit qui suivit le combat, je m'endormis la tête pleine de bruit sans doute, et je rêvai que les Cosaques descendaient dans la carrière.

Le matin venu, je communiquai ce rêve à ma mère, à laquelle il fit une telle peur, qu'elle décida que nous partirions le lendemain.

Où irions-nous? Elle n'en savait absolument rien. Seulement, il lui semblait qu'en changeant de place elle conjurerait le danger.

XXX

Retour à Villers-Cotterets. — Rencontre. — L'étui aux trente louis. — Le sac de peau. — La taupe. — Départ. — Voyage. — Arrivée au Mesnil. — Séjour. — Le roi Joseph. — Le roi de Rome. — Nous quittons le Mesnil. — Séjour à Crépy en Valois. — Les morts et les blessés. — Reddition de Paris. — L'île d'Elbe.

La résolution prise fut exécutée le jour même. Nous montâmes, ma mère et moi, sur le point le plus élevé de la ferme, nous explorâmes les environs, et, ne voyant poindre aucun Cosaque, nous nous hasardâmes à rentrer dans la ville.

A peine avions-nous fait cent pas, que nous rencontrâmes

un commis à cheval nommé Crétet. C'était un excellent garçon qui avait été sous les ordres de mon beau-frère.

Il allait de maison en maison.

— Que cherchez-vous donc? lui demanda ma mère.

— Je cherche une voiture, un cabriolet, une charrette, une berline quelconque pour y atteler mon cheval et partir, nous répondit-il. Mademoiselle Adélaïde ne veut pas rester plus longtemps à Villers-Cotterets.

Mademoiselle Adélaïde était une vieille demoiselle bossue, à la tête de quelques mille livres de rente, pour laquelle je soupçonne Crétet d'avoir eu des bontés.

— Ah! comme cela tombe! s'écria ma mère; c'est ce que nous venions chercher de notre côté. Voulez-vous que nous partions avec vous? Vous êtes deux, nous sommes deux, nous voyagerons de compte à demi.

Il y a toujours quelque chose à gagner comme économie à voyager à quatre, au lieu de voyager à deux. L'offre fut acceptée. On trouva une charrette, peu ou point suspendue, et l'on décida que l'on partirait le même soir.

Ma mère revenait à Villers-Cotterets pour y prendre quelques hardes qui étaient nécessaires à notre voyage, et surtout pour tirer de son trou le fameux étui aux trente louis.

Nous rentrâmes à la maison, toujours gardée par la Reine; puis nous allâmes au jardin : nous reconnûmes l'endroit où nous avions enterré notre trésor. Je pris une bêche, et je me mis à fouiller.

A la troisième ou quatrième pelletée de terre, je commençai à être inquiet. Je regardai ma mère, et je vis que mon inquiétude était partagée.

Il n'était pas plus question de l'étui que s'il n'eût jamais existé.

Je m'assurai du point de repère, je mesurai les pas... Je ne m'étais aucunement trompé.

D'ailleurs, je me mis à bêcher tout autour du trou primitif, mais inutilement. Ce fut peine perdue.

Je revins au centre, et continuai de creuser plus profondément.

Tout à coup, je poussai un cri de joie. J'avais vu apparaître les cordons du sac de peau.

Je tirai le sac de peau par ses cordons; le sac de peau vint à moi : il était vide !

Un trou était pratiqué au fond.

La chose se compliquait.

Comment si l'on avait volé l'étui, s'était-on amusé à trouer le sac de peau pour le prendre? Il était bien plus simple d'emporter le tout ensemble, contenant et contenu.

Une idée lumineuse me traversa l'esprit. Je me mis à creuser avec ardeur, et, à un pied et demi de profondeur, ma bêche heurta enfin un obstacle.

— Voilà l'étui ! m'écriai-je.

En effet, c'était l'étui.

Une taupe, attirée par l'odeur du cuir qui l'enveloppait, avait fait son trou pour arriver jusqu'à lui. Elle avait rongé le sac, et l'étui, entraîné par sa pesanteur, était descendu de lui-même dans le boyau pratiqué par l'aveugle mineur.

Ma mère ouvrit vivement l'étui; pas un louis ne manquait.

Le soir, la charrette était chargée, le cheval mis aux brancards; nous partîmes par la route de Paris.

J'étais enchanté ! Nous allions faire une seconde visite à la capitale du monde civilisé, et, quoiqu'elle fût dans un triste état, je n'en étais pas moins désireux de la voir.

Malheureusement, avec nos trente-cinq louis, chose que j'ignorais, nous n'étions pas assez riches pour nous réfugier à Paris.

Il fut décidé qu'on s'arrêterait dans quelque village où la vie serait à bon marché.

La première nuit, nous allâmes jusqu'à Nanteuil. Nous nous arrêtâmes dans une auberge où mon père avait l'habitude de descendre, lorsqu'il allait à Paris. Puis, le lendemain, de très-bonne heure, nous nous remîmes en route.

Vers une heure, nous arrivâmes à la montée assez rapide de Dammartin : nous descendîmes de voiture pour soulager un peu le cheval. On se battait : où? je n'en sais rien; mais on entendait le canon aussi distinctement qu'on entend le tonnerre dans un orage.

Il semblait même que nous marchions du côté où on entendait le canon; mais la peur est tellement aveugle, que l'ennemi eût-il été devant nous, ma mère eût mieux aimé continuer son chemin que de retourner en arrière.

Nous passâmes à Dammartin, sans nous arrêter, excepté pour demander des nouvelles. Personne n'était renseigné d'une manière certaine. — Le comte d'Artois était à Nancy; les souverains alliés, à Nogent-sur-Seine. De tous côtés, l'ennemi marchait sur Paris. — On ne savait rien de plus.

Nous fîmes rafraîchir le cheval à Villeneuve-Saint-Georges; puis, après avoir dîné, nous nous remîmes en route, et, vers les huit heures du soir, nous arrivâmes au Mesnil.

Nous descendîmes à un hôtel dont j'ai oublié le nom, mais qui était situé à gauche, à l'angle d'une rue en face de la poste aux chevaux.

Le lendemain, à mon regret, on ne parla point de continuer le voyage; il paraissait à peu près décidé que nous n'irions pas plus loin.

Comment étions-nous mieux au Mesnil qu'à Villers-Cotterets, à douze lieues de distance de notre point de départ et sur la même route? C'est ce que ni ma mère ni mademoiselle Adélaïde n'eussent certainement pu dire.

Tant il y a qu'il fut décidé, sauf événement grave, que l'on était parvenu au but du voyage.

Nous étions arrivés au Mesnil le 22 mars.

Le 25, il fut question d'une grande revue de la garde nationale, que devait passer le roi Joseph dans la cour des Tuileries.

Cette solennité éveilla la curiosité de mademoiselle Adélaïde, qui n'avait jamais vu Paris, et il fut décidé qu'on remettrait le cheval à la voiture, que l'on partirait le 26 dans l'après-midi, qu'on irait coucher à Paris, que l'on verrait la revue du 27, et que l'on reviendrait le 28.

Ma mère ne se souciait pas de ce petit voyage. Paris lui rappelait des souvenirs que mon insoucieuse enfance avait oubliés! Elle me confia à Crétet et à mademoiselle Adélaïde, qui m'emmenèrent avec eux.

De tout ce voyage, postérieur à l'autre de huit ans, je n'ai plus que deux souvenirs bien distincts : l'un, tout de poésie et de lumière; l'autre, immonde et tout crotté de boue.

Le premier, c'est quand — au bruit des fanfares de cuivre, au milieu des drapeaux saluants, — au-dessus des cinquante mille têtes des gardes nationaux, on éleva la tête rose, blonde et frisée d'un enfant de trois ans, aux cris de « Vive le roi de Rome! vive la régence! »

C'était, en effet, ce pauvre enfant, né roi, que la fortune allait non-seulement déshériter de son double empire, mais encore faire orphelin de père et de mère.

C'était l'original de ces deux portraits, dont l'un avait été retrouver l'empereur à la Moskova, dont l'autre devait suivre Napoléon à Sainte-Hélène.

C'était cet ange martyr, que son père avait à peine eu le temps d'apercevoir comme une vision céleste à son apparition dans ce monde, puis qu'il avait revu après la campagne de Russie, après la campagne de Dresde, et qu'il ne devait plus revoir que dans les hallucinations de la solitude et dans les visions de son désespoir.

Sa mère, cette femme fatale à la France, comme l'ont toujours été ces filles des Césars qui se sont tour à tour nommées Anne d'Autriche, Marie-Antoinette et Marie-Louise, sa mère était derrière lui, figure fade et effacée, dont les traits se perdent pour moi dans un nuage, et dont je ne vois plus que la chevelure blonde, rattachée en haut de sa tête par un peigne en diamants.

On lui jurait fidélité, à ce pauvre enfant; et, si les fanfares et les cris se fussent tus, si Paris eût consenti à cesser pour un instant son gigantesque murmure, respiration d'un million d'hommes, on eût entendu le canon de l'ennemi qui tonnait à deux lieues de l'endroit où se faisaient tout ce bruit inutile, tous ces creux serments!

On promettait, en son nom, qu'il ne quitterait point Paris; que lui, Marie-Louise, sa mère, et le roi Joseph, son oncle, mourraient au milieu des Français. Et les équipages qui devaient les emporter le lendemain étaient déjà attelés dans les cours des Tuileries!

En effet, le lendemain matin, le roi de Rome quitta le château de Catherine de Médicis, toujours debout, malgré les 20 juin, les 10 août, les 29 juillet et les 24 février. Le lendemain, il laissa à ses successeurs, le duc de Bordeaux et le comte de Paris, son berceau royal donné par l'hôtel de ville, et dans lequel ils ne devaient guère dormir plus longtemps que lui, ces deux autres petits-neveux de Louis XVI.

Voilà le spectacle de lumière et de poésie encore tout présent à mon souvenir.

Le second, c'est celui des immondes filles qui, à cette époque, à travers les vitres de leurs entre-sols, appelaient les passants de leur voix lubrique et de leurs gestes licencieux.

A tout moment, je me retournais en disant à Crétet et à mademoiselle Adélaïde :

— On nous appelle.

Tous deux riaient, et j'ignorais la cause de leurs rires.

Nous quittâmes Paris le lendemain de bonne heure, mais point de si bonne heure cependant, que nous ne pussions rapporter la nouvelle fatale.

Pendant la nuit, le roi de Rome, l'impératrice et le roi Joseph avaient quitté Paris et s'étaient dirigés vers la Loire.

En apprenant cette nouvelle, qui indiquait l'abandon de la capitale, ma mère comprit que l'endroit où nous étions le moins en sûreté, en supposant toutefois que nous courussions un danger quelconque, c'était celui où nous étions, c'est-à-dire un petit village situé sur la grande route, à six lieues des barrières.

Paris s'apprêtait, disait-on, à se défendre; nous nous trouvions donc, si nous restions au Mesnil, dans le rayon de la ligne d'attaque.

D'ailleurs, l'ennemi était à Meaux; son avant-garde avait pénétré jusqu'à Bondy.

Ma mère résolut de retourner en arrière; nous nous mîmes en route pour revenir à Villers-Cotterets le lendemain.

J'ai complétement oublié ce que nous fîmes de Crétet et de mademoiselle Adélaïde; ce que je sais, c'est qu'ils sont éloignés de nous pendant les événements qui vont suivre.

En arrivant à Nanteuil, nous apprîmes que l'ennemi avait tourné Soissons, était à Villers-Cotterets et marchait sur Nanteuil. Les Cosaques avaient découvert la carrière, y étaient descendus, et y avaient commis, à ce qu'il paraît, dans l'obscurité, des abominations qui, si elles avaient eu lieu au jour, eussent certainement forcé le soleil de se voiler.

Nous entendions derrière nous le canon de Paris. On nous annonçait que l'avant-garde prussienne était à Levignan, c'est-à-dire à deux lieues de l'endroit où nous nous trouvions. Si nous voulions absolument fuir l'ennemi, nous n'avions plus qu'une route ouverte, celle de Crépy.

Crépy, situé à deux lieues au nord de la route de Laon à Paris, Crépy, ne conduisant nulle part, pouvait être oublié.

Nous partîmes pour Crépy.

Ma mère y connaissait une vieille dame nommée madame de Longpré. C'était la veuve d'un ancien valet de chambre de Louis XV.

Tout ce dont je me souviens à son endroit, c'est qu'elle avait le terrible défaut de s'enivrer avec de l'eau-de-vie, et que, pour se procurer cette eau-de-vie, elle vendait en détail une collection de magnifiques plats de porcelaine de Chine comme je n'en ai vu nulle part depuis.

Et pour quel prix les vendait-elle? Pour trente ou quarante sous la pièce!

Il est vrai qu'à cette époque, on faisait peu de cas de ces chinoiseries, si fort à la mode aujourd'hui.

Nous descendîmes chez elle; mais son appartement était trop petit pour nous recevoir; d'ailleurs, le spectacle de cette éternelle ivrognerie était dégoûtant.

Elle nous conduisit chez une dame nommée madame Millet, qui avait, disait-elle, un appartement tout garni qu'elle pouvait nous céder.

L'affaire fut bientôt conclue; Crépy est si près de Villers-

Cotterets, que ma mère y était parfaitement connue. Le même jour, nous étions installés.

Madame Millet avait deux fils et deux filles; une de ces deux filles, nommée Amélie, eût été charmante, si elle n'eût perdu, par accident, un œil, qui restait constamment fermé, et qu'elle cachait par une grosse boucle d'admirables cheveux noirs.

La cadette est beaucoup moins présente à mon souvenir; j'ai oublié jusqu'à son nom.

Restaient les deux fils, chirurgiens militaires comme leur père.

L'aîné avait déjà quitté le service depuis deux ou trois ans, et exerçait la médecine à Crépy.

L'autre était avec son régiment, on ne savait où. Au milieu de la débâcle générale, on n'avait pas entendu parler de lui depuis six semaines ou deux mois.

La pauvre mère et les deux sœurs étaient fort inquiètes de lui.

En traversant la principale place de Crépy, nous avions donné dans une espèce de bivac; nous nous informâmes de cette garnison, plus dangereuse qu'utile dans une ville ouverte comme une halle, et nous apprîmes qu'elle se composait d'une centaine d'hommes d'infanterie et de deux cents hommes de cavalerie. Ce petit corps, égaré et privé de toute communication avec l'armée, s'était établi là, commandé par des officiers inférieurs n'ayant point d'ordres : il attendait les événements.

L'ennemi était tout autour de Crépy : à Compiègne, à Villers-Cotterets, à Levignan. Mais, par un hasard étrange, dont nous nous félicitions fort, Crépy était resté comme Péronne, je ne dirai pas inviolable, mais inviolé.

Au reste, nos deux ou trois cents hommes se gardaient à merveille; ils avaient des vedettes de tous côtés, les fusils ne quittaient pas les faisceaux, les chevaux ne débridaient que pour manger.

L'activité de ces quelques hommes était remarquable, comparée à la négligence du duc de Trévise et de son corps d'armée, qui, ainsi que nous l'avons raconté, s'étaient fait surprendre une nuit à Villers-Cotterets.

Un jour, malgré cette surveillance, ou plutôt à cause de cette surveillance, l'alarme se répandit.

L'ennemi avait été vu débouchant par le bois du Tillet au pied de la butte de Montigny.

C'était cette même butte de Montigny qui m'avait paru si haute, lors de mon voyage à Béthisy avec Picard et ma cousine Marianne.

— Quoi qu'il en soit, l'ennemi s'approchait.

La petite troupe avait résolu de se défendre vigoureusement.

La maison de madame Millet était la seconde ou la troisième à droite en arrivant par la route de Villers-Cotterets, c'est-à-dire par la route que suivait l'ennemi.

Les fenêtres donnaient sur cette route.

En montant aux mansardes, transformées pour nous en bivac général, — car ma mère, madame Millet et ses deux filles avaient décidé qu'on ne se quitterait pas, — des fenêtres des mansardes, on voyait apparaître un petit corps d'une centaine d'hommes, à peu près.

Était-ce un corps isolé comme celui qui stationnait à Crépy? N'était-ce que l'avant-garde d'un corps plus considérable? C'est ce qu'on ne pouvait savoir, ou plutôt voir de nos fenêtres mansardées, la route faisant un coude à quelques pas de la ville, et allant se perdre derrière les maisons situées à notre droite, et cette route elle-même étant coupée à un quart de lieue de là par le bois du Tillet, qui pouvait masquer une force plus considérable que celle à laquelle il venait de donner passage.

Cette cavalerie était prussienne. Les hommes étaient revêtus de petites redingotes bleues collant sur le corps, bombées à l'estomac, serrées à la taille par des ceintures.

Ils portaient le pantalon gris, à bande bleue pareille à la redingote, et étaient coiffés d'une petite casquette à visière, maintenue par une mentonnière de cuir.

Les armes étaient, pour chaque homme, un sabre et deux pistolets.

Je vois encore tout le premier rang précédé de deux trompettes tenant leur instrument à la main, mais ne sonnant pas.

Derrière les trompettes marchait un officier.

C'étaient de beaux jeunes gens blonds, et plus distingués que ne sont des soldats ordinaires; sans doute de ces levées volontaires de 1813, qui vinrent à Leipzig faire leur coup d'essai contre nous; des officiers de ce *Tugendbund* qui avait donné Staps, et qui devait donner Sand.

Ils passèrent sous nos fenêtres, puis disparurent.

Un instant après, nous entendîmes comme un ouragan; la maison trembla au galop des chevaux. A l'extrémité de la rue, les Prussiens avaient été chargés par notre cavalerie, et, comme ils ignoraient notre petit nombre, ils revenaient au galop, poursuivis, le sabre dans les reins, par nos hussards.

Tous passaient pêle-mêle, tourbillon de fumée et de bruit. Nos soldats, le pistolet d'une main et le sabre de l'autre, tiraient et sabraient.

Les Prussiens, eux, tiraient en fuyant.

Deux ou trois balles frappèrent la maison; une d'elles brisa une des traverses du volet par lequel je regardais.

Il y eut alors grande alarme parmi les femmes, qui descendirent précipitamment les escaliers pour se réfugier dans la cave. Ma mère voulut m'entraîner, mais je me cramponnai à l'espagnolette; ce qui fit que, plutôt que de me quitter, elle resta près de moi.

Le spectacle était magnifique et terrible à la fois.

Poursuivis de trop près, les Prussiens s'étaient décidés à faire volte-face, et, là, à vingt pas de nous, sous nos yeux, aussi près que les premières loges du Cirque le sont du théâtre, se livrait un combat véritable, un combat corps à corps.

Je vis tomber cinq ou six hommes parmi les Prussiens, et deux ou trois parmi les Français.

Le premier qui tomba était un Prussien; il fuyait, la tête penchée sur le cou de son cheval, et le dos courbé : un coup de taille lui ouvrit le dos, de l'épaule droite au flanc gauche, et lui fit à l'instant même un cordon rouge!

La blessure devait avoir douze ou quinze pouces de long.

Les autres, que je vis tomber, tombèrent, l'un, d'un coup de tête qui lui ouvrit le front; les autres, de coups de pointe ou de coups de pistolet.

Puis, vaincus, après une lutte de dix minutes, les Prussiens se confièrent de nouveau à la vitesse de leurs chevaux, et repartirent à toute bride.

La poursuite recommença.

Le tourbillon reprit son vol, semant, avant de disparaître, trois ou quatre hommes sur le pavé de la route.

Un de ces hommes était tué, sans doute, car il ne fit aucun mouvement.

Les hommes se relevèrent ou se traînèrent; ils gagnèrent le revers de la route. Un d'eux s'assit, le dos à la muraille; les deux autres, blessés plus grièvement sans doute, restèrent couchés.

Tout à coup, on entendit le tambour battant la charge.

C'étaient nos cent hommes d'infanterie qui venaient à leur tour prendre part au combat. Ils marchaient la baïonnette en avant, et disparurent au coude que faisait la route.

Cinq minutes après, on entendit un vigoureux feu de peloton.

Puis nous vîmes reparaître nos hussards, ramenés par cinq ou six cents hommes de cavalerie.

Ils reparurent chassés, comme ils étaient partis chassant.

Au milieu de cette seconde tempête d'hommes, il fut impossible de rien voir, de rien distinguer; seulement, quand elle fut passée, trois ou quatre cadavres de plus étaient étendus sur la route.

Un grand silence succéda à tout ce bruit. Français et Prussiens s'étaient engouffrés dans l'intérieur de la ville.

Nous entendîmes, mais nous ne vîmes et n'entendîmes plus rien.

Qu'étaient devenus nos cent hommes d'infanterie? Sans doute, ils s'étaient jetés dans les terres et avaient été tués ou pris.

Quant à nos cavaliers, qui connaissaient les environs de la

ville ils s'étaient échappés, à ce qu'il paraît, par la montagne de Sery, dans la vallée de Gillocourt.

Ceux qui les poursuivaient ne reparurent plus, à nos yeux du moins. Sans doute sortirent-ils de la ville par une autre route que celle par laquelle ils y étaient entrés, et allèrent-ils rejoindre leurs compagnons rangés dans la plaine du Tillet, au nombre de deux ou trois mille.

Cette solitude et ce silence nous enhardirent. D'ailleurs, notre hôte, chirurgien militaire, devait aller offrir ses services aux blessés.

Je m'accrochai au pan de son habit, malgré les supplications de ma mère. Nous ouvrîmes la porte de la rue. Un sous-officier prussien, adossé à cette porte, se laissa aller à la renverse, l'appui qui le soutenait lui manquant tout à coup.

Il était blessé d'un coup de pointe au-dessus du teton droit. Du moment où elles pouvaient être utiles à un pauvre blessé, les femmes cessèrent d'avoir peur. Elles accoururent. On souleva le jeune homme, qui pouvait avoir vingt-six ou vingt-huit ans, et on le porta dans le salon, transformé, en un tour de main, en infirmerie.

Millet continua sa visite, et, aidé par les voisins qui commençaient à paraître sur le pas de leur porte, il ramena quatre ou cinq blessés, dont un Français. Les autres étaient morts ou expirants.

Le pansement commença.

Ce fut alors que les femmes jouèrent ce rôle divin auquel les a prédestinées le ciel. Ma mère, madame Millet et ses deux filles étaient devenues de véritables sœurs grises, consolant et soignant à la fois.

Je tenais le bassin plein d'eau où Millet lavait les blessures ; les domestiques faisaient de la charpie.

Nous apprîmes alors, par le moins blessé des Prussiens, — il avait reçu un coup de sabre à la tête, — que lui et ses camarades appartenaient à un détachement de trois mille hommes, lequel détachement n'était point entré dans la ville, de peur de surprise.

Ils observaient un ordre reçu ; il leur était enjoint de bivaquer, autant que possible, les chefs craignant toujours quelque égorgement nocturne si l'on se confiait aux villes.

— Au reste, ajouta le blessé, tout va finir, puisque Paris est rendu depuis avant-hier.

C'était la première nouvelle qui parvenait à nous de ce grand événement.

Nous allions nous exclamer, lorsqu'une voix venant de la porte dit tout à coup :

— Ce n'est pas vrai, Paris ne se rend pas ainsi.

Nous nous retournâmes, et, pâle, couverte de sang, nous vîmes, appuyée à la porte, une des plus belles têtes militaires que l'on pût voir.

Cette tête avait un trou au-dessus du sourcil gauche; de ce trou sortait son sang et venait sa pâleur.

C'était un officier du petit détachement d'infanterie. Il avait reçu au front une balle de pistolet, il était tombé sur le coup ; puis, après un instant, la fraîcheur de l'air l'ayant ranimé, il s'était relevé, et, voyant la ville à cent pas devant lui, il y était rentré, s'appuyant aux murailles.

Les voisins officieux qui avaient aidé notre hôte avaient enseigné sa maison à l'officier, et celui-ci était arrivé avec une blessure mortelle, juste assez à temps pour donner ce démenti tout national à la nouvelle que nous annonçait son ennemi.

La balle était restée dans la blessure; elle fut extraite avec une grande dextérité par Millet. Mais, comme nous l'avons dit, la blessure était mortelle, et l'officier mourut dans la nuit.

Il venait d'expirer, vers les deux heures du matin, lorsqu'un chien aboya.

Millet sortit dans la cour, et écouta: on frappait à la porte du jardin, qui donnait sur la plaine.

La manière dont on frappait indiquait que celui qui frappait avait des précautions à prendre.

Aussi notre hôte alla-t-il ouvrir lui-même.

Celui qui frappait ainsi de nuit à une porte dérobée, c'était le second fils de la maison, dont on était si cruellement inquiet.

Notre hôte rentra seul, et vint se pencher au chevet de sa mère et de ses deux sœurs, qui, après avoir accompli leur office de sœurs de charité, s'étaient couchées un instant. C'était une bonne nouvelle que Dieu leur envoyait en récompense de leur dévouement.

On fit entrer le nouveau venu par une fenêtre du rez-de-chaussée, de sorte que, sans être vu, il put monter jusqu'à nos mansardes.

Pendant dix minutes, les trois femmes sanglotèrent de joie, puis on s'informa.

Paris s'était effectivement rendu le 30 mars. Georges Millet, — autant que je puis me le rappeler, je crois qu'il s'appelait Georges, — Georges Millet comprit alors que tout était fini. Il avait quitté son régiment, et, au risque d'être pris vingt fois, il était revenu à Crépy, marchant la nuit et par des chemins de traverse.

Une nuit et demie lui avait suffi, Crépy n'étant qu'à quinze lieues de Paris.

Son frère lui donna un rasoir, il se coupa les moustaches. Quant à l'habillement, on envoya chercher, chez le fils aîné de madame de Longpré, qui était de sa taille, une redingote, un gilet et un pantalon, les habits du frère aîné ne pouvant lui aller, parce que le frère aîné était deux fois gros comme le frère cadet.

Le lendemain, les nouvelles arrivèrent.

Les alliés étaient entrés à Paris le 31 mars.

Le 1er avril, le sénat avait nommé un gouvernement provisoire.

Le 2, un décret du sénat avait déclaré Napoléon déchu de son trône.

Quinze jours après, nous étions de retour à Villers-Cotterets, et rétablis dans notre maison.

Que de choses s'étaient passées dans ces quinze jours qui avaient changé la face de l'Europe!

Le 4, Napoléon avait abdiqué en faveur de son fils.

Le 6, il avait fait ses dispositions pour se retirer derrière la Loire.

Le 10, un *Te Deum* avait été chanté par les alliés sur la place Louis XV.

Le 11, Napoléon avait signé son abdication absolue.

Le 12, il avait essayé de s'empoisonner.

Le même jour, pendant qu'il luttait contre le poison frelaté de Cabanis, le comte d'Artois entrait dans Paris.

Le 13, le sénat avait nommé ce prince lieutenant général du royaume.

Le 19, l'empereur, abandonné de tous, était resté sans un seul valet de chambre.

Enfin, le 20, il avait fait ses adieux aux aigles de la garde impériale. Il était parti pour l'île d'Elbe, juste le même jour et presque à la même heure où Louis XVIII arrivait à Compiègne.

Voilà ce qui s'était passé pendant ces quinze jours; voilà les nouvelles qui étaient venues frapper successivement sur le timbre sonore de l'histoire, et qui avaient retenti de par le monde, sans que mon ignorante et insoucieuse jeunesse se fût émue à ses vibrations.

Qui m'eût dit alors qu'un jour je visiterais cette île d'Elbe, dont j'ignorais l'existence avant qu'on eût prononcé son nom devant moi, dont j'ignorais le gisement depuis que ce nom avait été prononcé; qui m'eût dit qu'un jour je visiterais cette île d'Elbe avec le neveu de l'empereur?

XXXI

M'appellerai-je Davy de la Pailleterie ou Alexandre Dumas? — *Deus dedit, Deus dabit.* — Le bureau de tabac. — Cause de la chute de l'empereur Napoléon donnée par mon maître d'écriture. — Ma première communion. — Comment je m'y prépare.

Deux ou trois jours après notre retour à Villers-Cotterets, M. Collard vint nous voir; ma mère causa longtemps avec lui; après quoi, il la quitta en lui donnant pour le soir rendez-vous chez M. Deviolaine.

Elle alla chez M. Deviolaine, et l'on m'y mena. Comme la dernière fois que j'étais entré dans la maison, il y avait nombreuse compagnie, force sabres et épaulettes à table. Seulement, cette fois, c'étaient des sabres et des épaulettes russes.

D'ailleurs, la même langue, les mêmes manières, plus polies peut-être, voilà tout.

Je ne comprenais pas que ce fût cela que l'on appelait l'ennemi.

C'est que l'ennemi, ce n'est pas l'homme, c'est le principe.

Ma mère et M. Collard causèrent encore. M. Collard partait le lendemain pour Paris; il promit, à son tour, de passer à la maison avant que de partir.

Le soir, en entrant, ma mère me prit à part, et, avec un visage aussi tendre, mais plus solennel que de coutume :

— Mon ami, me dit-elle, le comte d'Artois, qui a été nommé lieutenant général du royaume; Louis XVIII, qui vient d'être nommé roi de France, sont tous deux les frères du roi Louis XVI. Ton grand-père, le marquis de la Pailleterie, a servi Louis XVI, comme ton père a servi la République. Voyons, maintenant, écoute bien ceci, car, probablement, tout ton avenir va dépendre de la résolution que nous allons prendre. — Veux-tu t'appeler Davy de la Pailleterie, comme ton grand-père? Alors tu es le petit-fils du marquis Davy de la Pailleterie, gentilhomme de la chambre de M. le prince de Conti, et commissaire général d'artillerie; on obtient pour toi une bourse, ou bien tu entres dans les pages, et, en tout cas, tu as une position faite auprès de la famille régnante. — Veux-tu t'appeler Alexandre Dumas tout simplement et tout court, comme ton père? Alors tu es le fils du général républicain Alexandre Dumas, et devant toi toute carrière est fermée; car, au lieu d'avoir servi ceux qui règnent, comme ton grand-père, ton père a servi contre eux!... M. Collard part aujourd'hui pour Paris; il connaît M. de Talleyrand, qui était du Corps législatif avec lui; il connaît le duc d'Orléans; il connaît enfin beaucoup de gens de la nouvelle cour. Selon ce que tu décideras toi-même, il va agir. Réfléchis bien avant que de répondre.

— Oh! il n'y a pas besoin de réfléchir, ma mère! m'écriai-je; je m'appelle Alexandre Dumas, et pas autrement. J'ai connu mon père, et je n'ai pas connu mon grand-père; que penserait donc mon père, qui est venu me dire adieu au moment de sa mort, si je le reniais, lui, pour m'appeler comme mon grand-père?

Le visage de ma mère rayonna.

— C'est bien ton avis? dit-elle.

— Et c'est le tien aussi, n'est-ce pas, mère?

— Hélas! oui; mais qu'allons-nous devenir?

— Bah! lui dis-je, tu oublies que j'explique le *De viris*, et que, par conséquent, je sais ce que veut dire la devise de mon père : *Deus dedit, Deus dabit*. Dieu a donné, Dieu donnera.

— Allons, allons, dit ma mère, va te coucher là-dessus, mon enfant; tu me fais bien enrager quelquefois, mais, au fond, je suis sûre que tu as un bon cœur.

J'allai me coucher sans trop savoir quelle grande résolution mon instinct filial venait de prendre, et que j'avais très-probablement décidé, comme l'avait dit ma mère, de l'avenir de toute ma vie.

Le lendemain, M. Collard revint; il fut décidé qu'il ne demanderait absolument rien pour moi, mais solliciterait seulement un bureau de tabac pour ma mère.

C'était de l'antiquité toute pure : la veuve de l'Horatius Coclès du Tyrol vendant du tabac!

Quant à moi, mon éducation allait se continuer chez l'abbé Grégoire.

J'ai dit *chez* l'abbé Grégoire, je me trompe, c'est par l'abbé Grégoire que j'aurais dû dire.

L'abbé Grégoire avait perdu, dans tout cela, son diplôme de maître de pension.

Je ne sais quelle décision de l'Université lui défendait de tenir collége chez lui. Il est vrai qu'il lui était permis de faire des élèves en ville.

Moyennant six francs par mois que ma mère s'engagea à lui payer, je devins son élève en ville.

En outre, je devais prendre des leçons de calcul avec le

maître d'école de la ville, Oblet, et continuer mes leçons d'armes avec le père Mounier.

Quant à l'équitation, je l'avais apprise tout seul, comme les soldats romains, en montant à poil les premiers chevaux venus.

Toute mon éducation devait donc se borner à savoir de latin ce qu'en savait l'abbé Grégoire ; à étudier mes quatre règles avec M. Oblet ; et à faire des contres, des feintes et des parades avec le père Mounier.

Celui de tous, il faut le dire, qui était le moins bien partagé, c'était Oblet.

J'ai toujours eu pour l'arithmétique une si profonde antipathie, que je n'ai jamais pu dépasser la multiplication. Aujourd'hui, encore, je suis incapable de faire la moindre division.

Mais, si je n'apprenais pas le calcul avec Oblet, Dieu, qui veillait sur moi, me faisait providentiellement étudier autre chose.

Outre une science parfaite de son *Barême*, Oblet avait une magnifique écriture. Il faisait, à main levée, non-seulement toutes les lettres de l'alphabet, comme M. Prudhomme, mais encore des ornements, des cœurs, des rosaces, des lacs d'amour, Adam et Ève, le portrait de Louis XVIII, que sais-je, moi ? des choses merveilleuses.

Ah! pour la calligraphie, c'était autre chose, j'étais doué! Quand Oblet venait me donner ma leçon de calcul, et que, pour l'acquit de sa conscience, il m'avait fait faire mes trois premières règles, — je l'ai dit, jamais je n'ai dépassé la multiplication, — nous prenions de belles feuilles de papier blanc, nous taillions d'avance trois ou quatre plumes en gros, en fin, en moyen, et alors les pleins, les traits et les déliés allaient leur train.

En trois mois, j'avais atteint Oblet, et, si je ne craignais pas de blesser son amour-propre, je dirais que, sur certains points, je l'avais même dépassé.

Ces progrès dans l'écriture faisaient quelque plaisir à ma mère ; mais elle eût mieux aimé le calcul.

— L'écriture, l'écriture! disait-elle ; le beau mérite de bien écrire! Tous les imbéciles écrivent bien. Mais vois Bonaparte: tu as vingt lettres de lui adressées à ton père; peux-tu en lire une seule?

— Aussi, madame, répondait gravement Oblet, M. Buonaparté est-il à l'île d'Elbe.

Oblet, très-royaliste, prononçait Buonaparté et traitait l'ex-empereur de *monsieur*.

— Direz-vous, reprenait ma mère, qu'il soit à l'île d'Elbe pour n'avoir pas su écrire?

— Pourquoi ne le dirais-je pas? C'est une thèse à soutenir, madame. On dit que M. Buonaparté a été trahi par ses maréchaux; moi, je dis: « La Providence a voulu que cet usurpateur ne sût point écrire, que ses ordres fussent illisibles, et que, par conséquent, ils ne pussent être exécutés. » Les maréchaux trahissaient?... Non, madame; ils lisaient mal, et faisaient le contraire de ce qui leur était ordonné. De là nos revers, de là nos défaites, de là la prise de Paris, de là l'exil à l'île d'Elbe!

— Mais laissons là Bonaparte, monsieur Oblet.

— C'est vous qui avez mis cet homme sur le tapis, et non pas moi, madame; moi, je ne parle jamais de cet homme.

— Mais enfin, si Alexandre...

— Si monsieur votre fils, madame, est un jour empereur des Français, comme il aura, ou plutôt comme il a une magnifique écriture, ses ordres seront littéralement exécutés, ou ses maréchaux ne sauront pas lire.

Et ma mère, que cette éventualité ne consolait pas de mon inaptitude au calcul, poussait un gros soupir, et laissait échapper ce mot, le dernier de la conscience lassée, de l'intelligence mise à bout, de la foi prête à douter:

— Enfin!...

Et je continuais mes cinq genres d'écriture, mes pleins et mes déliés, mes ornements, mes cœurs, mes rosaces et mes lacs d'amour avec Oblet.

Et Oblet, il faut le dire, n'était pas de ceux qui traitaient le plus mal l'empereur déchu en l'appelant Buonaparté; car beaucoup lui contestaient jusqu'à son nom, disant qu'il ne s'était jamais appelé Napoléon, mais Nicolas, — le débaptisant ainsi de son titre de *lion du désert*, les ignorants qu'ils étaient! pour l'appeler *vainqueur des peuples*.

Au milieu de tous ces événements, j'atteignis ma treizième année, et il était grandement question de me faire faire ma première communion, événement grave dans la vie de tout enfant, mais plus grave encore dans la mienne.

Si jeune que j'aie été, je me suis toujours senti, en dehors des pratiques extérieures, un sentiment profondément religieux. Ce sentiment, comme un timbre mystérieux et caché, vibre toujours, mais ne résonne réellement que lorsque le frappe un vif sentiment de joie ou de douleur. Dans l'un et l'autre cas, mon premier mouvement, soit de reconnaissance, soit d'affliction, est toujours pour le Seigneur. Les églises, où je n'entre presque jamais, — car, pour que j'en franchisse le seuil, il faut, comme Habacuc, que quelque ange m'emporte par les cheveux, — les églises sont pour moi un lieu tellement sacré, que je croirais les profaner en les visitant comme tout le monde, pour satisfaire à un mouvement de curiosité ou à un caprice de religion.

Non, pour que je me décide à entrer dans nos églises du Nord, surtout, il me faut une allégresse réelle ou un chagrin profond. Dans l'un ou l'autre cas, je gagne le coin le plus solitaire, l'endroit le plus sombre, — pour Dieu, il n'y a pas d'endroit sombre, — et je me prosterne, le plus souvent, contre un pilier où je puisse poser ma tête; et, là, les yeux fixes, isolé de tout et de tous, je m'absorbe dans une pensée, celle d'un Dieu, Dieu bon, tout-puissant, éternel, infini. Je ne trouve pas une parole à lui dire, pas une prière à lui faire. Que dire à Dieu, et à quoi bon le prier? Ne voit-il pas le visage derrière le masque, l'impiété derrière l'hypocrisie? Non, je mets mon corps, mon cœur, mon âme aux pieds de sa miséricorde, mon humilité aux pieds de sa grandeur. Je le bénis dans le passé, je le glorifie dans le présent, et j'espère en lui dans l'avenir.

Mais tout cela n'est pas très-orthodoxe, tout cela sent beaucoup son chrétien et très-peu son catholique; aussi craignait-on que je ne donnasse point un exemple de piété très-édifiant.

Ceux qui craignaient cela ne comprenaient pas que mon apparente irréligion me venait de trop de religiosité.

Au reste, il en était des prières comme des règles; je n'avais pu en apprendre que trois: *Notre Père,* — *Je vous salue, Marie,* — et *Je crois en Dieu.*

Encore ne les savais-je qu'en français, et pas à la lettre. On avait voulu me les apprendre en latin; mais, comme, à cette époque-là, je n'étais pas encore le disciple de l'abbé Grégoire, je m'y étais refusé, disant que je voulais savoir ce que je demandais au bon Dieu; ce à quoi on m'avait répondu que le bon Dieu entendait toutes les langues.

— N'importe! avais-je insisté; ce n'est pas assez pour moi que le bon Dieu comprenne, il faut que je comprenne aussi.

Et j'avais obtenu d'apprendre mes prières en français.

Au reste, malgré mes prières gallicanes et mon peu d'assiduité aux enseignements du catéchisme, il y avait deux personnes qui n'avaient jamais douté de mes dispositions religieuses.

C'étaient ma mère et l'abbé Grégoire.

Il y avait même plus: malgré les duretés de l'abbé Remy, curé de l'église de Villers-Cotterets, dont l'abbé Grégoire n'était que vicaire, ce dernier obtenait pour moi le suprême honneur de prononcer les *Vœux du baptême.*

La chose avait été longtemps débattue, et il fallut que l'abbé Grégoire répondît corps pour corps de son élève.

On me donna les *Vœux du baptême* huit jours d'avance, copiés de la plus belle écriture d'Oblet; le lendemain, je les savais par cœur.

La veille du jour de la cérémonie, ma mère me trouva plongé dans une lecture qui semblait absorber toutes mes facultés. Elle ne douta pas un instant que le livre qui captivait ainsi mon attention ne fût quelque *Imitation de Jésus-Christ,* quelque *Pratique du Chrétien:* elle s'approcha doucement, et lut par-dessus mon épaule.

Ce que je lisais, c'étaient les *Lettres d'Héloïse et d'Abeilard*, mises en vers par Colardeau.

Ma mère m'arracha le livre des mains.

— Voilà une singulière lecture, dit-elle, pour se préparer à une première communion !

Je voulus défendre le livre : je trouvais les exhortations d'Abeilard fort morales, et les lamentations d'Héloïse fort religieuses. Je voulais savoir en quoi les unes ou les autres pouvaient nuire à la contrition parfaite des péchés que j'avais commis, et dont j'allais recevoir l'absolution le lendemain. Ma mère ne jugea pas à propos de me donner la moindre explication là-dessus. Seulement, comme l'abbé Grégoire passait, elle l'appela. L'abbé Grégoire, constitué juge, prit le livre, lut une demi-page, secoua la tête, et dit :

— En effet, les vers ne sont pas bons.

Et il remit le livre à ma mère.

Je dois dire que je n'étais pas de l'avis de l'abbé, et que je trouvais les vers de Colardeau fort splendides.

Qui avait raison de l'abbé ou de moi ? Je suis fort tenté de croire que c'était ma mère.

Le soir, l'abbé Remy me prit à part, après l'instruction, m'expliqua comment, à cause du nom que je portais, de la position sociale que ma mère tenait dans la ville, et surtout de la recommandation de l'abbé Grégoire, il avait consenti à me laisser dire les *Vœux du baptême*. Il espérait donc que je comprendrais la grandeur de la mission dont j'étais chargé, et que je m'en montrerais digne.

J'avoue que je ne comprenais pas trop l'admonestation. S'il était, parmi les néophytes, un enfant préparé par ses propres impressions à cette solennelle cérémonie, c'était moi. Je sentis avec amertume cette injustice : c'était la première que l'on commettait envers moi.

Depuis, je me suis un peu habitué à ces fausses appréciations qu'on a faites de mes sentiments, de mon caractère et de ma conduite.

Je passai la nuit presque entière sans dormir : l'idée que j'allais me mettre en communication avec le corps divin de

Notre-Seigneur produisait sur moi une émotion profonde; j'avais des étouffements subits, et une continuelle envie de pleurer. Je ne me trouvais pas digne du grand honneur que j'étais appelé à recevoir.

On m'avait fait habiller à neuf pour cette solennité; j'avais une culotte de nankin, un gilet de piqué blanc et un habit bleu à boutons de métal, — le tout exécuté par Dulauroy, le premier tailleur de Villers-Cotterets.

Une cravate blanche, une chemise de batiste, et un cierge de deux livres complétaient cette toilette.

Une cérémonie préparatoire m'avait, au reste, mis à la hauteur de celle-là. La veille, on s'était aperçu qu'un de nos compagnons qui s'appelait, sans doute, Ismaël, mais qu'on appelait, par abréviation, Maël, et que je soupçonnais fort d'être juif, n'avait pas été baptisé.

On le baptisa conditionnellement, et nous fûmes choisis, moi et la jeune fille qui, de son côté, disait les *Vœux*, pour être ses parrain et marraine.

Ma commère était une fort jolie blonde, tirant un peu sur le roux, ce qui ne gâtait rien à l'affaire.

De son nom de baptême, elle s'appelait Laure, comme l'illustre maîtresse de Pétrarque; quant à son nom de famille, je l'ai complétement oublié. Je devais donc, le lendemain, communier entre deux filleuls à moi : Ismaël et Roussy.

Roussy, dont j'avais été le parrain à dix mois, avec Augustine Deviolaine, avait neuf mois de moins que moi, et Ismaël neuf mois de plus.

Enfin, l'heure arriva. On sait quelle fête c'était autrefois, dans une petite ville, que la communion des enfants : c'était le pendant de cette belle Fête-Dieu que l'on a supprimée. L'instinct populaire mettait en face l'un de l'autre, avec un respect presque égal, l'extrême faiblesse et la suprême puissance. Toutes les figures étaient rayonnantes, toutes les maisons fleuries. Au reste, avec mes yeux de treize ans, pleins de jeunesse et de foi, peut-être voyais-je cela ainsi.

Ce jour-là, Hiraux fit des merveilles avec son orgue. C'était, en vérité, un grand artiste; tout ce que la vie a d'adolescence, d'amour et de poésie, il le versa aux pieds du Seigneur en mélodieux accords.

Les détails de la cérémonie m'échappent complétement. J'étais absorbé dans une profonde contemplation. Je me souviens d'un ensemble plein d'espérance et de lumière. Aussi, autant qu'on peut voir dans le ciel avec les yeux de la foi, j'y ai vu ce jour-là, et l'éblouissement fut si vif lorsque l'hostie toucha mes lèvres, que j'éclatai en sanglots, et que je m'évanouis.

M. l'abbé Remy n'y comprenait rien.

C'est que, dès cette époque, il y avait en moi un respect profond pour tout ce qui est saint, une religieuse adoration pour tout ce qui est grand; toute flamme céleste allumait en moi un foyer intérieur, qui se répandait immédiatement au dehors comme la lave d'un volcan dont le cratère est trop plein.

Je fus deux ou trois jours à me remettre de cet ébranlement. L'abbé Grégoire vint me voir; je me jetai dans ses bras en pleurant.

— Mon cher ami, me dit-il, j'aimerais mieux que ce fût moins vif et que cela durât.

C'était un homme plein de sens que l'abbé Grégoire.

Non, cher abbé, cela ne dura point; non, comme je l'ai dit, je ne fus point l'homme de la pratique religieuse. Il y a même plus, cette fois où je m'approchai de la sainte table fut la seule; mais — je puis le dire à vous, mort, comme je le dirais à vous, vivant — quand la dernière communion viendra à moi comme j'ai été à la première, quand la main du Seigneur aura fermé les deux horizons de ma vie, en laissant tomber le voile de son amour entre le néant qui précède et le néant qui suit la vie de l'homme, il pourra, de son regard le plus rigoureux, parcourir l'espace intermédiaire, il n'y trouvera pas une pensée mauvaise, pas une action que j'aie à me reprocher.

XXXII

Auguste Lafarge. — Grande partie de marette. — Chasse miraculeuse.
— Épigramme. — Je veux faire des vers français. — De quelle façon
je traduis Virgile et Tacite. — Montagnon. — Mes opinions politiques.

Dieu, au reste, sembla récompenser cet élan de mon âme vers lui. Ma mère obtint la seule chose qu'elle eût jamais obtenue pendant ses douze ans de sollicitations.

Dans la prévision de ce grand événement, nous avions déménagé de la rue de Lormet; nous étions allés demeurer place de la Fontaine, chez un chaudronnier nommé Lafarge, lequel nous avait loué tout son premier, et s'était, en outre, engagé, au cas où nous en aurions besoin, à nous céder sa boutique.

Le bureau de tabac obtenu, il tint sa promesse, et nous nous installâmes au rez-de-chaussée sur la rue, dans une grande salle ornée de deux comptoirs : un pour débiter le tabac, l'autre pour débiter le sel.

Toutes nos espérances d'avenir reposaient sur ce double débit, que nous devions à la protection de M. Collard.

Quelque temps après notre installation, le fils du chaudronnier vint voir son père. C'était un beau jeune homme blond qui était maître clerc à Paris, et qui poursuivait une étude de notaire, pour l'achat de laquelle il lui fallait une dot. Il était, en conséquence, revenu dans sa famille avec tous les éblouissements de la capitale : carrick à trente-six collets, comme on les portait à cette époque, chaîne de montre à grosses breloques, pantalon collant, bottes à la hussarde. Il s'agissait d'éblouir quelque riche héritière; ce qui semblait facile à un habitué des bonnes fortunes parisiennes.

Le pauvre Auguste Lafarge était, à cette époque, un charmant garçon blond et rose, comme je l'ai dit, et qui cachait, sous cette apparence de santé, les germes d'une maladie de poitrine dont il est mort depuis. Il avait, en outre, de l'esprit, était jeté dans le monde littéraire de l'époque, appelait Désaugiers, Béranger et Armand Gouffé ses amis, faisait de jolies chansons, et, comme s'il fût né riche, il savait tirer une pièce d'or de son gousset, et la laisser négligemment tomber en payement du moindre objet qu'il avait acheté.

Un pareil fashionable ne pouvait coucher dans l'arrière-boutique de son père; on nous emprunta, pour Auguste, une chambre que nous cédâmes bien volontiers, et Auguste fut installé chez nous.

On comprend que, avide de nouveautés comme je l'étais, je dus rechercher un semblable modèle. Je fis des avances à Auguste, que ma mère m'offrait, d'ailleurs, pour exemple. Auguste les accueillit et m'offrit, comme la chose qui pouvait m'être le plus agréable, une grande partie de marette.

J'acceptai. — J'avais jusque-là reconnu la supériorité d'Auguste en toute chose; mais, en fait de marette, j'espérais bien lui damer le pion.

Je me trompais. Nous faisions, nous autres paysans, de la marette en artistes; Auguste en faisait en grand seigneur.

Il fit venir Boudoux.

— Quelles sont les meilleures marettes de la forêt? lui demanda-t-il.

— Les mares du chemin de Compiègne et du chemin de Vivières, répondit nettement Boudoux.

— Combien d'autres marettes dans les environs de celle-là, à une lieue à peu près?

— Sept ou huit.

— En bouchant toutes les autres mares, trois ou quatre jours d'avance, les oiseaux seront obligés d'aller aux deux mares du chemin de Vivières et du chemin de Compiègne?

— Sans doute, pauvres petites bêtes, à moins qu'il ne pleuve; auquel cas, au lieu de se déranger, comme vous comprenez bien, elles boiront dans le creux des feuilles,

— Et croyez-vous qu'il pleuve, Boudoux?

Boudoux secoua la tête.

— Le baromètre de ma tante est au beau fixe, monsieur Auguste : il ne pleuvra pas jusqu'au changement de lune.

— Eh bien, Boudoux, voici dix francs ; vous boucherez toutes les mares des environs, et, samedi soir, nous irons, Dumas et moi, tendre les deux mares du chemin de Compiègne et du chemin de Vivières. Il nous faut, près de l'une ou de l'autre de ces mares, une excellente hutte, où nous puissions passer la nuit.

— C'est bon, monsieur Auguste, dit Boudoux ; ce sera fait.

— En outre, je veux, ce soir, deux mille gluaux, afin de les engluer d'avance.

— Vous les aurez, monsieur Auguste.

— C'est bien, dit Lafarge avec un geste d'empereur.

Ce fut la première leçon de luxe que je reçus ; ceux qui ont lu *Monte-Cristo* peuvent dire si j'en ai profité.

Le samedi soir, grâce aux dix francs donnés à Boudoux, tout était prêt. Nous tendîmes les deux mares après le dernier chant du rouge-gorge. Nous nous enveloppâmes, Auguste dans son carrick, moi dans ma couverture, sur un lit de fougère préparé par Boudoux, et nous tâchâmes de dormir.

Je dis que nous tâchâmes de dormir, non pas que l'air ne fût point doux, que la forêt ne fût point calme, que la lune ne fût point sereine ; mais l'attente d'un plaisir tient presque aussi éveillé que le plaisir même. Il y a bien peu d'années que je dors pendant la nuit qui précède l'ouverture de la chasse, et il a fallu que ma vie arrivât à traîner derrière elle de bien sérieuses préoccupations pour que ces insomnies disparussent.

Il était donc bien rare que je dormisse pendant ces belles nuits, agité par l'attente d'une marette, d'une pipée ou d'une chasse. Au reste, ces veillées solitaires n'ont pas été perdues pour moi. Si j'ai dans le cœur quelque sentiment de la solitude, du silence et de l'immensité, je le dois à ces nuits passées dans la forêt, au pied d'un arbre, à regarder les étoiles à travers la voûte de feuillage qui s'étendait entre moi et le ciel, et à écouter tous ces bruits mystérieux et inconnus qui s'éveillent au sein des bois aussitôt que la nature s'endort.

Lafarge ne dormit guère plus que moi. A quoi rêvait-il? Sans doute à quelque joli visage de grisette, abandonnée dans une mansarde de Paris, ou, tout simplement encore, à cette immense ambition de devenir notaire, tout fils de chaudronnier qu'il était.

A trois heures du matin, le chant du rouge-gorge, sautillant dans les buissons, nous annonça le jour, comme il nous avait annoncé la nuit; puis vint le chant du merle, puis celui des mésanges, puis celui des geais.

Chaque oiseau semble avoir son heure où il s'éveille et parle à Dieu.

Je ne me rappelle pas avoir jamais fait ni vu faire une rafle d'oiseaux pareille à celle que nous fîmes ce jour-là. Nous comptâmes les geais, les merles et les grives par dix; les rouges-gorges, les fourgons, les mésanges et les fauvettes, par vingt, trente, quarante; enfin, nous rentrâmes dans la ville pliant sous le poids de notre chasse.

Trois jours après, Auguste Lafarge repartit pour Paris. Ses séductions avaient échoué. Il était venu à Villers-Cotterets pour demander en mariage mademoiselle Picot, et avait été refusé.

Cette nuit qu'il avait passée à mes côtés, à rêver je ne savais à quoi, ce n'était ni à l'ambition ni à l'amour, c'était à la vengeance.

Il confectionnait une épigramme.

Cette épigramme, il me la remit comme à vingt autres personnes, au moment de son départ.

La voici :

> La fière Éléonor compte avec complaisance
> Les nombreux soupirants qui briguèrent sa main,
> Et que sa noble indifférence
> Paya toujours d'un froid dédain.
> Pourtant, à ces discours que votre esprit résiste;
> S'il en fut un ou deux tentés par ses ducats,
> Un volume in-quarto contiendrait-il la liste
> De tous ceux qui n'en voudraient pas?

L'épigramme était-elle bonne, était-elle mauvaise ? Je n'en sais rien, et je laisserai la chose à décider à l'Académie, qui se connaît en ces sortes de matières, puisqu'elle a reçu M. de Sainte-Aulaire pour un quatrain. Mais ce que je sais bien, c'est que ceux que j'avais vus, la veille, rire de la famille Lafarge, rirent le lendemain de la famille Picot.

Depuis la mort de Demoustier, il n'y avait pas eu un vers inédit commis dans notre petite ville ; aussi les huit vers d'Auguste firent-ils du bruit pendant huit jours.

J'avoue que ce bruit fait autour du nom d'un absent m'étourdit. J'ambitionnai cette gloire de faire parler de moi où je n'étais pas, et, à la première leçon de l'abbé Grégoire, je le priai, au lieu d'insister aussi malheureusement qu'il le faisait sur les vers latins, de m'apprendre à faire les vers français.

Les vers d'Auguste Lafarge furent le premier rayon lumineux jeté dans ma vie ; il éclaira des désirs bien incertains encore, un rêve plutôt qu'une image, une aspiration plutôt qu'une volonté.

On verra par la suite comment Auguste Lafarge fut complété par Adolphe de Leuven.

J'avais demandé à l'abbé Grégoire de m'apprendre à faire des vers français.

L'abbé Grégoire était le poëte officiel du pays.

J'ai dit que, depuis Demoustier, pas un vers inédit n'avait chatouillé l'esprit de mes compatriotes.

Je me trompais : à toutes les fêtes, à toutes les naissances, à tous les baptêmes un peu importants, l'abbé Grégoire était convoqué en qualité de poëte.

Je n'ai jamais vu de vers plus honnêtes que les vers de l'abbé Grégoire.

Aussi, quand je lui fis cette demande, qui serait passablement indiscrète adressée à Hugo ou à Lamartine : « Apprenez-moi à faire des vers français, » l'abbé ne fut-il aucunement intimidé, et se contenta-t-il de répondre :

— Je ne demande pas mieux ; mais, au bout de huit jours, tu seras fatigué de cela comme du reste.

L'abbé me donna des bouts-rimés à remplir, et je m'escrimai de mon mieux à faire des vers français.

L'abbé avait raison : au bout de huit jours, j'en eus assez.

Les autres leçons allaient leur train. L'abbé Grégoire venait tous les jours, à onze heures du matin ; la leçon durait deux heures; j'avais à moi à peu près le reste de la journée, et voici comment : ·

Mon professeur, pour se donner moins de peine, avait un Virgile et un Tacite avec la traduction en regard. Or, pour ne pas apporter et remporter chaque jour ces deux volumes, il les laissait à la maison, enfermés dans une petite cassette.

Cette petite cassette, il en emportait la clef avec soin; car il savait la tentation grande pour un paresseux comme moi.

Malheureusement, j'avais découvert que la boîte avait des charnières extérieures. A l'aide d'un tourne-vis, j'entre-bâillais les charnières, et, à l'aide de l'entre-bâillement, je tirais, selon mes besoins, ou le chantre d'Énée, ou l'historien des Césars; grâce à quoi, aidé de la traduction française, je faisais des versions qui surprenaient mon professeur lui-même.

Quant à ma mère, elle était émerveillée.

— Voyez cet enfant, disait-elle à tout venant, il s'enferme une heure, et son devoir de toute la journée est fait.

Je m'enfermais effectivement, et avec le plus grand soin!

Malheureusement, il n'en était pas, les jours de thème, de même que les jours de version.

Les thèmes étaient dictés par l'abbé; or, ces thèmes, ils n'avaient point leur traduction latine enfermée dans une cassette quelconque; il fallait tirer les thèmes du dictionnaire, et ils n'en sortaient pas sans un certain nombre de barbarismes qui contre-balançaient, dans l'esprit de mon professeur, le bon effet des versions, et qui lui faisaient se poser éternellement cette question, à laquelle le pauvre homme mourut sans avoir trouvé de réponse :

— Pourquoi donc cet enfant est-il si fort en version, et si faible en thème?

Et cependant, les jours de thème, j'avais quatre heures de travail au lieu de deux.

Mais ces deux ou quatre heures de travail me laissaient libre dix ou douze heures chaque jour. J'avais donc, comme on le voit, beaucoup de temps de reste.

Ce temps, je le passais en grande partie chez un armurier qui demeurait de l'autre côté de la place, en face de nous.

On l'appelait Montagnon.

Cet armurier avait eu un fils qui était venu chez l'abbé Grégoire en même temps que moi; il était mort d'épuisement. On me l'avait fait voir sur son lit funèbre, et cette vue avait complété chez moi la guérison commencée par M. Tissot.

Malgré la mort de ce fils, mon camarade, je n'en étais pas moins resté habitué de la maison de son père; car ce que j'aimais surtout dans cette maison, c'étaient les armes qui s'y trouvaient.

Parmi ces armes se trouvait ce fusil à un coup que j'avais pris le lendemain de la mort de mon père, pour aller tuer le bon Dieu; ce fusil, on devait me le donner *quand je serais grand*; or, ces quatre mots : *quand je serais grand*, ne précisaient absolument rien, et faisaient mon supplice. Je me trouvais suffisamment grand pour mon compte; car je commençais à être plus grand que mon fusil.

Il résultait de cette assiduité chez Montagnon que j'étais encore plus fort en arquebuserie qu'en version; je pouvais démonter et remonter cette machine assez compliquée qu'on appelle la batterie d'un fusil, aussi bien et presque aussi subtilement que le plus habile armurier.

Le père Montagnon prétendait que c'était ma vocation, et offrait de me prendre gratis en apprentissage.

Il se trompait : mon enthousiasme n'allait pas jusque-là.

Le reste de mon temps se passait à faire des armes avec le père Mounier, ou à aller soit à la marette, soit à la pipée avec mes deux meilleurs amis Saulnier et Arpin.

Dans ces moments perdus, il était bien rare que je ne me donnasse point une peignée, au moins, par jour, à cause de mes opinions politiques !

Tout le monde avait une opinion vers la fin de 1814, et vers le commencement de 1815. En général, chaque opinion était même fort ardente.

Seulement, ces opinions, loin de se diviser à l'infini comme aujourd'hui, loin de représenter toutes les nuances de l'arc-en-ciel, ces opinions se séparaient en deux couleurs bien tranchées : on était royaliste ou bonapartiste. Les républicains étaient passés; les libéraux allaient venir; mais de saint-simonisme, de fouriérisme, de démocratie, de socialisme, de cabétisme, il n'en était nullement question.

Or, ma mère et moi, je ne dirai pas nous étions, mais on nous avait faits bonapartistes.

Bonapartistes, nous! la chose était curieuse. Bonaparte nous avait disgraciés, exilés, ruinés; Napoléon nous avait oubliés, reniés, laissés mourir de faim, et nous étions bonapartistes!

Le sentiment qui me faisait repousser, en mon nom et en celui de ma mère, cette qualification, était si vrai, que, toutes les fois que les autres enfants, en me voyant passer, m'appelaient bonapartiste, je mettais bas ma casquette et ma veste, et, me regardant comme insulté, je demandais à l'instant même réparation.

Si l'insulteur était de taille à me la donner, il me la donnait satisfaisante, trop satisfaisante parfois; mais qu'importe! le cas échéant, je recommençais le lendemain.

Cette espèce d'acharnement qu'on mettait à nous appeler bonapartistes inquiétait doublement ma mère : d'abord, parce que cela me valait force horions, que jamais je n'étais revenu si souvent à la maison le nez saignant ou l'œil poché que depuis la Restauration, et ensuite parce qu'elle voyait dans cette accusation une espèce de haine ou plutôt de cupidité tendante à lui faire perdre son bureau de tabac, qu'on n'eût certes pas manqué de lui enlever, si cette accusation de bonapartisme se fût accréditée.

XXXIII

Le fusil à un coup. — *Quiot Biche*. — Parallèle entre lui et Boudoux. — Je deviens braconnier. — On me fait un procès-verbal. — Madame Darcourt plénipotentiaire. — Ce qui empêche que le procès-verbal de Creton n'ait des suites fâcheuses pour moi.

Ce fut dans ces transes que nous passâmes l'hiver de 1814 à 1815, hiver pendant lequel, à l'insu de ma mère, je commençai à faire mes premiers exercices à feu.

Défense positive avait été faite par ma mère, à Montagnon, de me remettre le fameux fusil à un coup ; mais Montagnon me tenait pour un si habile arquebusier, qu'il ne pouvait partager les terreurs de ma pauvre mère ; il me remettait donc, non pas le fusil défendu, — Montagnon, Auvergnat jusqu'au bout des ongles, était trop honnête homme pour manquer à sa parole, — mais un autre fusil à un coup qu'il avait fait lui-même pour son fils, et dont, par conséquent, il était parfaitement sûr. Ce n'était pas tout : comme on ne chasse pas sans poudre et sans plomb, il m'approvisionnait de munitions, et me lâchait dans le parterre.

Ce fusil était d'autant plus précieux que c'était un véritable fusil de braconnier, fusil-canne, dont on tenait le canon à la main, et dont on mettait la crosse dans sa poche.

Voyait-on un oiseau, on montait le fusil, et l'on se faisait chasseur.

Voyait-on du monde, on démontait le fusil et l'on redevenait promeneur.

Comme nul ne se doutait que je pusse avoir une pareille arme à ma disposition, je n'inspirais aucune défiance. Le garde qui avait entendu un coup de fusil venait à moi, et me demandait des renseignements. Il va sans dire que j'avais entendu le coup, — je ne pouvais faire autrement, — mais jamais je n'avais vu le délinquant, ou, si je l'avais vu, il avait pris la fuite en m'apercevant, et le point vers lequel il s'était dirigé était toujours le point opposé à celui où je comptais aller moi-même.

Or, sur la marche du garde, je dirigeais ma marche, et, sauf cette diable d'accusation de bonapartisme, tout allait pour le mieux, dans le meilleur des mondes possibles.

Mes galeries ordinaires étaient ce qu'on appelait alors les grandes allées ; c'était une quadruple rangée de tilleuls séculaires, se prolongeant à la distance d'un quart de lieue, du château à la forêt. Cette quadruple rangée d'arbres avait plaine à gauche, plaine à droite ; il était donc facile de voir venir l'ennemi à bonne distance, et de fuir quand l'ennemi venai

L'hiver, ces allées foisonnaient de toute sorte d'oiseaux, et surtout de grives.

Mon fusil-canne, de petit calibre, était excellent, et portait au faîte des plus hauts arbres.

Aussi, mon thème ou ma version finis, ou même non finis, prenais-je ma course, sous prétexte d'aller chez Montagnon. Montagnon me tenait le fusil prêt, me faisait sortir par la porte de derrière, et je ne faisais qu'un bond jusqu'aux grandes allées.

Là, je trouvais Saulnier ou Arpin, avec quelque canon emmanché à une bûche, quelque fusil rogné, quelque pistolet exagéré de longueur, et la chasse commençait.

Là, je trouvais surtout quiot Biche.

Cooper a consacré cinq romans à Natty Bas-de-Cuir; que le lecteur me permette de consacrer quelques lignes à quiot Biche, le seul homme peut-être de notre Europe qui puisse, sans désavantage, être comparé au héros américain.

Hanniquet, surnommé, je ne sais pourquoi, quiot Biche, était à cette époque, un garçon d'une vingtaine d'années, de taille moyenne, parfaitement pris, fort comme toute machine bien équilibrée, mais surtout excellent braconnier.

Biche avait commencé par la marette et la pipée, comme doit faire tout vrai braconnier, et, dans ces deux exercices, il avait bien certainement été à Boudoux ce que Pompée avait été à César; peut-être même Biche fût-il devenu César et Boudoux Pompée, si l'ambition ne l'eût pas entraîné au braconnage, terrain que Boudoux dédaignait noblement et surtout prudemment!

Personne n'a jamais distingué un lapin au gîte dans un buisson, un lièvre dans une jachère, comme Biche; personne n'a jamais su, comme Biche, approcher nonchalamment de ce lièvre ou de ce lapin, et le tuer d'un coup de pierre ou d'un coup de bâton.

On sait ce que c'est qu'une perdrix sur pied et courant. Eh bien, Biche avait le talent de charmer cette perdrix, de s'approcher d'elle et de la tuer avec un méchant canon de pistolet monté sur un affût, sans chien ni batterie, et auquel il mettait le feu avec une mèche d'amadou.

Il va sans dire que jamais il ne la manquait. Quand on arrive à aimer assez la chasse pour chasser avec de pareils instruments, on tue à tout coup.

Biche m'avait pris en amitié; Biche était mon professeur.

Il m'apprenait toutes les ruses, non pas du chasseur, mais des animaux; mais, pour chaque ruse d'animal, lui avait une ruse, et quelquefois deux.

Plus tard, on apprécia le mérite de Biche; comme on ne pouvait pas l'empêcher de braconner, on le fit garde.

Après quinze ans de séparation, ne sachant pas ce qu'il était devenu, et allant chasser dans la forêt de Laigue avec une permission du duc d'Orléans, je retrouvai Biche garde-chef.

C'était justement sur sa garderie que j'avais permission de chasser. Nous nous reconnûmes. Je me jetai dans ses bras, et nous partîmes.

O grand saint Hubert, toi seul sais quelle chasse nous fîmes ce jour-là!

Depuis la révolution de 1848, qui a amené la location des forêts royales ou apanagères à des particuliers, Biche ne chasse plus. Cette faculté, laissée autrefois aux gardes, de tuer ce qu'il leur fallait de lapins pour leur consommation personnelle, leur est ôtée aujourd'hui. Bien plus, ils ne peuvent plus faire leur service avec un fusil, et en sont réduits à porter un bâton pour toute arme.

A mon dernier voyage à Compiègne, un de mes amis, fermier pour un dixième de la chasse de la forêt de Laigue, me donnait tous ces détails.

— Ah! mon Dieu! m'écriai-je; et mon pauvre Biche, il doit mourir de chagrin de se voir ainsi désarmé?

— Biche? me répondit mon interlocuteur. Soyez tranquille, il en tue plus avec son bâton que nous tous ensemble avec nos fusils.

Cela me rassura un peu sur le compte de Biche.

Biche me donnait donc des leçons dont je profitais à merveille.

Mais un si grand bonheur ne pouvait durer.

L'impunité enfante la confiance, la confiance rend imprudent.

Par une belle matinée des derniers jours de février 1815, comme le soleil faisait resplendir un tapis de neige d'un pied d'épaisseur, je suivais avec une si grande attention une grive voletant d'arbre en arbre, que je ne m'aperçus pas que j'étais suivi moi-même. Enfin elle parut se fixer au milieu d'une touffe de gui. Je fis un fusil de ma canne, j'ajustai et je lâchai le coup.

A peine était-il parti, que j'entendis retentir à trois pas de moi ces paroles terribles :

— Ah! petit drôle, je t'y prends!

Je me retournai tout effaré, et je reconnus un garde-chef nommé Creton.

Sa main étendue n'était pas à un demi-pied du col de ma veste.

J'avais trop l'habitude du jeu de barres pour me laisser prendre ainsi. Je fis un bond de côté, et je me trouvai à dix pas de lui.

— Tu m'y prends, mais je ne suis pas pris, lui dis-je.

Il n'avait pas besoin de courir après moi, puisqu'il m'avait reconnu, et que le procès-verbal d'un garde est valable sur son simple rapport; mais l'amour-propre s'en mêla, et il se lança à ma poursuite.

Mes jambes avaient grandi depuis le jour où Lebègue m'avait donné cette chasse dont le résultat avait été si humiliant pour moi. Aussi Creton vit-il du premier coup que j'étais un rude coureur, et qu'il n'aurait pas bon marché de moi. Il n'en persista pas moins à vouloir me rejoindre. Je me dirigeai alors vers la plaine : un fossé de six pieds de large m'en séparait. Mais qu'était-ce pour moi qu'un fossé de six pieds? Je le franchis, et bien au delà.

Creton, emporté par sa course, voulut en faire autant; mais ses jambes avaient quatre fois l'âge des miennes, ce qui leur ôtait un peu d'élasticité. Au lieu de tomber au delà, il tomba en deçà, et, au lieu de continuer sa course à fond de train, comme je faisais, il sortit du fossé à quatre pattes, se releva à grand'peine, et se remit en chemin clopin-clopant et en s'appuyant sur la crosse de son fusil.

Il s'était donné une entorse.

Cela n'embellissait pas mon affaire.

Je revins chez Montagnon et lui racontai tout.

— Bah! dit-il, nous en avons bien eu d'autres du temps de l'*ogre*; et nous n'en sommes pas morts pour cela.

— Mais, enfin, est-ce qu'on ne va pas me mettre en prison?

Aller en prison fut la grande terreur de ma jeunesse. Un de mes camarades, nommé Alexandre Tronchet, avait une fois été mis en prison douze heures pour cause de maraude. Je l'avais accompagné jusqu'au bout de la ville, et une seule chose m'avait empêché d'être de la partie : j'étais en robe. On pensa que, ne pouvant courir convenablement en cas de déroute, je serais pris et compromettrais la société.

En conséquence, on me chassa honteusement.

— Je n'étais pas complice de fait, mais j'étais complice d'intention.

Quand je vis Alexandre Tronchet en prison, je pensai mourir de peur.

Voilà pourquoi je disais à Montagnon d'un air si piteux :

— Mais, enfin, est-ce qu'on ne va pas me mettre en prison?

— Si l'on veut te mettre en prison, viens me trouver, mon garçon, et je leur prouverai, le code à la main, qu'ils n'en ont pas le droit.

— Et quel droit ont-ils?

— Ils ont celui de te mettre à l'amende et de confisquer ton fusil.

— C'est-à-dire votre fusil.

— Oh! pour cela, je t'en donnerai un autre qui vaudra trente sous.

— Oui, mais l'amende, à combien cela montera-t-il?

— Ah! ça, l'amende, c'est une affaire d'une cinquantaine de francs.

— Une cinquantaine de francs! m'écriai-je. Ils vont demander cinquante francs à ma mère? Oh! mon Dieu! oh! mon Dieu!

Je me sentais bien près de pleurer.

— Bah ! dit Montagnon, et ton cousin Deviolaine, est-ce qu'il n'est pas là?

Je secouai la tête. Je n'avais pas à cet endroit grande confiance dans mon cousin Deviolaine. Je lui avais dit plus d'une fois pour le sonder :

— Mon cousin, que me feriez-vous, si vous me preniez chassant dans la forêt?

Et il m'avait répondu, avec cette douce voix qui le caractérisait, et ce charmant froncement de sourcils qui d'ordinaire accompagnait sa voix :

— Ce que je ferais? Je te flanquerais dans un cul de basse-fosse, drôle!

La consolation que me donnait Montagnon à l'endroit de M. Deviolaine n'était donc rien moins qu'efficace.

Je rentrai, en conséquence, à la maison, l'oreille excessivement basse. J'embrassai ma mère plus affectueusement que de coutume, et je m'acheminai vers ma chambre.

— Où vas-tu? me dit-elle.

— Faire mon thème, maman, lui répondis-je.

— Tu le feras après dîner. On va se mettre à table.

— Je n'ai pas faim.

— Comment, tu n'as pas faim?

— Non : j'ai mangé une tartine de beurre chez Montagnon.

Ma mère me regarda avec étonnement; madame Montagnon ne passait pas pour prodiguer les tartines.

Puis, se retournant vers une vieille amie à elle qui venait passer presque tout son temps chez nous, et que je criblais de niches :

— Ah çà! mais est-ce qu'il est malade? demanda-t-elle moitié riant, moitié inquiète.

— Soyez tranquille, répondit la vieille dame, le brigand aura fait quelque nouveau tour, et n'a probablement pas la conscience nette.

Oh! chère madame Dupuis, que vous aviez une profonde connaissance du cœur humain en général et de mon cœur en particulier!

Non, je n'avais pas la conscience nette, et il s'en fallait même du tout au tout. Aussi restai-je debout à la fenêtre, à moitié caché par le rideau, explorant la place en tout sens pour voir si quelque garde, quelque gendarme, ou même Tournemolle, à qui j'avais déjà eu affaire à propos de mon pistolet, ne débouchait point par quelque rue, et ne s'acheminait point vers la maison.

Ce fut bien pis qu'un garde, bien pis qu'un gendarme, bien pis que Tournemolle qui déboucha sur la place du Château.

Ce fut M. Deviolaine en personne.

J'eus un instant l'espérance qu'il ne venait pas à la maison ; nous logions porte à porte avec un vieux garde chez lequel il allait quelquefois.

Mais bientôt il n'y eut plus de doute : on eût dit qu'un mathématicien avait tracé une diagonale de la rue du Château au seuil de notre maison, et que M. Deviolaine avait fait le pari de suivre cette diagonale sans s'en écarter d'une ligne.

Je n'avais plus d'autre salut que la fuite.

En cinq secondes, mon plan fut fait.

Je descendis rapidement l'escalier. A travers deux portes vitrées, de la dernière marche de l'escalier, on pouvait voir dans la boutique. Au moment où M. Deviolaine ouvrait la porte de la boutique, je m'élançai par une porte de communication chez Lafarge, et, de chez Lafarge, dans une allée qui conduisait à la rue. Je gagnai le pavé du roi. Je me glissai le long des maisons ; j'atteignis la place de l'Abreuvoir par une ruelle, et, de la place de l'Abreuvoir, je rentrai chez Montagnon par cette fameuse porte de derrière, que je n'avais considérée jusque-là que comme sortie, et que, deux fois dans la même journée, je venais d'utiliser comme entrée.

De la boutique de Montagnon, je voyais chez nous, autant qu'on peut voir d'un côté d'une rue à l'autre.

Il me semblait qu'il se faisait un grand mouvement, et que l'on cherchait quelqu'un ; je n'eus plus de doute, lorsque je vis ma mère paraître derrière les carreaux du premier étage, ouvrir la fenêtre et regarder dans la rue.

Il était évident que, non-seulement on cherchait quelqu'un,

mais encore que c'était ma mère qui cherchait ce quelqu'un, et que ce quelqu'un, c'était moi.

Je ne pouvais charger ni Montagnon ni sa femme d'aller aux informations. Je venais chez eux tous les jours, mais ils venaient rarement chez nous. Leur apparition à l'un ou à l'autre eût donc semblé étrange, et eût certainement tout révélé. Je me tins donc coi et couvert, comme dit et comme fit Robinson, la première fois qu'il aperçut les sauvages débarqués dans son île.

Au bout d'un quart d'heure, M. Deviolaine sortit.

Il me sembla que sa figure était encore plus à l'orage qu'en entrant.

J'attendis la nuit, qui venait à cinq heures, et, la nuit venue, me faisant le plus invisible possible, je courus chez ma bonne amie madame Darcourt.

On se rappelle que, dans toutes les circonstances graves, c'était à elle que je recourais.

Cette fois encore, je lui exposai mon cas, lui avouant tout; et la priant d'aller chez ma mère, afin de s'informer de la gravité des choses.

La bonne et excellente femme m'aimait tant, qu'elle était à la disposition de mon moindre caprice. Elle courut à la maison; je la suivis de loin par derrière; quand elle fut entrée, je collai mon œil au coin du carreau.

Malheureusement, ma mère tournait le dos à la fenêtre, et je ne pouvais voir son visage; mais je voyais les mouvements de son corps, et ils me paraissaient des plus menaçants.

Au bout d'un quart d'heure, madame Darcourt sortit, et, comme elle se doutait que je n'étais pas loin, elle m'appela. Je me fis appeler deux fois, et même trois; mais, comme je crus saisir dans ce troisième appel une intonation assez rassurante, je me rapprochai.

— C'est donc toi, méchant enfant? me dit ma mère.

— Voyons, ne le grondez pas, interrompit madame Darcourt; il est assez tourmenté, allez.

— Et, Dieu merci, il y a de quoi, dit ma mère en secouant la tête de haut en bas.

Je poussai un soupir qui ébranla le chambranle de pierre contre lequel j'étais appuyé.

— Tu sais que M. Deviolaine est venu? me dit ma mère.

— Je crois bien, je l'ai vu venir. C'est pour cela que je me suis sauvé.

— Il veut absolument que tu ailles en prison.

— Oh! pour cela, m'écriai-je, il n'a pas le droit de m'y faire aller.

— Comment, il n'a pas le droit de t'y faire aller?

— Non, non, non, je le sais... Puisque je te dis que je le sais!

Ma mère fit un signe à madame Darcourt. Je surpris ce signe.

— Oh! tu n'as pas besoin de cligner de l'œil, lui dis-je; il n'en a pas le droit.

— Oui, mais il a le droit de te faire un procès-verbal, de te mettre à l'amende.

— Ah! ça, c'est vrai, dis-je avec un second soupir encore plus déchirant que le premier.

— Et cette amende, qui la payera?

— Ah! dame, pauvre maman, je sais bien que ce sera toi. Mais sois tranquille: quand je gagnerai de l'argent, je te rendrai tes cinquante francs, parole d'honneur!

Ma mère ne put s'empêcher de rire.

— Ah! tu as ri, m'écriai-je; ah! il n'y a pas plus d'amende que de prison!

— Non, mais à une condition.

— Laquelle?

— C'est que tu iras dire à M. Creton que tu es fâché de ce qui est arrivé, et que tu lui demandes bien pardon.

Je secouai la tête.

— Comment, non? s'écria ma mère.

— Non! repris-je.

— Tu dis non, je crois?

— Je dis non.

— Et pourquoi cela?

— Parce que je ne puis aller lui dire que je suis fâché qu'il se soit donné une entorse.

— Tu ne peux pas lui dire que tu es fâché qu'il se soit donné une entorse?

— Eh! non, puisque j'en suis content. Ce serait mentir, et tu sais, maman, comme tu me le défends, de mentir!... Un jour, quand j'étais tout petit, tu m'as fouetté parce que j'avais menti.

— Avez-vous vu un bandit pareil? dit ma mère.

— Dame! s'il ne veut pas mentir, cet enfant! dit en riant madame Darcourt.

— Mais le procès-verbal! mais les cinquante francs! s'écria ma mère.

— Bah! les cinquante francs! dit madame Darcourt.

— Ah çà! crois-tu donc que ce n'est rien pour nous que cinquante francs? dit tristement ma mère.

L'intonation avec laquelle elle prononça ces paroles me serra profondément le cœur, car elle prouvait en effet que, cette perte de cinquante francs, c'était beaucoup, que c'était trop pour ma mère.

J'allais céder, j'allais dire: « Eh bien, j'irai chez cet homme, je lui dirai que je suis fâché qu'il se soit donné une entorse, je dirai tout ce que tu voudras!... » quand, malheureusement pour ma bonne intention, madame Darcourt, qui, comme moi, avait remarqué l'intonation, se retourna de mon côté:

— Écoute, dit-elle, je ne t'ai rien donné cette année pour tes étrennes.

— Non, ni Léonor non plus.

— Ni Léonor non plus? répéta-t-elle.

— Non plus, répétai-je à mon tour.

— Eh bien, si tu es condamné à payer les cinquante francs en question, nous t'en donnerons chacune vingt-cinq.

— Merci, madame Darcourt... En ce cas, je cours chez M. Creton.

— Pour quoi faire?

— Pour lui dire que c'est bien fait; qu'il n'a que ce qu'il mérite; qu'une autre fois, il ne courra plus après moi; que...

Ma mère m'attrapa par le bras.

— Voyons, rentre, dit-elle, et va te coucher.

— C'est égal, Creton en sera pour son entorse et M. Deviolaine pour son procès-verbal; c'est bien fait... Merci, madame Darcourt; remerciez Léonor, madame Darcourt... Bonsoir, la compagnie, je vais me coucher. Je suis fatigué d'avoir couru; c'est étonnant comme ça donne sommeil, de courir... Bonne nuit, tout le monde.

Et, traversant la boutique dans toute sa longueur et en courant, je gagnai ma chambre, enchanté d'en être quitte à si bon marché.

Creton fit son procès-verbal, et l'envoya à M. Deviolaine, qui, ayant appris mon entêtement, jura qu'il y serait donné suite, et qui bien certainement allait se mettre en mesure de ne pas manquer à son serment, lorsque, le 6 mars, se répandit une nouvelle à laquelle personne ne s'attendait, et qui bouleversa tout le monde, à tel point que Creton en oublia son entorse et M. Deviolaine son procès-verbal.

XXXIV

Débarquement de Bonaparte au golfe Juan. — La lecture du *Moniteur* en province. — Proclamations et ordonnances. — Louis XVIII, M. de Vitrolles et le maréchal Soult. — L'opinion publique à Villers-Cotterets. — La chapelière Cornu. — Les bonapartistes malgré eux. — Les bruits de journaux.

Bonaparte était débarqué le 1er mars, à midi, au golfe Juan, et marchait sur Paris.

Les hommes d'une autre génération, ceux qui ne vivaient pas à cette époque, ne sauraient se faire une idée de l'effet que produisit cette nouvelle, lorsque, le 7 mars, au matin, on lut dans *le Moniteur* les lignes suivantes :

PROCLAMATION.

« Nous avions, le 31 décembre dernier, ajourné les Chambres pour reprendre leurs séances au 1er mai; pendant ce temps, nous nous livrions sans relâche à tous les travaux qui pouvaient assurer la tranquillité et le bonheur de nos peuples. Cette tranquillité est troublée, ce bonheur peut être compromis par la *malveillance* et la *trahison*. »

Figurez-vous, chers lecteurs, un de ces bons bourgeois abonnés au *Moniteur*, — il y en a peu, mais il y en a, — figurez-vous un maire, un préfet, un sous-préfet, un de ces hommes qui, par devoir, par position, par dévouement, sont obligés de lire la prose du gouvernement; figurez-vous un de ces hommes, ouvrant négligemment la feuille officielle, qu'il lit tous les matins pour l'acquit de sa conscience, et tombant sur ce premier paragraphe, terminé par les mots inquiétants de *malveillance* et de *trahison*.

— Tiens! tiens! tiens! dit-il, qu'y a-t-il donc?

Et il continue :

« Si les ennemis de la patrie ont fondé leur espoir sur les divisions, qu'ils ont toujours cherché à fomenter, ses soutiens, ses défenseurs légaux, renverseront ce criminel espoir par l'inattaquable force d'une union indestructible. »

— Certainement qu'on renversera ce criminel espoir, dit le bourgeois, qui ne sait pas encore où on le mène.

— Certainement que nous renverserons ce criminel espoir, dit le fonctionnaire public, qui se figure qu'il s'agit de quelque conspiration de sous-officiers.

Seulement, le bourgeois se retourne vers sa femme, fait un signe de tête, et répète :

« ... Par l'inattaquable force d'une union indestructible. »

Et ajoute :

— Comme il écrit bien, le gouvernement!

Puis, bourgeois ou fonctionnaire public, le lecteur continue :

« A ces causes, ouï le rapport de notre amé et féal chevalier, chancelier de France, sieur Dambray, commandant de nos ordres, nous avons ordonné et ordonnons ce qui suit... »

— Ah ! voyons ce qu'ordonne le roi, dit le lecteur.

« Art. Ier. La chambre des pairs et celle des députés des départements sont convoquées extraordinairement au lieu ordinaire de leurs séances.

« Art. II. Les pairs et les députés des départements, absents de Paris, s'y rendront aussitôt qu'ils auront connaissance de la présente proclamation.

» Donné au château des Tuileries, le 6 mars 1815, de notre règne le vingtième.

» *Signé :* Louis. »

— Tiens ! dit le bourgeois, c'est drôle, on ne dit pas pourquoi l'on convoque les Chambres.
— Tiens ! dit le fonctionnaire public, on convoque les Chambres extraordinairement, et l'on n'indique pas le jour de la convocation. Diable ! il faut que la situation soit grave pour causer un pareil oubli.
— Ah ! disent-ils tous deux : Ordonnance ! lisons l'ordonnance, elle nous apprendra peut-être quelque chose.

ORDONNANCE.

« Sur le rapport de notre amé et féal chevalier, chancelier de France, sieur Dambray, commandeur de nos ordres, nous avons ordonné et ordonnons, déclaré et déclarons ce qui suit :

» Art. Ier. Napoléon Bonaparte est déclaré traitre et rebelle, *pour s'être introduit à main armée* dans le département du Var. »

— Oh ! oh ! dit le bourgeois, qu'impriment-ils donc là ? Ils se sont trompés! Est-ce que Napoléon n'était pas enfermé dans une île?

— Si fait, répond la femme, dans une île qu'on appelle l'île d'Elbe, même.

— Eh bien, alors, il n'a pas pu s'introduire dans le département du Var; il y a probablement un *erratum* plus loin. Continuons...

— Hein! s'écrie le fonctionnaire, que disent-ils donc là? Napoléon s'est introduit à main armée dans le département du Var? Diable! diable! c'est grave, cela; heureusement que j'ai le cousin de ma femme, qui est parent du valet de chambre de l'usurpateur, de sorte que, si par hasard... Continuons...

Et tous deux continuent :

« Il est, en conséquence, enjoint à tous les gouverneurs, commandants de la force armée, gardes nationales, autorités civiles, et même aux simples citoyens de lui *courir sus*. »

— De lui *courir sus*, interrompt la femme du bourgeois : que veut dire cela, de lui courir sus?

— Parbleu! c'est bien simple; cela veut dire... cela veut dire de lui courir sus... Mais tu m'interromps à l'endroit le plus intéressant.

— De lui courir sus! murmure le fonctionnaire public; je ne suis pas fâché de n'être point maire, sous-préfet ou préfet dans le département du Var.

Et tous deux reprennent :

« ... De lui courir sus, de l'arrêter, et de le traduire incontinent devant un conseil de guerre, qui, après avoir reconnu l'identité, *prononcera* contre lui l'application des peines portées par la loi.

» ART. II. Seront punis des mêmes peines, et comme coupables de mêmes crimes :

» Les militaires ou employés de tous grades qui auront

accompagné ou suivi ledit Bonaparte, à moins que, dans le délai de huit jours, ils ne viennent faire leur soumission.

» Art. III. Seront pareillement poursuivis et punis, comme fauteurs et complices de rébellion, tous administrateurs civils et militaires, chefs ou employés payeurs, ou receveurs de deniers publics, même les simples citoyens qui prêteraient, directement ou indirectement, aide et assistance à Bonaparte.

» Art. IV. Seront punis des mêmes peines ceux qui, par des discours tenus dans des lieux ou réunions publics, par des placards, affiches ou des écrits imprimés, auraient pris part, ou engagé les citoyens à prendre part à la révolte, ou à s'abstenir de la repousser.

» Donné au château des Tuileries, le 6 mars 1815, de notre règne le vingtième.

» *Signé :* Louis. »

Le bourgeois relit ; la chose n'est pas claire pour lui.

Le fonctionnaire n'a pas besoin de relire, il a tout compris...

A-t-on idée d'une pareille nouvelle, annoncée à la France de pareille façon !

Que les abonnés du *Moniteur* aient compris du premier coup ou aient été obligés de relire à deux fois, la catastrophe n'en fit pas moins une explosion rapide et bruyante.

Dix minutes après que *le Moniteur* avait été ouvert à la mairie de Villers-Cotterets, l'événement fut connu d'un bout à l'autre de la ville, et chaque maison sembla pousser d'elle-même ses habitants dans la rue.

Tous les autres journaux gardaient le silence.

Voici comment la nouvelle était arrivée à Paris, et avait amené la proclamation et l'ordonnance que nous venons de lire.

C'était de Lyon que, le 5 mars au matin, la nouvelle du débarquement au golfe Juan avait été transmise à Paris par le télégraphe.

On comprend ce retard, la ligne télégraphique s'arrêtant, à cette époque, à Lyon.

Un courrier expédié le 3, de Marseille, par le commandant

militaire, avait apporté, dans la nuit du 4 au 5, cette nouvelle à son collègue du département du Rhône.

Le télégraphe était dans les attributions de M. de Vitrolles, ministre d'État, secrétaire des conseils du roi. Ce fut lui qui reçut la dépêche, place Vendôme, où étaient ses bureaux. Il ne prit pas même le temps de faire mettre les chevaux à sa voiture, et courut à pied aux Tuileries, pour communiquer la dépêche au roi.

Elle était conçue en ces termes :

« Bonaparte a débarqué, le 1ᵉʳ mars, près de Cannes, dans le département du Var, avec douze cents hommes et quatre pièces de canon. Il s'est dirigé sur Digne et Gap, pour prendre, à ce qu'il paraît, la route de Grenoble ; toutes les mesures sont prises pour l'arrêter et déjouer cette tentative insensée. Tout annonce le meilleur esprit dans les départements méridionaux. La tranquillité publique est assurée. »

Louis XVIII prit la dépêche des mains de M. de Vitrolles, et la lut avec la plus grande tranquillité.

Puis, après l'avoir lue :

— Eh bien? demanda-t-il.

— Eh bien, sire, dit M. de Vitrolles, j'attends les ordres de Votre Majesté

Louis XVIII fit des épaules un mouvement qui signifiait : « Est-ce que cela me regarde, moi? »

Puis, tout haut :

— Allez voir le maréchal Soult, fit-il, et dites-lui de faire ce qui est nécessaire.

M. de Vitrolles courut chez le maréchal Soult, mais il n'eut pas besoin d'aller jusqu'au ministère de la guerre.

Il rencontra le maréchal Soult sur le pont Royal.

Tous deux revinrent aux Tuileries.

Le maréchal niait la véracité de la nouvelle. Il la niait si bien, qu'il répondit au commandant militaire qu'il recevrait des ordres le lendemain.

C'était un jour perdu, — un jour perdu! quand il n'eût pas fallu perdre une seconde!

Cependant, vers dix heures du soir, on décida que M. le comte d'Artois partirait pour Lyon, et M. le duc de Bourbon pour la Vendée.

Le lendemain 6, les journaux se turent; mais le télégraphe parla de nouveau.

Il annonçait que décidément Napoléon s'avançait sur Grenoble et sur Lyon, par Digne et Gap.

Ce fut alors seulement, à deux heures de l'après-midi, à peu près, qu'on décida la réunion des Chambres, et que l'on rédigea la proclamation et l'ordonnance que nous avons lues dans *le Moniteur*.

Villers-Cotterets était une ville plutôt royaliste que bonapartiste. — Le château qui, sous Louis XV et sous Louis XVI, avait été habité par le duc d'Orléans, par madame de Montesson et leur cour; le château où Philippe-Égalité venait passer ses fréquents exils, et faire ses plus belles chasses; la forêt, de laquelle vivent la moitié de la population ouvrière, qui y trouve de l'ouvrage, et les trois quarts de la population pauvre, qui en tire de la faîne et du bois; la forêt, qui fait partie des apanages de la maison d'Orléans, depuis le mariage de Philippe, frère du roi Louis XIV, avec madame Henriette; le château et la forêt, disons-nous, avaient répandu dans la ville des traditions aristocratiques, qu'étaient bien loin d'avoir effacées la Révolution, qui avait mis des soldats, et l'Empire, qui avait mis des mendiants dans cette demeure des anciens princes.

La première impression que produisit cette nouvelle du débarquement de Napoléon au golfe Juan fut donc plutôt hostile que joyeuse.

Les femmes surtout se distinguaient par une bruyante effervescence, et par des menaces qui allaient jusqu'à l'imprécation.

Parmi ces femmes, il y en avait une plus ardente, plus animée que toutes les autres : c'était la femme d'un chapelier nommé Cornu.

Ceux donc pour lesquels ce retour était, je ne dirai pas une joie, — à cette époque, nul ne pouvait deviner cette marche rapide qui, treize jours après celui où l'on apprenait son débarquement sur le point le plus éloigné de la France, devait conduire Napoléon aux Tuileries; — ceux pour lesquels, disons-nous, ce retour était, non pas une joie, mais une espérance; ceux-là, au lieu de se réjouir, parurent doublement attristés, et, baissant la tête, rentrèrent chez eux.

Ma mère n'était pas et ne pouvait pas être de ceux-là. Napoléon ne nous avait pas été assez bienveillant, pour que son retour nous fût le moins du monde agréable. Cependant nous sentîmes parfaitement, elle et moi, que nous étions parmi les menacés.

Que pouvions-nous contre ces menaces, elle une femme, moi un enfant?

Nous rentrâmes donc chez nous, la tête aussi basse que si nous eussions été bonapartistes.

En effet, à partir de ce jour, aux yeux de la population, nous le fûmes.

La situation n'était point gaie, la qualification n'était rien moins que rassurante.

Il est vrai que, non-seulement le *Journal des Débats*, mais encore tous les autres journaux présentaient Napoléon comme un bandit fugitif repoussé dans les montagnes, traqué en bête fauve par les populations, ayant manqué sa tentative sur Antibes, repoussé de Digne, qui lui avait fermé ses portes, et déjà aux regrets d'avoir hasardé cette action insensée de vouloir reconquérir la France avec douze cents hommes, lui qui l'avait perdue avec six cent mille!

On attendait donc avec impatience les journaux du 9 et du 10. Sans doute on y apprendrait que l'usurpateur avait été pris, comme l'espérait le *Journal des Débats*, et que, conformément aux instructions de la proclamation insérée au *Moniteur*, un conseil de guerre lui avait fait son procès.

Le cas échéant, vingt-quatre heures après, il était fusillé dans quelque cour, dans quelque grange, dans quelque fossé, et tout était fini.

Pourquoi, au fait, son procès eût-il été plus long que celui du duc d'Enghien?

Le journal du 9 arriva. Au lieu des lignes qu'on s'attendait à y trouver, on lut que le fugitif avait été à Castellane, à Barrême, et s'était arrêté un instant à Matigny, d'où il avait lancé une proclamation aux habitants des Hautes-Alpes.

Par une marche incroyable chez un si grand stratégiste que l'était Napoléon, le fugitif fuyait sur Paris!

Au reste, M. le comte d'Artois était parti pour Lyon. C'était bien de l'honneur faire à un pareil homme que de lui envoyer, pour lui barrer le passage, le premier prince du sang. Il était accompagné du duc d'Orléans et du maréchal duc de Tarente.

En outre, une ordonnance royale, rendue sur la proposition du duc de Dalmatie, ministre de la guerre, avait rappelé sous les drapeaux les officiers à la demi-solde, pour être formés en un corps d'élite, dans tous les chefs-lieux de département.

Une autre ordonnance, rendue le même jour, mettait en activité la garde nationale de Paris.

Le 10, la nouvelle d'une grande victoire remportée par le duc d'Orléans sur l'usurpateur se répandit à Paris, et de là en province. — Un officier de la maison du roi avait paru sur le balcon des Tuileries, et, agitant son chapeau, avait annoncé que le roi venait de recevoir l'avis officiel que M. le duc d'Orléans, à la tête de vingt mille hommes de garde nationale, avait attaqué l'usurpateur dans la direction de Bourgoin, et l'avait complétement battu.

Malheureusement, le 12, les journaux annonçaient le retour à Paris du prince soi-disant vainqueur.

Le Moniteur annonçait même que Napoléon avait dû coucher à Bourgoin le 9; qu'on s'attendait à ce qu'il entrerait *peut-être* dans la soirée du 10 mars à Lyon, mais qu'il paraissait certain que Grenoble ne lui avait pas encore ouvert ses portes.

Voilà où l'on en était des nouvelles à Villers-Cotterets, en retard d'un jour sur Paris, lorsque éclata une conspiration qui, sans s'y rattacher en aucune manière, présentait cependant une étrange coïncidence avec le débarquement de Napoléon et sa marche sur Paris.

On va voir de quelle façon, tout enfant que j'étais, je fus mêlé à cette grande affaire, où il allait de la vie et de la mort.

XXXV

Le général Exelmans. — Son procès. — Les deux frères Lallemand. — Leur conspiration. — Ils sont arrêtés et traversent Villers-Cotterets. — Quel affront ils y subissent.

Qu'on nous permette de remonter un peu plus haut. Notre habitude du drame nous fait toujours, et en tout point, préférer les expositions bien claires et bien lucides.

On sait dans quel système de réaction était entré le gouvernement de Louis XVIII, et quelles persécutions éprouvèrent, pendant la première restauration, les hommes qui avaient servi sous l'usurpateur, comme on l'appelait.

L'indiscrétion de quelques chefs du parti désigné sous le nom d'ultra-royaliste avait révélé les desseins de la monarchie; un de ces desseins, disait-on, était de se défaire des bonapartistes, comme on s'était défait des protestants, sous Charles IX.

Plus le bruit était absurde, plus facilement on y crut : on tenait les Bourbons pour capables des projets les plus insensés. Aussi y eut-il, je ne dirai pas grand effroi parmi ceux qui étaient menacés, — les vieux compagnons de l'empereur ne s'effrayaient pas facilement, — mais grande rumeur. Les uns sortaient de Paris, espérant éveiller moins de haine en s'éloignant de cet éternel foyer d'intrigues; les autres se réunirent, s'armèrent et résolurent de vendre chèrement leur vie. Le gouvernement alors s'inquiéta de ces réunions, voulut les dissoudre, et, pour arriver à ce but, il interdit à tous officiers généraux de séjourner à Paris sans autorisation ; ordonnant à ceux qui n'étaient pas nés dans la capitale de retourner à l'instant dans leurs foyers.

On comprend quelle exaspération, dans ce moment de passions violentes, fut la suite de cette mesure. Les officiers en non-activité protestèrent contre elle, et s'engagèrent mutuellement à résister. Forcés par le ministère d'opter entre Paris et leur demi-solde, quelques-uns, quoique pauvres, préférèrent l'indépendance à la soumission.

Le gouvernement, irrité de cette résistance, chercha l'occasion de faire un grand exemple; elle se présenta.

Une lettre du général Exelmans à Murat avait été saisie et ouverte. Le général félicitait le roi de Naples sur la conservation de sa couronne, et lui disait que des milliers de braves accourraient pour défendre son trône, s'il était encore menacé.

Le maréchal Soult était ministre de la guerre. Il mit à l'instant même le général Exelmans en non-activité, et lui prescrivit de se rendre immédiatement, et jusqu'à nouvel ordre, à soixante lieues de Paris.

Mais Exelmans refusa d'obéir. Le ministre, prétendait-il, n'avait pas le droit d'éloigner de leur domicile les officiers employés non activement.

Le maréchal le fit arrêter, et le déféra à un conseil de guerre, sous la double prévention d'avoir désobéi à son chef, et d'avoir entretenu une correspondance avec les ennemis de l'État.

Le général Exelmans fut acquitté.

Ce fut un coup terrible pour le gouvernement.

Les militaires en non-activité *ne lui devaient plus obéissance.*

Alors, eux-mêmes comprirent, à cette haine qu'ils avaient pour lui, que la haine qu'il avait pour eux se manifesterait par quelque terrible explosion : ils résolurent de la prévenir.

Un conciliabule fut tenu chez un des généraux les plus compromis par ses opinions napoléoniennes, — chez Drouet d'Erlon, je crois; — il se composait d'officiers à la demi-solde et d'officiers en activité. Il fut convenu que tout militaire en activité, et ayant un commandement, marcherait à un moment donné sur Paris, avec les soldats dont il pourrait disposer. Cinquante mille hommes devaient se trouver à la fois dans la capitale; c'était plus qu'il n'en fallait pour dicter des conditions.

On exigerait du roi le renvoi du ministère, et on le forcerait de chasser hors de France tous ceux qui étaient désignés par l'opinion publique comme des ennemis de la charte et des perturbateurs du repos et du bonheur publics.

Ce conciliabule avait eu lieu et ces résolutions avaient été prises avant le débarquement de Napoléon ; mais, comme le mouvement éclata simultanément avec le retour de l'île d'Elbe, on les rattacha d'abord l'un à l'autre.

Les généraux qui étaient entrés le plus avant dans la conspiration étaient Drouet d'Erlon, que nous avons déjà nommé, Lefèvre-Desnouettes et les deux frères Lallemand.

Le duc de Trévise, tenant sous ses ordres le comte d'Erlon, avait le commandement de la 16ᵉ division militaire, dont le chef-lieu était à Lille. Vers la fin de février, il s'absenta de son commandement. Le moment paraissait favorable : le comte d'Erlon résolut d'en profiter. — Le moment était, en effet, d'autant plus favorable, que le télégraphe venait de transmettre la nouvelle du débarquement de Napoléon. La garnison de Lille, trompée par des ordres supposés, se mit, conduite par le comte d'Erlon, en marche le 8 mars ; mais elle fut rencontrée en route par le duc de Trévise, que rappelait à Lille l'étrange nouvelle qui bouleversait l'Europe ; il interrogea les généraux qui conduisaient ces colonnes, devina le complot, donna contre-ordre, et rentra dans la ville avec son corps d'armée.

Pendant ce temps, Lefèvre-Desnouettes avait agi de son côté. Croyant la garnison de Lille en route, et ignorant ce qui venait de se passer, il avait mis en mouvement le régiment des anciens chasseurs de la garde, qu'il commandait ; mais, arrivé à Compiègne, c'est-à-dire à sept lieues de chez nous, il trouva le 6ᵉ chasseurs — qui portait le nom de régiment de chasseurs du duc de Berry — rangé en bataille, ayant à sa tête son colonel M. de Talhouet. A cette vue, Lefèvre-Desnouettes s'arrête muet, et ne sait que répondre à ses officiers et à ceux du 6ᵉ chasseurs qui lui demandent la cause de son trouble. Il sort brusquement de Compiègne, rencontre le général Lyom, major du régiment des chasseurs royaux, lui dévoile une partie de son projet, lui propose d'entrer dans la conspiration et de la seconder. Le major Lyom refuse; Lefèvre-Desnouettes s'aperçoit qu'il n'y a rien à faire de ce côté, qu'il risque sa vie en s'entêtant. Il troque alors son uniforme contre un habit de paysan, et se dirige à travers terres vers Châlons, où commande le général Rigaut, qu'il sait être partisan fanatique de Napoléon.

De leur côté, les deux frères Lallemand, dont un était général d'artillerie, s'étaient portés sur la Fère avec les deux autres escadrons des chasseurs royaux. Leur intention était de s'emparer de l'arsenal et du parc d'artillerie. Ils essayèrent de séduire les canonniers d'abord, puis, ensuite, d'entraîner à leur cause le général d'Aboville, commandant l'école d'artillerie; mais, des deux côtés, ils échouèrent: soldats et général tinrent bon. Le général d'Aboville, secondé par le major du 2ᵉ régiment d'artillerie Pion, fit prendre les armes à la garnison, plaça une partie des troupes à l'arsenal et aux portes de la ville, fit charger les armes, et mettre les canons en batterie. C'était une tentative manquée, comme celle de Lefèvre-Desnouettes. Les deux frères se retirèrent, suivis d'un petit nombre de canonniers qui s'étaient réunis à eux, mais qui se dispersèrent devant la poursuite ordonnée, de sorte que les deux frères Lallemand se trouvèrent contraints de fuir, sans savoir, comme Lefèvre-Desnouettes, où aller, et se perdirent dans un pays qu'ils ne connaissaient pas.

Cela se passait à treize lieues seulement de Villers-Cotterets.

La tentative avait eu lieu le 10 mars.

Le 12, la gendarmerie de Villers-Cotterets reçut des ordres pour se mettre en campagne; les fugitifs, disait-on, avaient été vus du côté de la Ferté-Milon.

Nous vîmes passer les gendarmes, et nous connûmes le but de leur expédition par un de mes camarades, nommé Stanislas Leloir, qui était le fils d'un ancien brigadier, tué aux environs de Villers-Cotterets pendant la campagne de 1814.

Toutes ces nouvelles — soit qu'elles vinssent de Paris, soit qu'elles arrivassent de Compiègne ou de la Fère — mettaient, comme on le comprend bien, notre petite bicoque en grande révolution. L'épithète de *bonapartistes*, dont on faisait un substantif accusateur, résonnait plus que jamais à mon oreille; mais, vu la circonstance, ma mère m'avait fort recommandé de ne plus la relever, je me laissais donc appeler bonapartiste tant qu'on voulait; en outre, le soir, il se formait des bandes de vingt-cinq ou trente gamins, qui ouvraient les portes des personnes d'opinion suspecte, et qui entraient jusqu'au fond des maisons, en criant : *Vive le roi!* et forçant les gens de crier comme eux. Dix fois par soirée, notre porte, qui donnait sur la rue, était ouverte par ces sortes de rassemblements, et ces cris étaient proférés à nos oreilles avec une persistance rageuse qui ne laissait pas que d'être inquiétante.

Le jour, tout le monde se tenait sur les places. Comme Villers-Cotterets, grande route de Paris à Mézières passant par Soissons et Laon, est une des artères vitales qui fécondent la France du Nord, il y passe force voitures, force diligences, force courriers. Ces voitures, ces diligences, ces courriers apportaient parfois des nouvelles particulières que les journaux ne donnaient pas. C'est ainsi qu'on apprit, les 13 et 14 mars, l'entrée de Napoléon à Grenoble et à Lyon, entrée dont les journaux ne parlaient point encore, ou ne parlaient que pour la contester.

Ainsi, le 14, on venait d'apprendre que Napoléon était entré à Lyon, que le comte d'Artois, comme le duc d'Orléans, avait été forcé de revenir sans armée, lorsque l'on entendit tout à coup un grand bruit vers l'extrémité de la rue de Largny. Comme la rue forme une ligne parfaitement droite, on se tourna de ce côté, et l'on aperçut trois cabriolets, attelés en poste et escortés par un fort piquet de gendarmerie,

Chacun se précipita au-devant de ces voitures. Dans chaque cabriolet était un officier général, assis entre deux gendarmes. Outre ces six gendarmes, assis côte à côte avec les trois prisonniers, six autres gendarmes faisaient escorte.

Les voitures venaient au grand trot, et purent conserver cette allure tant qu'elles suivirent la rue de Largny, qui est assez large : mais, lorsqu'elles arrivèrent à la rue de Soissons, rue étroite et accidentée, force fut, à cause de l'encombrement, d'aller au pas.

Pendant ce temps, on s'était informé, et l'on avait appris que ces officiers généraux étaient ces mêmes frères Lallemand, à la recherche desquels la gendarmerie s'était mise la veille, qu'elle avait joints, vers six heures du matin, aux environs d'un petit village nommé Mareuil, et qui, montés sur des chevaux harassés, harassés eux-mêmes d'une course de trois jours à travers les terres et à travers les bois, s'étaient rendus presque sans résistance.

Les deux frères Lallemand occupaient les deux premiers cabriolets; le troisième, autant que je puis me le rappeler était occupé par un simple aide de camp, capitaine ou officier d'ordonnance.

On les conduisait à la Fère, disait-on, pour les fusiller. Ils étaient pâles, mais paraissaient calmes.

Cependant, depuis leur entrée dans la ville, des cris furieux les avaient accueillis; les postillons, sur un signe de la gendarmerie, avaient redoublé de vitesse ; mais, comme je l'ai dit, en arrivant à la rue de Soissons, il fallut bien, sinon s'arrêter, du moins prendre le pas ; alors les cabriolets marchèrent lentement au milieu de la population, pressée aux deux côtés de la rue. Les généraux, qui sans doute avaient cru à l'unanimité d'une pensée napoléonienne par toute la France, paraissaient regarder avec étonnement la population presque entière de cette petite ville soulevée autour d'eux d'une façon si hostile, quand tout à coup, de la boutique d'un chapelier, sortit une femme furieuse, pâle de colère, échevelée comme une Euménide, qui, écartant tout le monde, passant entre les chevaux des gendarmes, s'élança sur le marchepied de la première voiture, et cracha au visage du général Lallemand, en même temps qu'elle allongeait la main pour lui arracher ses épaulettes, et, d'une voix saccadée et hurlante, elle l'accabla d'immondes injures.

Le général fit un mouvement pour se reculer au plus profond de la voiture, et, d'une voix où perçait plus de pitié que de colère :

— Qu'est-ce que cette malheureuse ? demanda-t-il.

Les gendarmes écartèrent aussitôt cette femme; elle se mit à courir après les voitures, qui devaient relayer à la poste, c'est-à-dire à cent pas de là.

Mais son mari, ses enfants et trois ou quatre voisins s'attachèrent à elle, et l'empêchèrent d'aller plus loin.

Cette effroyable scène, il faut le dire, avait péniblement ému toute la ville. A partir de ce moment, les cris cessèrent; on continua d'accompagner les prisonniers, de les regarder avec curiosité, mais en silence.

On les conduisait à la Fère, comme nous avons dit, pour leur faire leur procès, et les fusiller; mais ils devaient passer toute la nuit à Soissons.

On voulait éclairer la route, afin de s'assurer si quelque parti révolté ne les attendait pas pour les enlever.

Au milieu de tout ce tumulte, de toute cette émotion, et comme je regardais les voitures s'éloigner par la route de Soissons, je sentis que l'on me prenait par la main; je me retournai : c'était ma mère.

— Viens, me dit-elle tout bas, en accompagnant cette parole d'un signe de tête.

Je sentais qu'il y avait dans ce *viens* et dans ce signe quelque chose d'important.

Ma mère me ramena à la maison. Elle paraissait violemment émue.

XXXVI

Nous conspirons aussi, ma mère et moi. — La confidence. — M. Richard. — La pistole et les pistolets. — Offre faite aux frères Lallemand pour les sauver. — Ils refusent. — Je retrouve l'un d'eux, vingt-huit ans après, chez M. le duc Decazes.

Ma mère, veuve d'un officier général, n'avait pu voir, en effet, sans une profonde impression, cette insulte faite à des hommes qui portaient le même habit et les mêmes épaulettes qu'avaient portés mon père.

Nous étions seuls.

— Écoute, mon enfant, me dit-elle, nous allons faire une chose qui peut cruellement nous compromettre; mais je crois que nous devons à la mémoire de ton père de faire cette chose.

— Alors, ma mère, répondis-je, faisons-la.

— Tu ne diras jamais à personne ce que nous allons faire, n'est-ce pas?

— Si tu me le défends.

— Oui, je te le défends expressément.

— Sois tranquille alors.

— Eh bien, habille-toi.

— Pourquoi faire?

— Nous allons à Soissons.

— Ah! vraiment?

C'était toujours une grande fête pour moi que d'aller à Soissons. Soissons, ville de guerre de cinquième ou sixième ordre, était une capitale à mes yeux. Ces portes avec des herses de fer, ces remparts que j'allais revoir, criblés des boulets de la dernière campagne, cette garnison, ce bruit d'armes, ce parfum de combat, tout cela avait pour mon jeune cœur des enivrements tout particuliers.

Puis j'avais dans le fils du concierge, — j'en demande pardon à mes connaissances aristocratiques d'aujourd'hui, — j'avais dans le fils du concierge de la prison un bon camarade, qui, lorsque j'allais le voir, me faisait frissonner en me conduisant dans les plus *beaux* cachots de son père.

Aussi, ma première visite était-elle toujours pour lui, et je crois que, si je retournais à Soissons, la chose dont je m'informerais avant toute autre, c'est de ce qu'il est devenu, afin de ne pas déroger à mes anciennes habitudes.

Il se nommait Charles.

Cette nouvelle, que nous allions à Soissons, était donc pour moi une bonne nouvelle. Je montai à ma chambre; je m'habillai le plus lestement que je pus, et je descendis.

Une petite voiture bâtarde, tenant le milieu entre le cabriolet et le tilbury, et qui appartenait à un loueur nommé Martineau, nous attendait à la porte.

Nous y montâmes, ma mère et moi; puis nous prîmes par le parc. Derrière le mur du château, nous rencontrâmes — je ne sais si ce fut par hasard ou par rendez-vous donné à l'avance — un notaire de Villers-Cotterets dont les opinions étaient très-républicaines, et qui se rattachait au bonapartisme parce que c'était un moyen de faire de l'opposition. Ma mère descendit de voiture, causa avec lui, et remonta avec un paquet qu'elle n'avait point, à ce qu'il me sembla du moins, en descendant; après quoi, nous prîmes par les grandes allées, et, au bout de dix minutes, nous eûmes rejoint la grande route.

Trois heures après, nous étions à Soissons.

Nous entrâmes dans la ville vers cinq heures du soir, c'est-à-dire deux ou trois heures après les prisonniers.

La ville était tout en rumeur. On nous demanda nos passeports; c'était, on le pense bien, la première chose dont ma mère avait oublié de se munir.

Comme on insistait, nous priâmes le gendarme qui nous faisait cette indiscrète demande de venir avec nous jusqu'à l'hôtel des *Trois-Pucelles*, où nous descendions habituellement quand nous venions à Soissons; arrivés là, l'hôte répondrait de nous.

Nous avions, en outre, de par la ville, un arrière-cousin à nous, dont j'ai complétement oublié le nom, et qui était boulanger.

Mais il demeurait dans le faubourg opposé à celui par lequel nous entrions, tandis que l'hôtel des *Trois-Pucelles* n'était qu'à cent pas de nous.

Aussi, le gendarme ne fit-il aucune difficulté de nous y conduire.

Il arriva ce que ma mère avait prévu; l'hôte se mit à rire au nez du gendarme : il répondit de nous, et tout fut dit.

Nous demandâmes une chambre et à dîner.

Quoique ma mère n'eût encore pris de toute la journée qu'une tasse de café, elle mangea peu; il était évident qu'elle était sous le poids d'une grande préoccupation.

Après le dîner, elle fit monter notre hôte, et lui demanda des nouvelles des prisonniers.

Comme on le comprend bien, c'était la préoccupation du moment. Il n'y avait peut-être pas, dans toute la ville de Soissons, une maison où l'on tînt à cette heure une autre conversation que celle que nous venions de mettre sur le tapis.

L'entrée des trois cabriolets et de leur escorte avait fait une sensation non moins vive à Soissons qu'à Villers-Cotterets. Seulement, Soissons, au lieu d'être royaliste, comme son chef-lieu de canton, était bonapartiste.

C'est tout simple. Soissons, ville de guerre, devait recevoir ses opinions politiques de l'armée.

Notre hôte, particulièrement, regrettait beaucoup le gouvernement tombé; il s'était donc fort inquiété des pauvres conspirateurs, et pouvait nous donner sur eux les renseignements que ma mère désirait.

Ils avaient été conduits à la prison de la ville. Ma mère respira et laissa échapper ces mots :

— Ah! tant mieux! je craignais qu'ils ne fussent à la prison militaire.

C'est là, en effet, qu'on eût dû les conduire; mais on connaissait l'esprit des soldats. La défection du 7e de ligne, le passage sous les drapeaux de Napoléon des différents corps qu'on avait envoyés contre lui, donnaient des inquiétudes que l'avenir prouva n'être point exagérées. Il en résulta que l'on crut les conspirateurs mieux enfermés dans la prison civile que dans la prison militaire.

J'écoutais tous ces détails avec la plus grande attention. Je m'étais bien douté que notre voyage à Soissons avait quelque rapport avec l'événement qui préoccupait tout le monde; les questions de ma mère à notre hôte m'affermirent dans cette opinion.

D'ailleurs, je n'eus pas longtemps à demeurer dans le doute. A peine fut-il sorti, que ma mère, regardant si nous étions bien seuls, m'attira à elle, et m'embrassa.

Je la regardai. Il y avait dans cet embrassement quelque chose de particulier, presque de solennel.

— Écoute, mon enfant, dit-elle, j'ai peut-être eu tort de prêter les mains à une pareille entreprise; mais, quand j'ai vu passer ces pauvres amis à nous, quand j'ai reconnu sur leurs poitrines, qui, dans trois jours peut-être, seront percées de dix balles, ce même uniforme de général que portait ton père, il m'est passé par l'esprit de venir avec toi à Soissons, et de t'envoyer jouer, comme tu as l'habitude de le faire, avec le fils du concierge de la prison ; et, une fois là...

Ma mère s'arrêta.

— Et une fois là ? lui demandai-je.

— Voyons, reprit ma mère, te rappelles-tu bien la figure des prisonniers ?

— Oh ! maman, non-seulement je les vois encore, mais je crois que je les verrai toujours.

— Eh bien, il est probable que l'un ou l'autre des trois prisonniers couchera dans la chambre qu'on appelle la pistole... Sais-tu ce que c'est que la pistole ?

Ma mère m'attaquait par mon fort. Si je savais ce que c'était que la pistole, moi qui connaissais tous les coins et recoins de la prison !

— La pistole, repris-je, je crois bien que je sais ce que c'est ! C'est une chambre qui donne dans la salle à manger du concierge, et où l'on met les prisonniers qui veulent la payer quarante sous.

— C'est cela ! Eh bien, il est probable, comme je te le disais, que l'un ou l'autre des trois prisonniers aura été mis à la pistole ; il est probable encore que ce sera l'aîné des frères Lallemand, à qui les autres auront concédé cette douceur ; il est probable, enfin, que la porte de la pistole, donnant dans la grande salle où mange le concierge, demeurera ouverte... Eh bien, en jouant avec ton petit camarade dans la grande salle, tu trouveras moyen d'entrer dans la pistole, et alors tu donneras, sans être vu, ce paquet à celui des trois prisonniers qui sera à la pistole.

— Je le veux bien.

— Seulement, tu prendras bien garde, mon enfant.

— A quoi ?

— A ne pas te blesser.

— A ne pas me blesser ! qu'y a-t-il donc dans ce paquet ?

— Une paire de pistolets à deux coups, tout chargés.

Je compris. A l'aide de ces pistolets, les prisonniers pouvaient peut-être fuir, ou tout au moins, dans un cas désespéré, se brûler la cervelle.

— Maman, lui dis-je, il me semble qu'au lieu de porter un paquet qui peut être vu, et par conséquent être confisqué, je ferais bien mieux de mettre un pistolet dans chacune des poches de mon pantalon.

— Mais si tu allais te blesser?

— Oh! n'aie pas peur; je connais cela, moi.

En un tour de main, je dénouai le paquet et fis jouer, les unes après les autres, les gâchettes des quatre batteries, en digne élève de Montagnon.

— Allons, dit ma mère à peu près rassurée par la preuve de dextérité que je venais de lui donner; allons, je crois que tu as raison; mets les pistolets dans ta poche, et prends garde que les crosses ne passent. Maintenant, voici un petit rouleau.

Ce rouleau me rappela le fameux étui dont l'enveloppe avait été mangée par une taupe.

— Ah! ça, c'est de l'or? m'écriai-je.

— Oui, dit ma mère. Il y a cinquante louis dans ce rouleau. Prends bien garde de le perdre, car, si les prisonniers n'acceptent pas cet argent, je dois le rendre à celui qui l'a donné.

— Attends, attends! je vais mettre le rouleau dans le gousset de ma montre.

Je n'avais pas de montre, mais j'avais un gousset.

Je fourrai le rouleau dans mon gousset, et rabattis mon gilet par-dessus.

Heureusement, dans la prévision que j'engraisserais et que je grandirais, ma pauvre mère me faisait toujours faire des vêtements trop longs et trop larges.

Les pistolets pouvaient donc tenir dans mes poches, et le rouleau d'or dans mon gousset, sans que je parusse par trop bosselé.

— Et maintenant, dis-je, me voilà prêt.

Ce fut alors que le courage parut manquer à ma mère.

— Oh! me dit-elle, si on allait découvrir ce que tu viens faire dans cette prison! si on allait t'arrêter!

— Je ne me laisserai pas prendre, répondis-je en me redressant avec un de ces airs fanfarons qui me rendaient si ridicule, quand j'avais le malheur de les prendre; ne suis-je point armé?

Ma mère haussa les épaules.

— Mon ami, me dit-elle, les prisonniers étaient armés aussi, et tu les as vus passer à Villers-Cotterets, chacun entre deux gendarmes.

J'avais bonne envie de répliquer; mais, comme l'argument de ma mère était plein de sens, je n'eus point le courage de risquer une nouvelle gasconnade.

D'ailleurs, le temps s'écoulait; il était près de sept heures du soir, et, vu la circonstance, peut-être me serait-il impossible de pénétrer dans la prison, si j'attendais plus tard.

Ma mère jeta un dernier coup d'œil sur moi pour s'assurer que ni pistolets ni rouleau n'étaient visibles; elle m'agrafa au cou un petit manteau avec lequel on m'envoyait au collège par les mauvais temps, quand il y avait un collège, et nous nous acheminâmes vers la prison.

Quoique ma pauvre mère essayât de cacher son émotion, sa main tremblait dans la mienne. Quant à moi, je n'avais pas même le soupçon que nous courussions un danger quelconque à faire ce que nous faisions.

Nous arrivâmes à la prison. Ma mère frappa à la porte, le guichet s'ouvrit.

— Qui va là? demanda la voix du concierge.

— Mon cher monsieur Richard, dit ma mère, — autant que je puis m'en souvenir, le brave homme s'appelait Richard, — mon cher monsieur Richard, c'est Alexandre qui vient jouer avec votre fils, tandis que je vais faire une visite.

— Ah! c'est vous, madame Dumas, dit le concierge; nous ferez-vous l'honneur d'entrer un instant?

— Non, merci, je suis pressée; je reviendrai prendre Alexandre dans une demi-heure.

— Bon! venez quand vous voudrez.

Et le concierge se mit à tourner deux ou trois clefs dans deux ou trois serrures différentes.

La porte s'ouvrit.

Dans une espèce de couloir qui séparait la porte de la rue de la chambre du concierge, brillaient des fusils et des baïonnettes.

Ma mère frissonna et me tira à elle.

— N'aie pas peur, lui dis-je.

— Oh! oh! dit ma mère, il me semble que vous avez un surcroît de garnison, mon cher monsieur.

— Vous savez pourquoi? dit le concierge.

— Je me doute que c'est à cause des prisonniers qui sont arrivés ce soir.

— Oui; comme ce sont de grosses épaulettes, on n'a pas pu leur refuser de les mettre à la pistole; seulement, on a doublé la garde.

Ma mère me serra la main; je répondis en serrant la sienne.

— Et que dit-on de leurs affaires? demanda-t-elle.

— Pas belles, madame Dumas, pas belles... On va les conduire à la Fère; après quoi, le temps d'assembler un conseil de guerre, de rendre le jugement, de le leur lire, et paf! tout sera dit.

Le concierge fit le geste d'un homme qui met en joue.

Rien de plus intelligible que cette terrible pantomime.

— Est-ce qu'Alexandre pourra les voir? demanda ma mère.

— Pourquoi pas? Ils sont là tous les trois dans la pistole, sur des lits de sangle, doux comme des agneaux. Ils ont déjà appelé Charles plus de dix fois; il est camarade avec eux comme s'il les connaissait depuis dix ans.

— Oh! maman, dis-je à mon tour, je voudrais bien les voir.

— Eh bien, va avec M. Richard, tu les verras, va...

Ma mère prononça ce dernier mot le cœur gros, mais avec fermeté cependant; car, en même temps, elle me lâchait la main, et me poussait vers le concierge.

Je lui fis un signe de la tête et m'élançai du côté de la salle basse en criant :

— C'est moi, Charles!

Charles reconnut ma voix, et accourut au-devant de moi.

— Ah! me dit-il, si tu étais venu un peu plus tôt... Hutin sort d'ici.

Hutin était un de nos camarades dont j'aurai l'occasion de parler plus tard, à propos de la révolution de juillet et de mon expédition sur Soissons, où, plus heureux que les généraux Lallemand, j'enlevai les poudres de la ville.

— Ah! il est parti, répondis-je; ma foi, tant pis... Nous jouerons bien tout de même sans lui, n'est-ce pas?

— Certainement.

— Eh bien, allons.

Nous entrâmes dans la salle basse.

— Il ne faut pas faire trop de bruit, me dit Charles.

— Pourquoi cela?

— Parce qu'il y a du monde dans la pistole.

— Ah! je sais bien... les prisonniers... Dis donc, je voudrais les voir.

— C'est qu'ils m'ont renvoyé tout à l'heure, en disant qu'ils voulaient dormir.

— Dis-leur que je suis le fils d'un général aussi, moi. Ils ont dû connaître mon père.

Charles s'avança jusqu'à la porte.

— Dites donc, monsieur Lallemand, dit-il, il y a là un de mes camarades qui vient de Villers-Cotterets, et qui dit que vous avez dû connaître son père.

— Comment s'appelle-t-il.

— Il s'appelle Alexandre Dumas.

— Est-ce le fils du général Alexandre Dumas? dit l'un des frères Lallemand.

— Oui, général, répondis-je.

Et j'entrai.

— C'est toi, mon enfant? dit le général.

— Oui, général, c'est moi.

— Viens, mon enfant, viens... C'est toujours un plaisir pour un soldat que de voir le fils d'un brave, et ton père en était un. Il est mort?

— Oui, général, il y a déjà huit ans.

— Et tu es venu à Soissons?

— Oui, général...

Puis, tout bas :

— Pour vous voir, ajoutai-je.

— Comment, pour me voir?

— Oui... Renvoyez Charles.

Une seule chandelle éclairait la pistole; elle était sur la table, près du lit du général. Il fit semblant de la moucher, et l'éteignit.

— Ah! bon! dit-il, je suis adroit... Charles, va nous rallumer cette chandelle.

Charles prit la chandelle, et passa dans la salle basse. Nous restâmes dans l'obscurité.

— Que me veux-tu, mon enfant? demanda le prisonnier.

— Général, lui dis-je, je suis chargé, par ma mère et par des amis à vous, de vous remettre une paire de pistolets à deux coups tout chargés, et un rouleau de cinquante louis. J'ai tout cela dans mes poches : le voulez-vous?

Le général demeura un instant sans parler, puis je sentis qu'il approchait ma tête de la sienne.

— Merci, mon ami, dit-il en m'embrassant au front; l'empereur sera à Paris avant que notre procès soit fait...

Puis, m'embrassant une seconde fois :

— Merci, tu es un brave enfant. Va jouer, et prends garde qu'on ne te soupçonne d'être venu pour nous.

— Décidément, général, vous croyez n'avoir besoin ni des pistolets ni de l'argent?

— Non, merci. La même proposition m'a déjà été faite dans la soirée, et j'ai refusé.

— Alors, je dirai donc à ceux qui ont peur pour vous, que vous n'avez pas peur?

Le général se mit à rire.

— Oui, dis-leur cela.

Et il m'embrassa une dernière fois en me poussant doucement du côté de la porte.

Charles revenait avec la lumière.

— Merci, mon enfant, dit-il. Décidément, nous allons dormir. Bonsoir.

— Bonsoir, général.

Et je sortis de la pistole.

Une demi-heure après, ma mère vint me chercher. J'embrassai Charles, je remerciai le père Richard, et je courus me jeter au cou de ma mère.

— Eh bien? dit-elle.

— Eh bien, ma mère, il a tout refusé.

— Comment, il a tout refusé?

— Oui.

— Et qu'a-t-il dit?

— Il a dit que l'empereur serait à Paris avant qu'on l'ait fusillé, lui et ses compagnons.

— Dieu le veuille! dit ma mère.

Et elle m'emmena.

Le lendemain, au point du jour, nous partîmes.

On rendit les cinquante louis à qui les avait donnés; mais, en mémoire du courage que j'avais déployé dans l'expédition, on me laissa les pistolets.

C'étaient de magnifiques pistolets à deux coups, montés en argent, et qui joueront, chose étrange! un grand rôle dans cette même ville de Soissons, en 1830.

Le général Lallemand ne s'était pas trompé. La marche de Napoléon fut si rapide, qu'elle devança l'issue du procès. D'ailleurs, les juges eux-mêmes n'étaient peut-être point fâchés de traîner un peu en longueur, pour mettre à couvert leur responsabilité.

Le 21 mars, à six heures du matin, un courrier passait à franc étrier à Villers-Cotterets. A peine faisait-il jour, et cependant bon nombre de personnes attendaient déjà à la porte pour avoir des nouvelles.

Tout le monde s'empressa autour du courrier, qui changeait de cheval.

— Eh bien? lui demanda-t-on, eh bien?

— Eh bien, messieurs, dit-il, Sa Majesté l'empereur et roi a fait son entrée aux Tuileries hier, à huit heures du soir.

Il y eut un grand brouhaha; chacun s'élança pour porter la nouvelle. Le maître de poste resta seul.

— Et vous allez annoncer cette nouvelle au département? demanda-t-il.

— Non; je vais porter l'ordre de mettre en liberté les généraux Lallemand.

Le cheval était sellé, il sauta dessus et partit au galop.

Le même jour, une calèche à quatre chevaux passait à grand train et menant grand bruit. Elle renfermait trois officiers supérieurs. En traversant la rue de Soissons, la glace de cette voiture s'abaissa en face de la maison où l'aîné des frères Lallemand avait été si cruellement insulté. La femme qui lui avait craché au visage était sur sa porte; la tête souriante du général passa par la portière.

— Eh bien, lui dit-il, nous voilà sains et saufs, madame; chacun son tour.

Et il rentra dans la voiture, qui continua sa course vers Paris.

— Sois tranquille, brigand! dit la femme en montrant le poing à la voiture qui s'éloignait, le nôtre reviendra!

Il revint, en effet. Les assassinats du maréchal Brune, du général Mouton-Duverney et du général Ramel, sont là pour en faire foi.

En 1840 ou 1842, je dînais chez M. le duc Decazes avec ce même général Lallemand, que je n'avais jamais revu depuis le jour où il m'avait embrassé dans la pistole de la prison de Soissons. Vingt-huit ans s'étaient passés depuis ce jour, et avaient entraîné avec eux presque autant d'événements que de jours. Les cheveux de l'homme avaient blanchi, les cheveux de l'enfant avaient grisonné.

Après le dîner, je m'approchai du général :

— Général, lui demandai-je, vous rappelez-vous le 14 mars 1815?

— Le 14 mars 1815? reprit le général en cherchant à rappeler ses souvenirs. Je crois bien! c'est une date qui a marqué dans ma vie... Le 14 mars 1815, c'est le jour où nous avons été arrêtés, mon frère et moi, après notre tentative sur la Fère... Oui, je me rappelle le 14 mars 1815.

— Vous rappelez-vous avoir traversé une petite ville nommée Villers-Cotterets?

— Avant ou après mon arrestation?

— Après votre arrestation, général : vous étiez dans un cabriolet, assis entre deux gendarmes; votre frère vous suivait dans un second cabriolet, et dans un troisième était un de vos aides de camp. Six ou huit gendarmes vous accompagnaient.

— Oh! je me le rappelle parfaitement, à telles enseignes qu'une femme monta sur le marchepied de mon cabriolet, et me cracha au visage.

— C'est cela, général, et vous avez bonne mémoire.

— Ah çà! est-ce que vous croyez qu'on oublie ces choses-là?

— Non, général, je ne dis pas que ce sont de ces choses qu'on oublie... Me permettez-vous de vous demander encore si vous vous souvenez d'autre chose?

— Faites.

— Vous souvenez-vous d'avoir passé la nuit en prison à Soissons?

— Je m'en souviens parfaitement, dans une chambre attenante à la geôle.

— Vous souvenez-vous d'avoir reçu une visite?

— Oui, celle d'un enfant de douze à quatorze ans.

— Qui venait vous offrir, de la part de vos amis...

— Cinquante louis et une paire de pistolets! Je m'en souviens parfaitement.

— Vous oubliez de dire, général, que vous avez embrassé cet enfant au front.

— Pardieu! cela le méritait bien. Est-ce que par hasard, cet enfant?...

— C'est moi, général, un peu grandi, un peu vieilli depuis ce temps-là; mais enfin, c'est moi. Voilà pourquoi je ne me suis pas fait présenter à vous, et me suis présenté moi-même.

Le général me prit les deux mains, et me regarda bien en face :

— Sacrebleu! dit-il, embrassez moi encore!

— Volontiers, général.

Nous nous embrassâmes.

— Que diable faites-vous donc là-bas?... demanda le duc Decazes, qui voyait cette accolade, et qui ne pouvait s'en rendre compte.

— Rien, répondis-je, rien, une misère qui s'est passée autrefois entre le général Lallemand et moi.

Puis, me retournant vers le général :

— Général, lui dis-je, qui nous aurait prédit, le 14 mars 1815, à huit heures du soir, que nous dînerions un jour ensemble à la table de M. Decazes, grand référendaire de la Chambre des pairs, Louis-Philippe régnant?...

— Ah! mon cher, dit le général en levant les épaules, nous en verrons encore bien d'autres, allez!

IX

Napoléon et les alliés. — Passage de l'armée française et de l'empereur par Villers-Cotterets. — Les messagers de malheur.

Comme l'avait dit le courrier, Sa Majesté l'empereur et roi était rentré aux Tuileries le 20 mars à huit heures du soir, jour de la naissance du roi de Rome.

Superstitieux comme un ancien, Napoléon voulait avoir pour lui les présages.

Celui-là était bien incomplet sans doute : il rentrait aux Tuileries le jour de la naissance du roi de Rome ; mais où était-il, cet enfant couronné qui devait lui coûter à Sainte-Hélène tant de cris paternels?

Hélas! le soir même du jour où je l'avais vu à travers les grilles du Carrousel, il était parti pour ne plus revenir; on avait relégué, dans un coin du garde-meuble, son berceau vide. Cet homme qui venait, en vingt jours, de reconquérir, et d'une façon si miraculeuse, trente-deux millions d'hommes, cet homme cherchait inutilement, parmi toutes ces têtes qui lui étaient indifférentes, la tête chérie de son enfant.

Cette tête devait pâlir et s'incliner loin de lui ; Schœnbrünn lui gardait deux choses qui tuent vite : un soleil trop froid et un amour trop brûlant.

Était-ce pour endormir sa propre douleur que cet homme tout-puissant essaya de mentir, en annonçant à la France que son enfant allait lui être rendu ? S'abaissait-il à feindre l'alliance de l'Autriche pour rassurer les cœurs tremblants ?

C'est qu'il n'était pas au bout de son œuvre ; c'est qu'après avoir repris la France, il lui restait l'Europe à combattre.

Ce qui faisait dire instinctivement à cette femme qui avait insulté le général Lallemand, au moment où il traversait Villers-Cotterets, libre et triomphant : « Sois tranquille, brigand ! notre tour reviendra ! »

En attendant, il se passait une chose singulière : c'est que, menacés chaque jour par les royalistes, nous avions fini, ma mère et moi, par désirer ce triomphe de l'empereur, et qu'en somme, pour nous qui n'avions aucune raison d'aimer cet homme, sa rentrée aux Tuileries était devenue un événement heureux.

Cependant il faut rendre justice aux bonapartistes du département de l'Aisne, et à ceux qu'on avait forcés de le devenir : leur triomphe fut calme, et, au lieu d'en faire grand bruit, comme eussent certainement fait les royalistes, ils avaient presque l'air d'en demander pardon.

D'ailleurs, on ignorait ce qui allait advenir de tous ces événenements. A la première invasion, l'ennemi était bien venu de Moscou à Paris, c'est-à-dire de six cents lieues ; à la seconde, il viendrait bien de Bruxelles, c'est-à-dire de soixante.

Nous étions sur cette route, à deux journées de Paris, mais à trois journées seulement des Hollandais et des Prussiens.

Il est vrai que les nouvelles étaient bonnes. L'empereur ne paraissait nullement inquiet.

Le 4 avril, il avait écrit aux souverains alliés une lettre autographe, dans laquelle il leur annonçait son retour à Paris, et son rétablissement à la tête du peuple français, avec un naturel charmant, et comme si ce n'était pas la révolution européenne qu'il proclamait.

Le 6, il avait visité le Muséum, pour voir sans doute quelles espèces d'animaux on avait trouvées à empailler en son absence. Après quoi, il avait été faire une visite à David dans son atelier.

Le 7, il avait rétabli la maison d'Écouen.

Le 8, le duc d'Angoulême avait été fait prisonnier à Pont-Saint-Esprit.

Le 10, il avait publié le décret sur l'armement de la garde nationale.

Le 11, il avait ordonné de conduire M. le duc d'Angoulême à Cette, et de lui rendre la liberté.

Le 12, chose plus sérieuse! il avait écouté le rapport du duc de Vicence sur l'armement des puissances étrangères.

Le 14, il avait reçu Benjamin Constant.

Le 17, il avait nommé Grouchy maréchal de l'Empire.

Enfin, le 20, cent coups de canon avaient annoncé que le drapeau tricolore flottait sur toutes les villes de France.

Il est vrai que, le 24, Louis XVIII adressait son manifeste à la nation française;

Que, le 25, les alliés prenaient l'engagement de ne déposer les armes qu'après avoir abattu Napoléon;

Que, le 30, l'Angleterre s'engageait à fournir aux alliés, pendant trois ans, cent millions de francs;

Que le 3 mai, Murat était défait près de Tolentino;

Que, le 12, les Autrichiens entraient à Naples;

Que, le 14, paraissait l'ordonnance du roi de Prusse sur la landwehr;

Que, le 19, les Russes jetaient Berthier, cet ancien ennemi de mon père, par les fenêtres de son hôtel à Bumberg;

Enfin, que, le 26, les empereurs de Russie, d'Autriche et le roi de Prusse quittaient Vienne pour marcher sur la France.

Il n'y avait donc plus aucune espérance de conserver la paix : tout allait de nouveau être remis au hasard des batailles.

Les troupes commençaient à passer par Villers-Cotterets, filant sur Soissons, Laon et Mézières.

C'était, il faut l'avouer, une grande joie que de revoir ces anciens uniformes, ces vieilles cocardes retrouvées, sur la route de l'île d'Elbe à Paris, dans des caisses de tambour, ces glorieux drapeaux troués par les balles d'Austerlitz, de Wagram et de la Moskova.

Ce fut un merveilleux spectacle que nous donna toute cette vieille garde, type militaire complétement disparu de nos jours, et qui était la vivante personnification de ces dix années impériales que nous venions de traverser, la légende vivante et glorieuse de la France.

En trois jours, trente mille hommes, trente mille géants passèrent ainsi, fermes, calmes, presque sombres; pas un qui ne comprît qu'une part de ce grand édifice napoléonien, cimenté de son sang, ne pesât sur lui, et tous, comme ces belles cariatides du Pujet qui effrayèrent le chevalier de Bernin, lorsqu'il débarqua à Toulon, nous semblaient fiers de ce poids, quoiqu'on sentît qu'ils pliassent sous lui.

Oh! ne l'oublions jamais, ces hommes qui marchaient d'un pas ferme vers Waterloo, c'est-à-dire vers la tombe, c'était le dévouement, c'était le courage, c'était l'honneur! c'était le plus pur sang de la France! c'était vingt ans de lutte contre l'Europe entière; c'était la Révolution, notre mère; c'était, non pas la noblesse française, mais la noblesse du peuple français!

Je les vis tous passer ainsi, tous jusqu'à un dernier débris de l'Égypte, deux cents mamelouks avec leurs larges pantalons rouges, leurs turbans et leurs sabres recourbés.

Il y avait quelque chose non-seulement de sublime, mais encore de religieux, de saint, de sacré dans ces hommes, qui, condamnés aussi fatalement et aussi irrévocablement que les gladiateurs antiques, comme eux pouvaient dire: *Cæsar, morituri te salutant!*

Seulement, ceux-là allaient mourir, non pas pour les plaisirs, mais pour la liberté d'un peuple; ceux-là allaient mourir, non point forcés, mais de leur libre arbitre, mais de leur seule volonté.

Le gladiateur antique, ce n'était que la victime.

Eux, c'était l'holocauste.

Ils passaient un matin; le bruit de leurs pas s'éteignit, les derniers accords de leur musique moururent ; cette musique jouait, je me le rappelle, l'air de *Veillons au salut de l'empire...*

Puis on annonça, dans les journaux, que Napoléon quitterait Paris le 12 juin, pour se rendre à l'armée.

Napoléon suivait toujours le chemin qu'avait suivi sa garde ; Napoléon passerait donc par Villers-Cotterets.

J'avoue que j'avais un immense désir de voir cet homme, qui, en pesant sur la France, avait particulièrement, et d'une façon si lourde, pesé sur moi, pauvre atome, perdu parmi trente-deux millions d'hommes, et qu'il continuait d'écraser tout en oubliant que j'existasse.

Le 11, on reçut la nouvelle officielle de son passage ; les chevaux étaient commandés à la poste.

Il devait partir de Paris à trois heures du matin : c'était donc vers sept ou huit heures qu'il traverserait Villers-Cotterets.

A six heures, j'attendais au bout de la rue de Largny avec la partie de la population la plus valide, c'est-à-dire celle qui avait la faculté de courir aussi vite que les voitures impériales.

En effet, ce n'était pas à son passage qu'on pouvait bien voir Napoléon, c'était au relais.

Je compris cela, et à peine eus-je aperçu, à un quart de lieue à peu près, la poussière des premiers chevaux, que je pris ma course vers le relais.

A mesure que j'approchais, j'entendais gronder derrière moi, se rapprochant aussi, le tonnerre des roues.

J'arrivai au relais. Je me retournai, et je vis accourir comme une trombe ces trois voitures qui brûlaient le pavé, conduites par des chevaux en sueur, et par des postillons en grande tenue, poudrés et enrubannés.

Tout le monde se précipita sur la voiture de l'empereur.

Je me trouvai naturellement un des premiers.

Il était assis au fond, à droite, vêtu de l'uniforme vert à revers blancs, et portant la plaque de la Légion d'honneur.

Sa tête pâle et maladive, qui semblait grassement taillée

dans un bloc d'ivoire, retombait légèrement inclinée sur sa poitrine; à sa gauche, était assis son frère Jérôme; en face de Jérôme, et sur le devant, l'aide de camp Letort.

Il leva la tête, regarda autour de lui et demanda :

— Où sommes-nous?

— A Villers-Cotterets, sire, dit une voix.

— A six lieues de Soissons, alors? répondit-il.

— A six lieues de Soissons, oui, sire.

— Faites vite.

Et il retomba dans cette espèce d'assoupissement dont l'avait tiré le temps d'arrêt qu'avait fait la voiture.

Pendant ce temps, on avait relayé; les nouveaux postillons étaient en selle; ceux qui venaient de dételer agitaient leurs chapeaux en criant : « Vive l'empereur! »

Les fouets claquèrent; l'empereur fit un léger mouvement de tête qui équivalait à un salut. Les voitures partirent au grand galop et disparurent au tournant de la rue de Soissons.

La vision gigantesque était évanouie.

Dix jours s'écoulèrent, et l'on apprit le passage de la Sambre, la prise de Charleroi, la bataille de Ligny, le combat des Quatre-Bras.

Ainsi le premier écho était un écho de victoire.

C'était le 18, jour de la bataille de Waterloo, que nous avions appris le résultat des journées du 15 et du 16.

On attendait avidement d'autres nouvelles. La journée du 19 se passa sans en apporter : l'empereur, disaient les journaux, avait visité le champ de bataille de Ligny et fait donner des secours aux blessés.

Le général Letort, qui était en face de l'empereur dans sa voiture, avait été tué à la prise de Charleroi.

Jérôme, qui était à ses côtés, avait eu la poignée de son épée brisée par une balle.

La journée du 20 s'écoula lente et triste : le ciel était sombre et orageux; il était tombé des torrents de pluie, et l'on disait que, par un semblable temps, qui durait depuis trois jours, sans doute on n'avait pu combattre.

Tout à coup le bruit se répand que des hommes portant de sinistres nouvelles ont été arrêtés et conduits dans la cour de la mairie; ils disent, assure-t-on, que nous avons perdu une bataille décisive, que l'armée française est anéantie, et que les Anglais, les Prussiens et les Hollandais marchent sur Paris.

Tout le monde se précipite vers la mairie, moi des premiers, bien entendu.

En effet, dix ou douze hommes, les uns encore en selle, les autres à terre et près de leurs chevaux, sont entourés par la population, qui les garde à vue; ils sont tout sanglants, tout couverts de boue, en lambeaux.

Ils se disent Polonais.

À peine si l'on peut comprendre ce qu'ils disent; ils prononcent avec difficulté quelques mots de français.

Les uns prétendent que ce sont des espions; les autres que ce sont des prisonniers allemands qui se seront échappés, et qui essayent de rejoindre l'armée de Blücher en se faisant passer pour Polonais.

Arrive un ancien officier qui parle allemand et les interroge en allemand.

Plus à leur aise dans cette langue, ils répondent plus catégoriquement: selon eux, Napoléon en serait venu aux mains, le 18, avec les Anglais. A midi, la bataille aurait commencé; à cinq heures, les Anglais étaient battus; mais, à six heures, Blücher, qui avait marché au canon, serait arrivé avec quarante mille hommes et aurait décidé la bataille en faveur de l'ennemi; bataille décisive, comme ils disent: l'armée française est non pas en retraite, mais en déroute; ils sont l'avant-garde des fugitifs.

On ne veut pas croire à de si désastreuses nouvelles; ils se contentent de répondre:

— Vous verrez bien.

On les menace de les arrêter, de les mettre en prison, de les fusiller s'ils ont menti. Ils tendent leurs armes et déclarent qu'ils sont à la disposition des autorités de la ville.

Deux d'entre eux, gravement blessés, sont conduits à l'hôpital; les autres sont déposés à la prison, qui touche à la mairie.

Il est à peu près trois ou quatre heures de l'après-midi : en quarante-huit heures, ces hommes sont venus de Planchenoit.

C'est plus d'une lieue et demie à l'heure qu'ils ont faite. Ainsi les courriers de malheur ont des ailes.

Une fois qu'on a vu les uns entrer à l'hôpital, les autres en prison, chacun s'éparpille et va répandre le bruit sinistre de son côté.

Comme c'est toujours à la poste qu'on aura les nouvelles les plus sûres, nous courons, ma mère et moi, à la poste, et nous nous y installons.

A sept heures, un courrier arrive; il est couvert de boue, son cheval frissonne de tous ses membres et est prêt à tomber de fatigue.

Il commande quatre chevaux pour une voiture qui le suit, puis il saute à cheval et se remet en route.

On l'a interrogé vainement : il ne sait rien ou ne veut rien dire.

On tire les quatre chevaux de l'écurie, on les harnache, on attend la voiture.

Un grondement sourd et qui se rapproche rapidement annonce qu'elle arrive.

On la voit apparaître au tournant de la rue, elle s'arrête à la porte.

Le maître de poste s'avance et demeure stupéfait. En même temps, je le prends par le pan de son habit :

— C'est lui? c'est l'empereur?

— Oui.

C'était l'empereur, à la même place où je l'avais vu, dans une voiture pareille, avec un aide de camp auprès de lui et un autre en face.

Mais ceux-là ne sont plus ni Jérôme ni Letort.

Letort est tué; Jérôme a mission de rallier l'armée sous Laon.

C'est bien le même homme, c'est bien le même visage, pâle, maladif, impassible.

Seulement, la tête est un peu plus inclinée sur la poitrine.

Est-ce simple fatigue? Est-ce douleur d'avoir joué le monde et de l'avoir perdu?

Comme la première fois, en sentant la voiture s'arrêter, il lève la tête, jette autour de lui ce même regard vague qui devient si perçant lorsqu'il le fixe sur un visage ou sur un horizon, ces deux choses mystérieuses derrière lesquelles peut toujours se cacher un danger.

— Où sommes-nous? demande-t-il.
— A Villers-Cotterets, sire.
— Bon! A dix-huit lieues de Paris?
— Oui, sire.
— Allez.

Et, comme la première fois, après avoir fait une question pareille, dans les mêmes termes à peu près, il donna le même ordre et partit aussi rapidement.

Le même soir, Napoléon couchait à l'Élysée.

Il y avait jour pour jour trois mois qu'à son retour de l'île d'Elbe il était rentré aux Tuileries.

Seulement, du 20 mars au 20 juin, il y avait un abîme où s'était engloutie sa fortune.

Cet abîme, c'était Waterloo!

X

Waterloo. — L'Élysée. — La Malmaison.

J'ai dit le premier, je crois, que Waterloo était un grand désastre politique, mais un grand bonheur social.

Waterloo est, comme Marengo, une journée providentielle. Seulement, cette fois, au lieu d'être une victoire, c'est une défaite, mais une défaite si providentielle, que nous perdons Waterloo par la même cause qui nous a fait gagner Marengo.

A Marengo, nous sommes battus à cinq heures du soir. Desaix arrive, inattendu de l'ennemi, et, à six heures, nous sommes vainqueurs.

A Waterloo, nous sommes victorieux à cinq heures du soir. Blücher arrive, inattendu par nous, et, à six heures, nous sommes vaincus.

Jamais la main de Dieu n'a été étendue d'une façon plus visible sur l'Europe, dont les destins se jugent à Waterloo, que dans cette fameuse journée du 18 juin.

Napoléon, cet homme aux ordres rapides, clairs et précis, Napoléon laisse Grouchy sans ordres.

Puis, quand il a besoin de Grouchy, quand il comprend que le succès de la journée dépend de Grouchy, il envoie un officier d'ordonnance pour l'appeler vers Mont-Saint-Jean. L'officier est pris, et Grouchy continue à se diriger sur Wavre !

Pourquoi donc un seul officier d'ordonnance ? Pourquoi pas dix ? Pourquoi pas vingt ? Les officiers d'ordonnance manquent-ils autour de Napoléon ?

Et Grouchy qui entend le canon, et qui ne marche pas ! Grouchy qui s'obstine à rester malgré les prières, malgré les supplications des généraux qui l'entourent, tandis que Blücher marche, lui !

Et puis attendez, une dernière chose : celle-là, je suis sûr de la dire le premier ; celle-là, je la tiens de son plus proche parent, de son plus fidèle ami, de son dernier général, de celui qui n'a pas désespéré, quand tout le monde désespérait ; celle-là est indigne de figurer dans un récit d'historien, c'est vrai ; mais je n'écris pas une histoire, j'écris des mémoires.

Avez-vous remarqué qu'à Ligny, aux Quatre-Bras et à Waterloo, Napoléon, qui, les jours de bataille, ne quitte pas sa selle, avez-vous remarqué que Napoléon monte à peine à cheval ?

Avez-vous remarqué que, lorsque, par un dernier, par un suprême effort, il tâche de retenir la victoire qui s'échappe, et se met à la tête de sa vieille garde pour donner lui-même contre l'ennemi, avez-vous remarqué que c'est à pied qu'il charge ?

Pourquoi cela ? Vous allez le savoir.

Quand la bataille est perdue, quand la charge anglaise pénètre au cœur de nos carrés, quand les batteries de Blücher font ricocher leurs boulets tout autour de Napoléon; quand toute cette vaste plaine n'est plus qu'une fournaise, un cimetière, une vallée de Josaphat; quand on n'entend plus, au milieu de tous ces cris, que le cri fatal de *Sauve qui peut!* quand les plus braves fuient, quand le général Cambronne et la garde seuls s'arrêtent pour mourir, Napoléon jette un dernier regard sur cette vaste étendue où plane l'ange de l'extermination, puis il appelle à lui son frère Jérôme :

— Jérôme, lui dit-il, la bataille de Mont-Saint-Jean est perdue; mais celle de Laon est gagnée. Tu vas rallier ce que tu pourras d'hommes, quarante mille, trente mille, vingt mille même; tu t'arrêteras avec eux à Laon; la position est imprenable, et je m'en rapporte à toi pour qu'elle ne soit pas prise. Moi, pendant ce temps, avec vingt-cinq hommes et deux bons guides, je me jette dans les chemins de traverse, et je rejoins Grouchy, qui n'est pas à plus de six lieues d'ici avec trente-cinq mille hommes, et, tandis que tu arrêtes l'ennemi devant Laon, je tombe sur ses derrières, et je l'éparpille au cœur de la France : le patriotisme français fera le reste.

Puis, comme Richard III, après cette bataille où il venait de perdre la couronne, et où il allait perdre la vie :

— Un cheval, un cheval! demanda-t-il.

On lui amena son cheval.

Il se mit péniblement en selle, choisit son escorte, fit approcher les guides, et lança son cheval au galop.

Mais, après vingt-cinq pas, il s'arrêta court :

— Impossible, dit-il, je souffre trop!

Et il descendit.

Jérôme accourut.

— Fais de ton mieux, lui dit-il; quant à moi, je ne puis rester à cheval.

Napoléon, à son retour de l'île d'Elbe, avait eu, comme François Ier, sa belle Ferronnière; seulement, ce n'était pas la vengeance d'un mari qui la lui avait envoyée, c'était le conseil d'un diplomate.

Homme de la fatalité, tu as accompli ta tâche, maintenant tu peux tomber!

Aussi, voyez-le à l'Élysée, cet homme au regard d'aigle, aux résolutions rapides, à la pensée tenace et absolue! Est-il l'homme de Toulon, de Lodi, des Pyramides, de Marengo, d'Austerlitz, d'Iéna et de Wagram? Est-ce l'homme de Lutzen et de Bautzen? Est-ce même l'homme de Montmirail et de Montereau? Non, toute son énergie s'est usée dans ce miraculeux retour de l'île d'Elbe.

D'abord, il ne comprend rien à sa défaite. Sans cesse, à Sainte-Hélène, il revient sur cette journée, et remâche cette amère absinthe.

— Journée incompréhensible! concours de fatalités inouïes! Grouchy! Ney! d'Erlon! Y a-t-il eu trahison? y a-t-il eu malheur?... Et, pourtant, tout ce qui tenait à l'habileté avait été accompli; tout n'a manqué que quand tout avait réussi!

La Providence, sire!

— Singulière campagne! murmure-t-il une autre fois, où, dans moins d'une semaine, j'ai vu s'échapper trois fois de mes mains le triomphe assuré de la France, et la fixation de ses destinées! Sans la défection d'un traître, j'anéantissais les ennemis en ouvrant la campagne; je les écrasais à Ligny, si ma gauche eût fait son devoir; je les écrasais encore à Waterloo, si ma droite ne m'eût pas manqué.

Sire, la Providence!

Et une autre fois encore:

— Singulière défaite, où, malgré la plus horrible catastrophe, la gloire du vaincu n'a pas souffert, ni celle du vainqueur augmenté! La mémoire de l'un survivra à sa destruction; la mémoire de l'autre s'ensevelira peut-être dans son triomphe!

Non, sire, votre gloire n'a pas souffert, car vous luttiez contre la destinée. Ces vainqueurs qu'on a appelés Wellington, Bulow, Blücher, ces vainqueurs n'avaient que des masques d'hommes, et c'étaient des génies envoyés par le Très-Haut pour vous combattre.

La Providence, sire, la Providence!

Toute une nuit, Jacob lutta contre un ange qu'il prit pour

un homme; trois fois il fut terrassé, et, le matin venu, en songeant à sa triple défaite, il pensa devenir fou.

Trois fois aussi vous avez été terrassé, sire, trois fois vous avez senti sur votre poitrine frémissante le genou du vainqueur divin.

A Moscou, à Leipzig, à Waterloo!

Vous qui aimiez tant Ossian, sire, ne connaissez-vous pas cette histoire de Thor, fils d'Odin? Un jour, il arriva dans une ville souterraine, et dont il ne connaissait pas le nom. Un cirque était ouvert tout garni de spectateurs; un chevalier, revêtu d'une armure noire, avait lancé son défi. Depuis le matin, il attendait inutilement son adversaire.

Thor entra, marcha droit à ce chevalier sombre et lui dit:

— Je ne sais pas qui tu es; mais n'importe, me voilà, combattons!

Et ils combattirent depuis le milieu du jour jusqu'à la nuit. C'était la première fois que Thor rencontrait un champion qui lui résistât.

Non-seulement celui-là résistait, mais encore, à chaque instant, Thor sentait qu'il prenait avantage sur lui, et cependant, quoiqu'à chacun de ses coups, tout son corps frémît, tout son sang se glaçât, il ne recula point d'un pas; et, quand les forces lui manquèrent, quand il lui fallut tomber, il tomba sur un genou, puis sur deux, puis sur une main, et, toujours essayant de combattre, il finit par se coucher, lui, Thor, lui, fils d'Odin, sur la poussière du cirque, haletant, vaincu, expirant!

— En faveur de ton courage, et parce que tu as fait ce que nul n'avait fait avant toi, dit le chevalier noir, je te fais grâce. Seulement, la première fois que tu me rencontreras et que nous lutterons ensemble, il n'en sera pas ainsi.

— Qui donc es-tu, étrange vainqueur? dit le fils d'Odin.

— Je suis la Mort, dit le chevalier noir en levant la visière de son casque.

Et Thor fut près d'un an à revenir à la vie pour avoir lutté ainsi contre la Mort.

Il en a été de vous comme de Jacob et de Thor, sire; vous

avez pensé devenir fou, vous avez été un an à revenir à la vie.

Voyons-le à l'Élysée.

Il y arrive à sept heures du matin.

Plus tard, il devine ce qu'il eût dû faire.

Écoutez-le :

— Quand je suis arrivé à Paris, j'étais épuisé. Depuis trois jours, je n'avais ni mangé ni dormi. Je me suis mis au bain en attendant les ministres que j'avais mandés. Sans doute, j'aurais dû aller tout de suite aux Chambres; mais j'étais harassé de fatigue. Qui pouvait croire qu'elles se déclareraient si vite? Je suis arrivé à Paris à sept heures; à midi, les Chambres étaient à l'insurrection.

Puis il passe lentement la main sur son visage, et, d'une voix sourde :

— Après tout, dit-il, je ne suis qu'un homme.

Cromwell et Louis XIV aussi n'étaient que des hommes, sire, et l'un est entré aux Chambres le chapeau sur la tête, l'autre au Parlement le fouet à la main.

Mais l'un était plein de croyance, l'autre plein de jeunesse, tandis que vous, sire, vous n'aviez plus ni jeunesse ni foi.

— Je vieillis, dit-il à Benjamin Constant; on n'est plus à quarante-cinq ans ce qu'on est à trente. Je ne demande pas mieux que d'être éclairé.

Sire, sire! où avez-vous donc laissé éteindre le feu de votre génie, que ce soit à Benjamin Constant de vous éclairer?

Il arrive le 21, et, le 22, il abdique en faveur de son fils.

Et pourquoi abdique-t-il?

Les Chambres l'ont exigé.

Voyez-vous Napoléon, roi constitutionnel, s'empressant de céder au désir des Chambres!

Sire, l'homme du 22 juin est-il toujours l'homme du 18 brumaire, dites?

Attendez... Peut-être croit-il tout perdu; peut-être, si quelque lueur d'espoir renaissait, rallumerait-il à cette lueur la flamme éteinte qui le fait, dans l'obscurité où il se trouve, recourir à la lanterne de Benjamin Constant.

Jérôme arrive le 22 au soir. Il tombe bien : Lucien vient

d'insulter son frère. L'homme sans ambition, le républicain pur, qui a refusé le titre de roi de Portugal, que lui offrait l'empereur, pour accepter celui de prince de Canino, que lui offrira le pape, Lucien est entré chez lui, et, à son tour, faisant des conditions à l'Élysée, comme Napoléon lui en avait fait à Mantoue, il lui avait dit :

— La France ne croit plus à la magie de l'Empire ; elle veut la liberté jusque dans ses abus ; elle aime mieux la Charte que les grandeurs de votre règne ; avec moi, elle voudra la république, parce qu'elle y croira. *Je vous donnerai le commandement en chef des armées*, et, avec l'aide de votre épée, je sauverai la Révolution.

Vous le voyez, le moment est bon. Jérôme, d'ailleurs, vient de faire, jeune soldat, ce que Napoléon n'eût pas attendu d'un vieux général. A force d'activité, d'insistance, de volonté, il a arrêté les fuyards ; il les a ralliés sous les murs de Laon ; il les a remis aux mains du maréchal Soult, et c'est, épuisé de fatigue, tout sanglant encore des blessures qu'il a reçues, qu'il vient, non pas comme Lucien faire des conditions à son frère, mais apprendre à l'empereur la réorganisation des 1er, 2e et 6e corps, lesquels, réunis aux quarante-deux mille hommes du maréchal Grouchy, porteront à plus de quatre-vingt mille hommes l'armée avec laquelle il peut entrer en opérations immédiates, pour prendre sur le duc de Wellington une sanglante revanche.

Quatre-vingt mille hommes ! c'est plus qu'il n'en a jamais eu pendant la campagne de 1814.

Sire, sire ! c'est le cas de dire comme à Montereau : « Allons, Bonaparte, sauve Napoléon ! »

Napoléon écoute Jérôme, ne répond rien, et le congédie.

Un instant après, on entend un grand tumulte sous la terrasse de l'Élysée : ce sont deux régiments de tirailleurs de la garde qui, formés d'enrôlés volontaires pris parmi les ouvriers du faubourg Saint-Antoine, défilent en désordre devant le jardin, avant-garde d'une colonne innombrable d'hommes du peuple qui demandent à grands cris que l'empereur se mette à leur tête pour les mener à l'ennemi.

Ces régiments font partie de ceux dont le général Montholon vient de recevoir le commandement.

L'empereur lui ordonne de les faire retourner à leur poste, et s'avance lui-même vers eux, non pas pour exciter, mais pour calmer leur patriotisme.

Alors, un de ces hommes lui crie :

— Sire, souvenez-vous du 18 brumaire !

Vous croyez qu'à ce mot, à cette date, à ce souvenir, le cœur va bondir, l'œil étinceler ? vous croyez que le cheval va sentir l'éperon et se cabrer ?

Point.

— Vous me rappelez le 18 brumaire, dit-il; mais vous oubliez que les circonstances ne sont pas les mêmes. Au 18 brumaire, la nation était unanime dans son désir de changement; il ne fallait qu'un faible effort pour arriver à ce qu'elle désirait; aujourd'hui, il faudrait des flots de sang français, et jamais une seule goutte n'en sera versée par moi pour défendre une cause toute personnelle.

Cet homme comprend donc qu'il y a deux causes maintenant : sa cause personnelle et celle de la France.

Ah ! cette fois, sire, vous avez raison; vous entrevoyez la première lueur de cette grande auréole qui vous fera dire à Sainte-Hélène :

— Dans cinquante ans, l'Europe sera républicaine ou cosaque.

Les deux régiments s'éloignèrent en se disant :

— Qu'a donc l'empereur ? Nous ne le reconnaissons plus.

Et, en effet, il n'était plus reconnaissable. Le voilà sortant de Paris, le 25, en fugitif, pour aller à la Malmaison, où de nouvelles hésitations l'attendent.

Aussi n'en croit-on rien autour de lui. Le calme, ou plutôt l'abattement de l'Élysée épouvante amis et ennemis.

— C'est le sommeil du lion, dit-on tout bas, de crainte de le réveiller.

Ce départ pour la Malmaison est un fait bien autrement grave. L'empereur quitte Paris afin d'être libre de ses actions; il va faire un détour, regagner, par Saint-Denis, la route de

Laon, et, avant trois jours, on entendra le canon de quelque nouveau Montmirail.

Aussi lui envoie-t-on le général Becker pour le garder.

Rassurez-vous! c'est bien à la Malmaison qu'il va. Tout ce qu'il désire, ce vaincu, c'est un bâtiment, bon voilier, qui le conduise vite en Amérique. Il a hâte de la vie privée, et sera citoyen de New-York ou de Philadelphie; il se fera planteur, défricheur, laboureur.

Sire, il y a eu de quoi faire en vous un consul, un empereur, un roi, mais il n'y a pas en vous de quoi faire un Cincinnatus.

Ils le savent si bien, ces hommes qui se sont faits gouvernement à votre place, qu'ils expédient ordre sur ordre pour que vous partiez. Tant que vous serez à la Malmaison, il n'y aura rien de certain pour les Bourbons, avec lesquels ils ont déjà traité.

Et cependant ils ont tort; que fait l'empereur à la Malmaison? Les pieds sur l'appui de la fenêtre, il lit Montaigne.

Tout à coup, on entend un grand bruit, les tambours battent.

Les fanfares des instruments de cuivre résonnent; l'air retentit des cris de « Vive l'empereur! à bas les Bourbons! à bas les traîtres! »

— Qu'est-ce que cela, Montholon? demande l'empereur.

— Sire, c'est la division Brayer : vingt mille hommes qui reviennent de la Vendée; ils sont arrêtés devant les grilles du château.

— Que veulent-ils?

— Ils veulent qu'on leur rende leur empereur, et, si on ne leur rend pas, ils déclarent qu'ils viendront le prendre.

L'empereur reste un instant pensif; sans doute, il calcule qu'avec les quatre-vingt mille hommes de Soult, les vingt mille hommes de Brayer, les cinquante mille fédérés, les trois millions de gardes nationaux, il y a encore une belle défense, une belle lutte à soutenir.

On annonce que le général Brayer demande à parler à l'empereur.

— Faites entrer.

— Sire, sire! au nom de mes soldats, en mon nom, au nom de la France! sire, venez! nous vous attendons!

— Pourquoi faire?

— Pour marcher à l'ennemi; pour venger Waterloo; pour sauver la France! Venez, sire, venez!...

Un an après, le pied sur l'appui de la fenêtre de Longwood, un livre à la main comme à la Malmaison, Napoléon disait :

— L'histoire me reprochera de m'en être allé trop facilement. J'avoue qu'il y eut un peu de dépit dans ma résolution. Quand, à la Malmaison, j'ai offert au gouvernement provisoire de me remettre à la tête de l'armée, pour profiter de l'imprudence des alliés et les anéantir sous les murs de Paris, avant la fin de la journée, vingt-cinq mille Prussiens auraient mis bas les armes. On n'a pas voulu de moi. J'ai envoyé promener les meneurs, et je suis parti. J'ai eu tort : les bons Français ont le droit de me le reprocher. *J'aurais dû monter à cheval, quand la division Brayer a paru devant la Malmaison; me faire conduire par elle au milieu de l'armée; battre l'ennemi, et prendre la dictature de fait, en appelant à moi le peuple des faubourgs de Paris. Cette crise de vingt-quatre heures aurait sauvé la France d'une seconde restauration.* J'aurais effacé par une grande victoire l'impression de Waterloo, et j'aurais toujours pu traiter pour mon fils, si les alliés avaient persisté à dire qu'ils n'en voulaient qu'à moi.

Cette fois, vous vous trompez, sire. Non, les bons Français n'ont rien à vous reprocher. Non, vous n'avez pas eu tort de partir. Non, il nous fallait, à nous, cette seconde restauration, la révolution de 1830 et celle de 1848; il nous fallait cette république qui, toute bâtarde qu'elle est, sera la marraine de toutes les républiques de l'Europe. Il vous fallait, à vous, l'hospitalité du *Bellérophon*, la traversée du *Northumberland*, l'exil de Sainte-Hélène; il vous fallait les persécutions de Longwood; il vous fallait votre longue agonie, comme il fallait au Christ sa couronne d'épines, son Pilate et son Calvaire.

Si vous n'aviez pas eu votre passion, vous ne seriez pas dieu.

XI

Déroute. — Le haricot de mouton reparaît. — M. Picot l'avoué. — A force de diplomatie, il obtient de ma mère de m'emmener à la chasse. — J'en perds le sommeil, le boire et le manger.

S'il avait pu rester, dans l'esprit des plus obstinés sceptiques de Villers-Cotterets, quelques doutes sur le désastre de Waterloo, le passage de Napoléon les eût levés tous.

D'ailleurs, cette avant garde de fuyards, que nous avions vue, ne faisait que précéder le corps d'armée.

Ce corps d'armée commença à apparaître dans la matinée du 22.

Je déclare ici que c'était un terrible et magnifique spectacle, sublime à force d'être hideux.

D'abord avaient passé, mêlés les uns aux autres, marchant sans ordre, sans tambour, presque sans armes, ceux qui s'étaient tirés sains et saufs, ou avec de légères blessures, de cette horrible boucherie.

Puis étaient venus ceux qui étaient blessés plus gravement, mais qui pouvaient encore, ou marcher, ou se tenir à cheval.

Enfin, vinrent ceux qui ne pouvaient ni marcher ni se tenir à cheval. Les malheureux, avec des bras emportés, des jambes brisées, des blessures qui leur trouaient le corps, couchés dans des charrettes, mal pansés ou n'ayant pas été pansés du tout, les malheureux se soulevaient encore, agitaient quelque lambeau sanglant, et criaient : « Vive l'Empereur ! »

Beaucoup retombaient morts. C'était leur dernier cri.

Le cortége funèbre dura deux ou trois jours.

Où conduisait-on tous ces hommes ? Pourquoi endolorir leur agonie par cette exposition à l'ardent soleil de juin, par le cahot des charrettes, par l'absence de tout pansement ?

Y en avait-il donc tant, que, de Waterloo chez nous, toutes les villes en fussent encombrées ?

Oh ! c'est vue ainsi, loin des fanfares des trompettes, loin des roulements des tambours, loin de la fumée du canon, loin des éclairs de la fusillade, c'est vue ainsi que la guerre est, non-seulement hideuse, mais folle, mais insensée !

Nous reconnaissions tous ces débris : c'était pourtant ce qui restait de ces beaux régiments que nous avions vus passer si fiers, si menaçants, et dont la musique, traduisant l'enthousiasme, jouait le *Veillons au salut de l'empire !*

Hélas ! l'armée était détruite, et l'Empire abattu.

Enfin, les charrettes devinrent plus rares, et disparurent tout à fait.

Alors commença le passage de ces corps ralliés par Jérôme sous les murs de Laon.

Chaque régiment était réduit des deux tiers.

Il restait quinze de ces malheureux mamelouks ; les autres étaient tués ou dispersés.

Deux ou trois officiers, sur vingt-cinq ou trente qui avaient logé chez nous, vinrent nous voir en repassant. Les autres étaient restés, soit à la ferme du Goumont, soit à la Haie-Sainte, soit dans le fameux ravin qui servit de fosse commune à dix mille héros !...

Au milieu de cette déroute, mon beau-frère et ma sœur arrivèrent. Grâce aux souvenirs du siége de Soissons, en 1814, siége pendant lequel M. Letellier avait été maire, et s'était admirablement conduit, son fils avait obtenu de l'avancement.

Il était nommé contrôleur ambulant à Villers-Cotterets.

Il arriva avec ma sœur par la route de Paris, juste au moment où l'on attendait l'ennemi par la route de Soissons.

Cette fois, les cruautés étaient moins grandes : nulle part il n'y avait résistance. Napoléon avait abdiqué, on avait proclamé Napoléon II. Personne n'avait l'air de croire au sérieux de cette proclamation, pas même ceux qui l'avaient faite.

Un jour, nous entendîmes des clairons sonnant un air étranger, et nous vîmes déboucher, sur la place de la ville, cinq ou six mille hommes.

C'étaient des Prussiens du grand-duché de Bade, vêtus de ces charmants uniformes auxquels on ne pouvait faire que ce reproche, d'être trop élégants pour des uniformes militaires.

Un régiment anglais marchait de concert avec eux.

Deux officiers anglais nous échurent.

Le fameux haricot de mouton avait reparu. Nos hôtes étaient deux braves jeunes gens pleins d'appétit qui lui firent honneur.

Ils ne parlaient pas français; il est inutile de dire que je ne savais pas un mot d'anglais à cette époque. L'un d'eux eut l'idée de me parler latin.

J'avoue que, d'abord, je crus qu'il continuait à me parler anglais, et que j'admirai sa persistance.

Enfin, je découvris qu'il me faisait, dans la langue de Virgile, l'honneur de m'offrir de boire un verre de vin avec lui.

J'acceptai, et, pendant le reste de la journée, nous pûmes nous entendre, ou à peu près.

Le dépôt de mendicité, que nous avions tant maudit, nous sauva d'une garnison étrangère; de sorte que cette grande inondation anglaise, russe et prussienne, ne fit que passer chez nous, mais ne séjourna point.

Puis les nouvelles nous arrivèrent de Paris, de la province et de l'étranger.

Quelques-unes de ces nouvelles étaient terribles pour nous.

Le 2 juillet, en même temps que les puissances alliées déclaraient Napoléon prisonnier de guerre, on assassinait le maréchal Brune à Avignon.

Hélas! c'était le seul de tous les amis de mon père qui nous fût resté fidéle!

Je me dis alors qu'un jour, quand je serais homme, j'irais à Avignon, et que, d'une façon ou d'une autre, je ferais payer sa mort à ses assassins.

J'ai tenu parole.

Le 19 août, comme Napoléon arrive à la hauteur du détroit de Gibraltar, Labédoyère est fusillé.

Enfin, le 7 décembre, le maréchal Ney est fusillé dans l'allée de l'Observatoire.

Puis tout reprit sa marche naturelle, et, dans notre petite ville, éloignée de tout bruit, isolée au milieu de sa forêt, on eût pu croire que rien n'était changé; quelques-uns, comme Mocquet, avaient eu le cauchemar, voilà tout.

Nous étions de ceux-là.

On comprend bien que le retour de Napoléon, et les événements des Cent-Jours avaient fait oublier à M. Deviolaine le procès-verbal de M. Creton, et qu'il n'avait plus été question ni des cinquante francs d'amende, ni de la confiscation de mon fusil.

Seulement, mon fusil avait été presque aussi complétement confisqué que s'il fût tombé entre les mains de l'inspection forestière. Il avait été caché, non pas de peur que les Prussiens ne le prissent pour une arme de guerre, mais de peur qu'ils ne l'emportassent comme arme de luxe.

Dans la cachette, il s'était rouillé; il fallut donc, pour le remettre en état, le porter chez mon bon ami Montagnon.

Une fois là, il était à ma disposition, comme on sait.

Parmi les habitués intimes de notre maison, était un M. Picot, avoué de son état, — frère de Picot de Noue et de Picot de l'Épée, — grand chasseur devant Dieu, et presque aussi envié par moi, comme chasseur en plaine, que l'était M. Deviolaine comme chasseur en forêt. En effet, — par son frère, fermier de trois ou quatre mille hectares, et fort jaloux de sa chasse, quoique son fils chassât peu, et que lui ne chassât point du tout, — M. Picot, l'avoué, avait à lui et à son chien d'arrêt, en toute propriété usufruitière, les trois ou quatre terroirs les plus giboyeux des environs de Villers-Cotterets; aussi, bien qu'il ne fût pas réputé un des meilleurs tireurs du pays, faisait-il des chasses magnifiques, dont je voyais d'un œil envieux sa carnassière rebondie accuser le résultat, lorsqu'il passait devant notre porte pour rentrer *dans ses foyers*, comme il avait l'habitude de dire.

Je compris que ce n'était point le tout que M. Picot fût de nos amis, mais qu'il fallait particulièrement que je fusse des siens. Ce point établi dans mon esprit, les câlineries commencèrent.

Comment m'y pris-je? Je n'en sais rien, car l'homme n'était point facile à séduire; mais ce que je sais, c'est qu'au bout d'un mois de séductions, M. Picot m'offrit de me conduire à la chasse avec lui.

Seulement, il ne voulait pas me conduire sans la permission de ma mère.

Là était le nœud.

J'exposai ma demande; ma pauvre mère en devint toute pâle.

M. Picot, bien entendu, était là.

— Oh! mon Dieu! lui dit-elle, quand nous avons sous les yeux l'exemple de M. Danré et celui de votre pauvre neveu Stanislas, comment avez-vous le courage de me le prendre?

— Diable! je ne vous le prends pas, s'écria M. Picot. Je ne me soucie pas que vous m'attaquiez en débauche d'enfant mineur: je voulais lui procurer un peu de plaisir; il adore la chasse, cet enfant, et, sous ce rapport-là, vous savez de qui il tient... Vous ne voulez pas qu'il s'amuse? N'en parlons plus.

Quoiqu'au premier moment je ne l'appréciasse point à sa valeur, la forme de la phrase était adroite; car, toute courte qu'elle était, ce qui est déjà un mérite dans une phrase d'avoué, elle contenait deux arguments irrésistibles: « Sous ce rapport-là, vous savez de qui il tient, » et « Vous ne voulez pas qu'il s'amuse? N'en parlons plus. »

Celui de qui je tenais, c'était mon père. Or, dire à ma mère que je ressemblais à mon père, que j'avais la voix de mon père, que j'avais les goûts de mon père, c'était une grande séduction.

Ajouter à cela qu'elle ne voulait pas que je m'amusasse, c'était lui faire un grand reproche, à elle, bonne et excellente mère, qui eût vendu son dernier couvert d'argent pour me donner un plaisir.

La péroraison elle-même était calculée: le *n'en parlons plus* avait été jeté avec un tel laisser aller, qu'il voulait dire: « Pardieu! gardez votre gamin, si vous voulez; c'était par pure complaisance que je l'emmenais... Vous ne voulez pas que je fasse son éducation de chasseur, c'est de la peine de moins. *N'en parlons plus.* »

Aussi, à mon grand étonnement, ma mère, au lieu d'accepter le *n'en parlons plus*, et de n'en plus parler, poussa-t-elle un soupir, et, au bout d'un instant :

— Oh! mon Dieu! dit-elle, je sais bien que, s'il ne chasse pas avec vous, il chassera avec un autre ou même tout seul. J'aimerais donc mieux, au bout du compte, vous le confier, à vous qui êtes prudent.

M. Picot me fit un signe du coin de l'œil.

Ce signe voulait dire : « Allons vite! saute sur ce demi-consentement, et fais-en un consentement complet. »

Je compris; je jetai mes deux bras au cou de ma mère, l'embrassant, la remerciant, la caressant.

— Eh! ma chère madame Dumas, dit M. Picot pour vaincre un dernier scrupule, il connait les fusils comme un armurier! Que diable voulez-vous qu'il lui arrive? C'est bien plutôt moi qui risque qu'il ne m'envoie du plomb.

— Ah! il y a encore cela? dit ma mère.

— Oui, mais je n'ai pas peur. Je le mettrai à bonne distance de moi, soyez tranquille.

— Et vous lui chargerez son fusil?

— Je lui chargerai son fusil, soit.

— Allons, puisque vous le voulez!

Ma pauvre mère eût plus justement pu dire : « Puisqu'il le veut! »

J'ai eu bien des désirs accomplis, bien des vanités satisfaites, bien des ambitions atteintes et dépassées même. Je ne sais pas si jamais désirs, vanités, ambitions réalisés, m'ont donné une joie pareille à celle que me causèrent ces quelques mots : « Allons, puisque vous le voulez! »

M. Picot ne me fit point languir : il arrêta, pour le lendemain dimanche, une chasse au miroir.

Ce n'était qu'une chasse aux alouettes, c'est vrai, mais enfin c'était une chasse.

Aussitôt la permission accordée, j'avais couru chez Montagnon lui faire part de la bonne nouvelle, et lui demander mon fusil; puis je l'avais démonté, je l'avais lavé, quoiqu'il fût propre et parfaitement huilé; enfin, le soir, je l'avais monté dans ma chambre, et placé près de mon lit.

Il va sans dire que je ne fermai pas l'œil de la nuit; de temps en temps, j'allongeais la main, pour m'assurer que mon cher fusil était toujours là. Jamais maîtresse adorée ne fut plus caressée que cet assemblage insensible de bois, de fer et d'acier.

Malheureusement, nous étions au mois de novembre, et le jour venait tard; mais, si le jour, en se levant, regarda de mon côté, il me vit plus matinal que lui, et déjà revêtu de ma défroque de chasseur.

Tout cela formait un singulier mélange d'élégance et de pauvreté.

Le fusil était charmant; un véritable petit fusil de duchesse à canon doré et cannelé, à lumière et à bassinet doublés de platine, à crosse de velours.

Ma poire à poudre à amorcer était une poire à poudre arabe rapportée d'Égypte par mon père, et faite d'une petite défense d'éléphant; du reste, toute damasquinée d'or, comme ces choses d'Orient sur lesquelles il semble que le soleil ait déteint.

Ma poire à poudre à charger était en corne transparente comme du verre, et montée tout en argent. La charge, ou plutôt ce qui contenait la charge, était un renard couché, ciselé comme si Barye eût existé de ce temps-là: elle venait de la princesse Pauline.

Tout le reste de l'accoutrement était plus que modeste, et jurait fort avec ces trois objets de luxe.

Au reste, ne sachant pas encore ce que c'était que l'amour, je ne savais pas non plus ce que c'était que la coquetterie.

Je couchais dans la même chambre que ma mère; elle se leva en même temps que moi, joyeuse et attristée à la fois; joyeuse de ma joie, attristée de ce premier échappement, si je puis parler ainsi, à sa puissance maternelle.

Je courus chez M. Picot; lui n'était pas levé; je fis si grand bruit, que je le réveillai.

— Oh! oh! me dit-il en passant sa culotte de velours à côtes et ses grandes guêtres de cuir, c'est déjà toi, garçon?

— C'est qu'il est tard, monsieur Picot, il est sept heures.

— Oui; mais il a neigé, et les alouettes ne se lèvent qu'à midi.

— Comment! nous attendrons jusqu'à midi? m'écriai-je.
— Oh! pas tout à fait; seulement, nous déjeunerons.
— Pourquoi faire?
— Mais pour déjeuner, donc! reprit M. Picot. Oh! je suis un trop vieux chasseur pour m'embarquer ainsi l'estomac vide; bon pour toi qui débutes.

En réfléchissant, je n'étais pas non plus très-ennemi du déjeuner, d'autant plus que, chez M. Picot, on déjeunait à merveille.

Nous déjeunâmes donc. M. Picot savoura son café, de la première à la dernière goutte, en véritable sybarite du XVIII° siècle.

Voltaire avait mis cette liqueur fort à la mode en s'empoisonnant régulièrement trois fois par jour avec elle.

Quant à moi, mes yeux ne quittaient pas la fenêtre; je voyais bien que c'était le temps couvert qui faisait que M. Picot ne se pressait pas.

Tout à coup je jetai un cri de joie : un rayon de soleil commençait de percer l'atmosphère grise et neigeuse.

— Oh! voyez, voyez! m'écriai-je, voilà le soleil!

En ce moment, j'étais dévot comme un brahme.

— Partons, dit M. Picot.

Nous partîmes; le domestique nous suivit, portant le miroir et le paquet de ficelle.

M. Picot passa par son jardin, qui donnait sur un pauvre faubourg appelé les *Buttes*, ou plutôt les *Huttes*, car il était composé bien plutôt de huttes que de maisons.

J'étais désolé. J'avais espéré passer par la ville, et me faire voir à mes concitoyens dans toute ma gloire.

Nous dressâmes notre établissement sur le point culminant de la plaine. Nous mîmes notre miroir en rotation, et nous attendîmes.

XII

Chasse aux alouettes.—Je deviens fort en thème. — La perdrix démontée. — Au bout du fossé, la culbute. — La ferme de Brassoire. — Boutade de M. Deviolaine en trouvant sa femme accouchée.

Quel savant ornithologiste a découvert le premier la coquetterie des alouettes? Quel profond philosophe a deviné qu'en agitant des plaques de métal ou de verre, les alouettes viendraient s'y mirer, pourvu que ces plaques fussent brillantes, et que, plus elles seraient brillantes, plus les folles petites bêtes viendraient facilement et abondamment?

Ce plaisir de se voir coûta la vie à une vingtaine d'alouettes, et, pour ma part, je fus le bourreau de six.

J'avais tiré trente coups de fusil, à peu près; mais M. Picot n'en déclara pas moins que c'était très-bien pour un commençant, et que je donnais des espérances.

M. Picot ne s'était pas le moins du monde donné la peine de charger mon fusil, et il ne m'était arrivé aucun accident.

Aux premières maisons, je quittai M. Picot; je tenais fort à traverser la ville, mon fusil sous le bras, mes alouettes au cou. Jamais Pompée ou César, rentrant à Rome en triomphateurs, ne furent aussi fiers que moi.

Hélas! comme tout s'use en ce monde, joie, douleur et même vanité! Un moment vint où, comme César, j'abandonnai le triomphe à mes lieutenants.

Je n'eus plus qu'une pensée : c'était la chasse promise pour le dimanche suivant, si l'abbé Grégoire était content de moi.

On sait comment je faisais mes versions; je jugeai à propos de ne rien changer à mes habitudes; quant aux thèmes, j'y mis une telle attention, que l'abbé Grégoire déclara que, si je continuais, je pourrais avant un an entrer en sixième dans un collége de Paris.

En outre, j'appris pour ma satisfaction personnelle deux ou trois cents vers de Virgile.

Si mauvais latiniste que je sois, j'ai toujours adoré Virgile :

cette compassion des exilés, cette mélancolie de la mort, cette prévoyance du Dieu inconnu qui sont en lui, m'ont dès l'abord souverainement attendri ; la mélodie de ses vers, leur facilité à être scandés me charmaient surtout, et parfois me bercent encore dans mes demi-sommeils. J'ai su par cœur des chants entiers de l'*Énéide*, et, aujourd'hui, je crois que je pourrais dire d'un bout à l'autre le récit d'Énée à Didon, quoique je ne sois pas capable de construire une phrase latine sans faire trois ou quatre barbarismes.

Le dimanche tant attendu arriva enfin ! même insomnie pendant la nuit, même émotion au matin, même ardeur au départ. Ce jour-là, nous ne chassions plus au miroir, mais purement et simplement devant nous ; les perdrix partaient à des distances énormes. N'importe ! je tirais toujours ; seulement, rien ne tombait. Enfin, en arrivant à la crête d'une de ces montagnes, qu'on appelle chez nous des *larris*, je surpris une pariade qui partit à une portée ordinaire. J'envoyai mon coup de fusil au hasard : une des deux perdrix, atteinte à l'extrémité du fouet de l'aile, indiqua par la déclivité de son vol qu'elle était blessée.

— Touchée ! me cria M. Picot.

Je l'avais bien vu, qu'elle était touchée, et j'étais parti après elle.

Ce fut seulement quand je me sentis lancé sur la pente rapide que je compris mon imprudence. Au bout de vingt pas, je ne descendais plus, je bondissais ; au bout de trente, je ne bondissais plus, je volais, je sentais à tout moment mon équilibre près de se perdre ; ma vitesse s'accroissait en raison de ma pesanteur ; j'étais une application vivante du carré des distances de Galilée. M. Picot me voyait dégringoler sans pouvoir me retenir, tant j'étais lancé violemment vers un endroit où la montagne était coupée à pic par l'ouverture d'une carrière ; je voyais moi-même la direction que je prenais sans avoir la puissance de m'arrêter. Le vent avait emporté déjà ma casquette ; je jetai mon fusil, j'arrivai à cette ouverture. Tout à coup la terre me manqua, je sautai ou plutôt je tombai d'une hauteur de dix à douze pieds, et je disparus dans la neige, que le vent avait fort heureusement amassée en un douillet édredon d'un mètre d'épaisseur à l'endroit où j'étais tombé!

J'eus grand'peur, je l'avoue ; je me crus tué ! En tombant, je fermai les yeux ; sentant que je ne m'étais fait aucun mal, je les rouvris ; la première chose que je vis fut la tête de la chienne de M. Picot, qui me regardait du point où j'avais sauté, et où, plus maîtresse d'elle-même que moi, elle s'était arrêtée.

— Diane, criai-je, Diane, ici ! cherche, cherche !

Et, me relevant, je repris ma course après ma perdrix.

Je vis de loin M. Picot, qui, monté sur la pointe d'un rocher, levait les bras au ciel ; il m'avait cru broyé. Je n'avais pas même une égratignure.

Il faisait, dans le paysage, un effet que je n'oublierai jamais.

J'avais perdu de vue ma perdrix, mais je savais dans quelle direction elle s'était abattue. J'entraînai Diane dans cette direction. A peine eut-elle fait vingt pas, qu'elle rencontra et se mit à suivre la piste au petit trot.

— Laisse-la faire, me criait M. Picot, laisse-la faire ; elle en revoit, elle en revoit.

Je n'avais garde, je courais plus fort qu'elle, et devant elle. Enfin, le hasard me conduisit sur la perdrix, qui se mit à piéter comme piète une perdrix.

— La voilà, criai-je à M. Picot, la voilà ! Diane, Diane, ta ta ta ta ta !

Diane la vit ; il était temps, l'haleine me manquait. J'eus encore la force d'aller jusqu'à ce qu'elle la tint gueuletée : je me jetai sur elle, je la lui arrachai, je la levai par une patte pour la montrer à M. Picot, et je tombai.

Jamais je ne me sentis si près de rendre l'âme ; jamais mon dernier souffle ne fut plus proche de mes lèvres : quatre pas de plus, et mon cœur se brisait.

Tout cela pour une perdrix qui valait quinze sous !

Étrange valeur que celle qui est donnée aux choses par la passion !

Je m'étais presque évanoui ; mais, plus je me sentais près

de l'évanouissement, plus je serrais ma perdrix, de sorte que je revins à moi, sans l'avoir abandonnée un seul instant.

M. Picot m'avait rejoint. Il m'aida à me relever. La perdrix était encore vivante ; il lui cogna le derrière de la tête sur le canon de son fusil, puis il la fourra dans ma carnassière toute voletante de douleur.

Je tournai ma carnassière de manière à pouvoir plonger les yeux dans le filet, et je regardai la pauvre bête agoniser jusqu'à la fin.

Alors, je m'aperçus que je n'avais plus ni fusil ni casquette.

Je me mis à la recherche de mon fusil, et M. Picot envoya Diane à celle de ma casquette.

Ce fut là que se borna ma chasse, ce jour-là ; c'était bien assez, Dieu merci ! Levaillant, après son premier éléphant tué sur les bords de la rivière Orange, n'était pas plus heureux que moi.

Mon triomphe fut complet. En rentrant à la maison, je trouvai mon beau-frère, qui arrivait de tournée.

Je lui montrai ma perdrix ; elle avait déjà fait connaissance avec la moitié de la ville.

Il me fit, du bout du doigt, une croix sur le front avec le sang de ma victime.

— Au nom de saint Hubert, me dit-il, je te baptise chasseur, et, maintenant que tu es baptisé...

— Eh bien ? demandai-je.

— Eh bien, je t'invite pour dimanche prochain à une battue chez M. Mocquet de Brassoire.

Je bondis de joie : ces battues chez M. Mocquet de Brassoire avaient une réputation départementale.

On y tuait jusqu'à quarante ou cinquante lièvres.

— Oh ! mon Dieu ! murmura ma mère ; il ne lui manquait plus que cela !

Cette invitation de mon beau-frère avait, pour ma mise hors de page, une tout autre importance que celle qu'elle paraissait avoir au premier abord.

Cette battue à Brassoire était une véritable chasse avec tous les grands tireurs des environs, avec M. Deviolaine surtout ;

qui, ayant une fois été mon compagnon de chasse, et ayant fraternisé dans la plaine, ne pouvait plus être mon ennemi dans la forêt.

Virgile et Tacite s'en ressentirent; l'abbé Grégoire fut enchanté de moi, et il ne se trouva aucun obstacle, lorsque la carriole de chasse de M. Deviolaine s'arrêta devant notre porte, à ce que je montasse dedans.

C'était le samedi soir : la ferme de Brassoire, situé entre les deux forêts de Villers-Cotterets et de Compiègne, est distante de trois lieues et demie de Villers-Cotterets. Il fallait donc aller y coucher la veille, pour commencer, le lendemain, la chasse avec le jour.

Oh! la forêt, comme elle me parut belle, quoique dépouillée de ses feuilles! Il me sembla en prendre possession en conquérant. N'avais-je pas là, à mes côtés, le vice-roi de cette forêt, qui me traitait presque en homme, et cela, parce que j'avais des guêtres, une poire à poudre et un fusil!

M. Deviolaine jurait bien encore, mais ses jurons me paraissaient charmants et pleins de grâce ; j'aurais voulu jurer comme lui.

Un mois ou deux auparavant, sa famille s'était augmentée d'une petite fille. Au bout de treize ou quatorze ans, il avait pris, en tout bien tout honneur, l'idée à sa femme de lui faire ce cadeau.

M. Deviolaine l'avait accepté comme il acceptait tout, en grognant. Seulement, son excentricité s'était révélée par une de ces boutades grotesques qui lui étaient toutes particulières. Quoique la nouvelle venue fût grosse comme une rave à son arrivée en ce monde, sa mère avait fort crié en la mettant au jour.

Ces cris, M. Deviolaine les avait entendus de son cabinet; mais, comme, avec son apparente brutalité, il ne pouvait pas voir souffrir un pigeon, il s'était bien gardé de paraître, tant que les cris avaient duré. Les cris éteints, il avait prêté une oreille plus tranquille aux autres bruits ; il avait entendu des pas dans son escalier; la porte de son cabinet s'était ouverte, et la cuisinière avait apparu sur le seuil.

— Eh bien, Joséphine? avait demandé M. Deviolaine.

— Eh bien, monsieur, c'est fini. Madame est accouchée.

— Heureusement?

— Heureusement.

— De quoi?

— D'une fille.

M. Deviolaine fit entendre un grognement des plus significatifs.

— Oh! mais, ajouta vivement Joséphine, jolie, jolie comme les Amours! C'est tout le portrait de monsieur.

— En ce cas, grommela M. Deviolaine, en voilà une qui ne trouvera pas facilement à se marier. Tout mon portrait, tant pis! tant pis, morbleu! tant pis!... Je n'en fais jamais d'autre!

Et il s'achemina vers la chambre de sa femme.

Nous étions là, ma mère et moi; l'accouchée était dans son lit; une adorable petite fille blanche et rose, qui, sous le nom de madame Davesne, est encore aujourd'hui une des jolies femmes de Paris, attendait dans des langes garnis de dentelles la visite de M. Deviolaine.

Il entra, le cou dans les épaules, les mains dans les poches, regarda autour de lui, étudia la topographie de la salle, et alla droit au berceau, dont il inspecta la mignonne habitante en fronçant son gros sourcil noir.

Puis, se retournant vers sa femme :

— Et c'est pour cet embryon-là que vous avez fait tant de tapage, madame Deviolaine? demanda-t-il.

— Mais oui, sans doute, dit l'accouchée.

— Peuh! fit M. Deviolaine en haussant les épaules; quand je ne suis pas constipé, je fais des crottes plus grosses que ça...

— Bonjour, madame Dumas! Bonjour, morveux!

Et, tournant sur les talons, il sortit comme il était entré.

— Merci, monsieur Deviolaine, dit l'accouchée. Ah! je vous réponds bien que ce sera la dernière, celle-là!

Madame Deviolaine a tenu parole.

Eh! oui, chère et jolie Louise, voilà comme vous avez été traitée le jour de votre naissance; vous vous en êtes bien vengée en restant mignonne et charmante, comme je vous ai vue la dernière fois que je vous ai rencontrée.

XLI

M. Moquet de Brassoire. — L'embuscade. — Trois lièvres me chargent.
— Ce qui m'empêche d'être le roi de la chasse. — Faute d'avoir attaqué le taureau par les cornes, je manque d'être éventré par lui. — Sabine et ses petits.

Je demande pardon de la digression; au reste, elle nous a conduits à Brassoire.

Au bruit de notre voiture, M. Moquet accourut pour nous recevoir. C'était un de ces riches fermiers à l'hospitalité antique, qui, à chaque fois qu'il y avait chez lui une de ces chasses gigantesques réunissant tous les chasseurs des environs, tuait un cochon, un veau et un mouton. D'ailleurs, homme d'esprit, d'instruction, habile à la théorie et à la pratique, et passant pour avoir les plus beaux mérinos qu'il y eût à vingt lieues à la ronde.

Un splendide souper nous attendait. Il va sans dire qu'un chasseur qui se présentait comme moi, simple conscrit, avec des états de service sur lesquels étaient portés, pour toute recommandation, six alouettes et une perdrix, fut l'objet des brocards de toute la compagnie, brocards auxquels M. Moquet, en sa qualité d'hôte, eut le bon esprit de ne point prendre part. Seulement, en nous levant de table :

— Laissez faire, me dit-il tout bas, je vous placerai aux bons endroits, et il ne tiendra pas à moi que, demain soir, ce ne soit vous qui vous moquiez d'eux.

— Soyez tranquille, répondis-je avec cette charmante confiance qui ne m'abandonnait jamais, je ferai de mon mieux.

Le lendemain, à huit heures du matin, tous les chasseurs étaient réunis, et une trentaine de paysans des environs faisaient queue à la grande porte de la ferme.

C'étaient des rabatteurs.

Les chiens hurlaient à faire pitié; ils comprenaient, ces pauvres animaux, que, dans ces chasses-là, ils n'avaient rien à faire.

A peine en prenait-on un ou deux, choisis parmi les plus rudes jarrets de la troupe, pour les lâcher sur un lièvre blessé et menaçant de gagner la forêt.

Ceux-là avaient d'ordinaire un homme spécialement attaché à leur service, et, à part les courts moments où ils étaient lâchés, demeuraient rigoureusement en laisse.

La chasse commençait à la sortie de la ferme. M. Moquet expliqua au chef rabatteur le plan général de la journée, se réservant de lui faire connaître, à son moment, le plan particulier de chaque battue.

Je fus placé à cent pas de la ferme, dans un ravin sablonneux; les enfants, en jouant, avaient creusé un grand trou dans le sable. M. Moquet m'indiqua ce trou, et m'invita à m'y blottir, m'affirmant que, si je ne bougeais pas, les lièvres viendraient m'y réchauffer les pieds.

Je n'avais pas grande confiance dans la localité. Cependant, comme M. Moquet commandait en chef l'expédition, il n'y avait pas d'observation à faire. Je m'affaissai dans ma cachette, quitte à en sortir comme une surprise, si l'occasion se présentait.

Le rabat commença. Aux premiers cris poussés par les rabatteurs, deux ou trois lièvres se levèrent, et, après avoir balancé un moment pour savoir quel chemin suivre, il se mirent, comme les trois Curiaces, à prendre, à distances inégales les uns des autres, la route de mon ravin.

J'avoue que, lorsque je les vis venir à moi aussi directement que s'ils se fussent, en effet, donné rendez-vous dans le trou où j'étais caché, un éblouissement me passa sur les yeux. A travers cette espèce de voile étendu entre eux et moi, je les voyais s'avancer rapidement; et, à mesure qu'ils s'avançaient, mon cœur battait plus fort. Il faisait six degrés au-dessous de zéro, et l'eau me coulait sur le front. Enfin, celui qui faisait tête de colonne parut prendre résolûment le parti de me charger, et vint droit à moi. Depuis le moment de son départ, je le tenais en joue; j'aurais pu le laisser approcher à vingt pas, à dix pas, à cinq pas; je n'en eus pas la force : à trente pas, à peu près, je lui lâchai mon coup en plein visage.

Le lièvre fit à l'instant même un *tête à la queue* des plus significatifs, et commença une série de cabrioles véritablement fantastiques.

Il était évident qu'il était touché.

Je bondis hors de mon trou comme un jaguar, en criant :

— Il y est! il en tient! Lâchez les chiens!... Ah! brigand! ah! coquin!... Attends, attends!

Le lièvre entendait ma voix, et n'en faisait que de plus extravagants écarts.

Quant à ses deux compagnons, l'un rebroussa chemin, et força les rabatteurs; l'autre prit son parti, et passa si près de moi, que, n'ayant plus rien dans mon fusil, je lui jetai le fusil lui-même.

Mais cette agression incidente ne m'avait pas détourné de la poursuite principale. J'étais lancé sur mon lièvre, qui continuait à se livrer à la gymnastique la plus incohérente et la plus effrénée, ne faisant pas quatre pas en droite ligne; sautant deci, sautant delà; bondissant en avant, bondissant en arrière; trompant tous mes calculs, comme mon père avait trompé ceux du caïman, en courant à droite et en courant à gauche; s'échappant, quand je croyais le tenir; gagnant dix pas sur moi, comme s'il n'avait pas la moindre égratignure; puis, tout à coup, rebroussant chemin et venant me passer entre les jambes. On eût dit une gageure. Je ne criais plus : je hurlais; je ramassais des pierres et je les lui jetais. Quand je me croyais à sa portée, je me laissais tomber à plat ventre, espérant le prendre entre moi et la terre, comme sous un trébuchet. J'apercevais au loin, à travers une sorte de nuage, les autres chasseurs, moitié riants, moitié furieux; riant de l'exercice auquel je me livrais, furieux du bruit et du mouvement que j'apportais au milieu de la battue, et qui faisait rebrousser chemin à tous les lièvres. Enfin, après des efforts inouïs, j'attrapai le mien par une patte, puis par les deux, puis par le milieu du corps. Il jetait des cris de désespéré; je le pris contre ma poitrine, comme Hercule avait fait d'Antée, et je regagnai mon trou, tout en ayant soin de recueillir, en passant, mon fusil, gisant sur le chemin déjà parcouru par moi.

De retour à mon domicile, je pus examiner mon lièvre avec attention. Cet examen m'expliqua tout : je lui avais crevé les deux yeux sans lui faire aucune autre blessure.

Je lui allongeai sur la nuque ce fameux coup, qui lui servit comme lièvre, quoique Arnal l'ait appelé *le coup du lapin*.

Puis je rechargeai mon fusil, le cœur tout bondissant, la main toute tremblante.

Il me sembla bien que la charge était un peu forte, mais j'étais sûr du canon, et cet excédant de quatre ou cinq lignes me donnait la chance de tuer de plus loin.

A peine étais-je replacé, que je vis un autre lièvre venant droit à moi.

J'étais guéri de la manie de le tirer en tête. D'ailleurs, celui-là promettait de me passer en plein travers, à vingt-cinq pas.

Il tint sa promesse. Je l'ajustai avec plus de calme qu'on n'eût pu m'en demander, et fis feu, convaincu que j'avais ma paire de lièvres.

L'amorce brûla, mais le coup ne partit point.

C'était un malheur ! J'essayai un de ces jurons qui allaient si bien à M. Deviolaine, mais je le lâchai à moitié : ils ne m'allaient pas du tout, à moi. Je n'ai jamais su jurer, même dans mes plus grands moments de colère.

J'épinglai mon fusil, je l'amorçai et j'attendis.

Décidément, M. Moquet ne m'avait pas trompé : un troisième lièvre venait sur les traces de ses devanciers.

Comme le dernier, il me passa en plein travers, à vingt pas ! comme le dernier, je l'ajustai, et, quand je le tins bien au bout de mon canon, j'appuyai le doigt sur la détente.

L'amorce seule brûla.

J'étais furieux ; c'était à en pleurer de rage.

D'autant plus qu'un quatrième lièvre arrivait au petit trot.

Il en fut de celui-ci comme des deux autres. Il y mit toute la complaisance, et mon fusil tout l'entêtement possible.

Il passa à quinze pas de moi, et, pour la troisième fois, mon fusil brûla son amorce, mais ne partit point.

Cette fois, je pleurai véritablement. Un bon tireur, posté à ma place, aurait tué quatre lièvres; moi, débutant, j'en eusse certainement tué deux.

C'était la fin de la battue. M. Moquet vint à moi. Placé comme je l'étais, dans un fond, les autres chasseurs n'avaient pu voir le triple accident qui m'était arrivé. Il venait s'informer, voyant tous les lièvres me passer sur le corps et n'entendant aucune détonation, il venait s'informer si j'étais mort ou endormi.

J'étais tout simplement désespéré. Je lui montrai mon fusil.

— Il a brûlé l'amorce trois fois, monsieur Moquet, lui criai-je d'une voix lamentable; trois fois sur trois lièvres!

— Raté ou brûlé l'amorce? demanda M. Moquet.

— Brûlé l'amorce!... Que diable peut-il y avoir à la culasse?

M. Moquet hocha la tête; puis, en vieux chasseur à qui rien ne manque, il sortit de son carnier un tire-bourre, l'emmancha à l'extrémité de sa baguette, tira d'abord la bourre de mon fusil, puis le plomb, puis la seconde bourre, puis la poudre; puis, après la poudre, un demi-pouce de terre qui, lorsque j'avais jeté mon fusil après le lièvre, était entré dans le canon, et que j'avais repoussé au fond de la culasse en appuyant ma première bourre sur la poudre.

J'eusse tiré cent lièvres, que mon fusil eût raté cent fois.

Fragilité des choses humaines! Sans ce demi-pouce de terre, j'avais deux ou trois lièvres et j'étais le roi de la battue.

Tous les lièvres m'étaient passés, excepté un seul, qui était passé à M. Dumont de Morienval, et que M. Dumont avait tué.

Mon bonheur s'était épuisé dans cette première battue. On en fit dix autres, pas un lièvre ne me passa plus à portée.

Je rentrai harassé. J'avais tué mon lièvre à cent pas de la ferme; M. Moquet avait voulu l'y envoyer tout de suite, mais je n'avais pas voulu m'en séparer ainsi.

Je l'avais porté sur mon dos pendant huit ou dix lieues.

Il va sans dire qu'au milieu des railleries qui brodent toujours un dîner de chasseurs, une bonne part fut envoyée à mon adresse. Les évolutions auxquelles je m'étais livré; tous les lièvres me passant, par cette intuition que mon fusil était chargé avec de la terre; aucun lièvre ne me passant plus du moment où mon fusil se trouvait en état; tout cela, sans compter mon visage, griffé par le lièvre dans ma lutte corps à corps avec lui, tout cela était un admirable texte à quolibets.

Mais une chose me fit oublier toutes ces railleries et tous ces quolibets, pour me plonger dans l'extase d'un ineffable bonheur.

La série de plaisanteries dont j'avais été l'objet s'était terminée par cette phrase de M. Deviolaine :

— N'importe! je t'emmènerai jeudi à la chasse au sanglier, pour voir si tu prendras à bras-le-corps ces messieurs-là comme tu prends les lièvres.

— Bien vrai, cousin?
— Bien vrai.
— Mais... la, parole d'honneur?
— Parole d'honneur.

Et ma joie avait été si grande à cette promesse, que j'avais quitté la table et que j'étais allé, dans la cour, agacer un magnifique taureau qui ne songeait nullement à moi, et qui, lassé de mes agaceries, m'eût éventré si je ne fusse pas rentré dans la cuisine en sautant par-dessus une de ces demi-portes à claire-voie, comme il y en a dans presque toutes les fermes.

Le taureau me suivait de si près, qu'il passa sa tête au-dessus de la demi-porte et poussa un rugissement qui fit retentir toute la maison.

Mais madame Moquet prit tranquillement, dans la cheminée, un tison tout brûlant, et alla le mettre sous le nez du taureau, lequel se retira pendant cinq ou six pas à reculons, fit quatre ou cinq bonds gigantesques et disparut dans l'étable.

Je n'avais pas l'habitude de me vanter de ces sortes de prouesses; au contraire, quand quelque chose de pareil m'arrivait, je reprenais aussi vite qu'il m'était possible ma tranquillité et rentrais dans l'endroit d'où j'étais sorti, les mains derrière le dos, comme Napoléon, et chantant *Fleuve du Tage* ou *Partant pour la Syrie,* romances fort à la mode à cette époque, d'une voix presque aussi fausse que l'était celle du grand roi Louis XV.

Malheureusement, Mas, le domestique de M. Deviolaine, m'avait vu ; de sorte que ma légèreté à sauter les barrières fut, pendant quinze jours, l'objet des félicitations ironiques de Cécile, d'Augustine et de Félix.

Heureusement que Louise ne pouvait pas encore parler; sans quoi, elle s'en fût bien certainement mêlée comme les autres.

Mas attelait la voiture de son maître; car, forcé d'être le lendemain de très-bonne heure à l'inspection, M. Deviolaine préférait revenir de nuit: il faisait, d'ailleurs, un magnifique clair de lune.

M. Moquet fit à M. Deviolaine mille instances pour qu'il restât; mais c'était un parti pris, et M. Deviolaine insista pour qu'on se mît en route le soir même.

Il y avait chez M. Moquet une habitude que j'ai rarement retrouvée, même dans les maisons qui se piquent d'aristocratie: c'est que, les chasseurs partis, jamais une pièce de gibier ne restait à la ferme ; chacun avait, dans la caisse de sa voiture, dans sa bourriche ou dans sa carnassière, sa part de gibier faite par le maître de la maison : lui seul était toujours oublié.

En arrivant à Villers-Cotterets, nous trouvâmes sept lièvres dans les coffres de la voiture.

Il y en avait eu trente-neuf de tués en tout.

Qu'on me permette de consigner ici une étrange preuve d'amour d'une chienne pour ses petits.

A Figaro, ce chien si spirituel qu'avait mon beau-frère lorsque je fis sa connaissance, chien qui montait la garde, qui dansait le menuet, qui saluait les gendarmes, et montrait son derrière aux gardes champêtres, avait succédé une charmante chienne braque, nommée Sabine. Elle n'avait aucun des talents de feu Figaro; seulement, elle arrêtait et rapportait d'une façon merveilleuse.

Mon beau-frère l'avait laissée à la maison pour deux motifs : le premier, c'est qu'un chien d'arrêt est un accessoire plus gênant qu'utile en battue; le second, c'est qu'elle était tellement pleine, qu'elle se trouvait hors de service.

Notre étonnement fut donc grand lorsque, en rentrant à la ferme, à la fin de la chasse, Victor vit Sabine, qui venait tranquillement au-devant de nous: elle était parvenue à s'échapper et avait instinctivement, avec cette merveilleuse divination des animaux, suivi son maître.

Au moment de partir, on appela Sabine; mais Sabine ne parut point. On chercha alors, et l'on trouva la pauvre bête dans un coin de la cour, où elle venait de mettre bas trois petits.

Comme Victor n'avait aucunement envie de faire des élèves, il pria le fils de M. Moquet de faire un trou dans un tas de fumier qui était devant la porte, et d'y jeter les trois chiens.

Ce qui avait été dit avait été fait, malgré les gémissements de la pauvre Sabine, que l'on fut obligé d'attacher à la banquette de la voiture, pour être sûr qu'elle revînt à Villers-Cotterets avec nous.

Sabine pleura un instant; mais, au bout de quelques minutes, elle se coucha dans nos jambes, et sembla avoir tout oublié.

Seulement, lorsque nous arrivâmes à notre porte, force fut de détacher Sabine.

Sabine sauta de la voiture à terre, sans user du marchepied, et reprit au grand galop la route de Brassoire.

Mon beau-frère l'appela, la siffla, mais inutilement; plus il appelait et plus il sifflait, plus Sabine redoublait de rapidité.

Il n'y avait pas à courir après elle à pareille heure : il était minuit. Victor la recommanda à Diane Chasseresse, et nous rentrâmes en ayant soin de laisser la porte de l'allée ouverte, pour que Sabine pût regagner sa niche, si par hasard il lui prenait fantaisie de revenir.

Le lendemain, le premier de nous qui se leva retrouva Sabine dans sa niche.

Elle était couchée, et avait ses trois chiens entre ses pattes.

Elle avait été les chercher à Brassoire, et, comme elle n'avait pu en rapporter qu'un entre ses dents à chaque voyage, il était évident qu'elle avait fait trois voyages.

Il y avait trois lieues et demie de Villers-Cotterets à Brassoire; c'était vingt et une lieues que Sabine avait faites pendant la nuit.

En récompense de son dévouement maternel, on lui laissa ses trois chiens.

XLII

Seconde période de ma jeunesse. — Les gardes forestiers et les marins. — Choron. — Moinat. — Mildet. — Berthelin. — La Maison-Neuve.

Puisque j'entre dans la seconde période de ma jeunesse, puisque je dépose la robe prétexte pour prendre la robe virile, il faut que le lecteur fasse connaissance avec les individus qui peuplent le second cercle de ma vie, comme il a déjà fait connaissance avec ceux qui peuplaient le premier.

Il existe, dans les localités voisines des grands bois, une population particulière qui, au milieu de la population générale, garde son cachet, conserve son caractère, et fournit à la poésie universelle, qui est l'âme du monde, son contingent de poésie.

Cette population, c'est la population forestière.

J'ai beaucoup vécu avec les gardes, et beaucoup vécu avec les marins, et j'ai toujours remarqué une grande analogie entre ces deux races d'hommes ; les uns et les autres sont, en général, froids, rêveurs et religieux ; souvent, le marin ou le garde forestier restera côte à côte avec son meilleur ami, l'un filant quarante ou cinquante nœuds sur l'Océan, l'autre faisant huit ou dix lieues à travers les grands bois, sans échanger une seule parole, sans avoir l'air de rien entendre, sans paraître rien voir ; et, cependant, pas un bruit ne passera dans l'air que leur oreille ne l'ait saisi ; pas un mouvement n'agitera la surface de l'eau ou l'épaisseur des feuilles que leur regard ne l'ait apprécié ; puis, comme tous deux ont les mêmes idées, une science pareille, un sentiment analogue ; comme leur silence n'a été, à tout prendre, qu'une longue conversation muette, on sera étonné qu'au moment venu, ils n'auront qu'un mot à dire, qu'un geste à faire, qu'un coup d'œil à échanger, et ils se seront communiqué plus de pensées par ce coup d'œil, par ce geste, par ce mot, que d'autres n'auraient pu le faire dans une longue discussion. Puis, lorsqu'ils causent le soir, autour d'un bivac forestier ou au coin de leur feu, toujours riche de braise et d'étincelles, comme ils racontent longuement et pittoresquement, les gens froids, rêveurs et silencieux, les gardes leurs chasses, les marins leurs tempêtes ! Comme cette poésie des grands bois et des larges océans, qui a roulé sur eux du sommet des arbres ou de la cime des flots, leur fait un langage naïf et imagé à la fois ! comme leur parole est grande et simple ! comme on sent que là est l'élu de la nature et de la solitude, qui a presque désappris la langue des hommes pour parler celle du vent, des arbres, des torrents, des tempêtes et de la mer !

C'est parmi cette population remarquable, à Villers-Cotterets surtout, à cause de l'étendue de la forêt, qui les isole de la ville, où ils ne viennent qu'une fois par semaine prendre l'ordre à l'inspection, tandis que leurs femmes vont à la messe ; c'est parmi cette population, dis-je, que je passai en sortant, comme on disait autrefois, des mains des femmes.

Au reste, mon apparition au milieu de ces hommes était une chose désirée depuis longtemps par eux : presque tous avaient chassé avec mon père, qui, comme on l'a vu, avait des permissions dans la forêt, et tous gardaient un grand souvenir de sa libéralité. Quelques-uns, d'ailleurs, étaient d'anciens soldats qui avaient servi sous lui, et que, par son influence, il avait fait entrer dans l'administration forestière ; en somme, tous ces braves gens, qui voyaient d'avance en moi des dispositions à être aussi large de la main que le général, — c'était ainsi qu'ils appelaient toujours mon père, — m'avaient-ils pris en grande amitié, et me demandaient-ils, chaque fois qu'ils me rencontraient par hasard à la pipée ou à la marette :

— Eh bien, quand donc notre inspecteur vous invitera-t-il à une chasse plus sérieuse?

Enfin, l'invitation était venue pour le jeudi suivant.

Le rendez-vous était à la Maison-Neuve au chemin de Soissons, chez un garde chef nommé Choron.

Au sein de cette population que j'ai essayé d'esquisser par des traits généraux, il y avait quatre ou cinq hommes qui méritaient des mentions particulières, soit par leur adresse, soit par leur originalité, et Choron était un de ces hommes-là.

J'ai déjà eu l'occasion de parler plus d'une fois de lui ; seulement, j'en ai parlé sous un autre nom. Aujourd'hui que j'écris des mémoires, et non un roman, c'est sous son vrai nom qu'il doit apparaître, puisque ce sont des catastrophes réelles que je vais raconter.

A l'époque où nous sommes arrivés, c'est-à-dire vers le commencement de l'année 1816, Choron était un beau garçon de trente ans, à peu près, à la physionomie franche et ouverte, aux cheveux blonds, aux yeux bleus, aux gros favoris, encadrant admirablement son joyeux visage ; du reste, admirablement pris dans une taille de cinq pieds quatre pouces, et devant à l'harmonie de ses membres une force herculéenne citée à dix lieues à la ronde.

Aussi Choron était-il toujours prêt. Avant que certaines idées de jalousie — idées fatales qui causèrent sa mort — lui passassent par l'esprit, nul ne pouvait dire qu'il avait vu Choron malade ou soucieux ; le matin comme le soir, le soir comme la nuit, M. Deviolaine pouvait venir frapper à sa porte et l'interroger ; il savait, à cinquante pas près, où baugeaient les sangliers de sa garderie ; car Choron était un de ces hommes qui, comme Bas-de Cuir, auraient pu suivre une piste pendant des jours entiers. Lorsque le rendez-vous de chasse était à la Maison-Neuve, et qu'on devait attaquer à un quart de lieue, une demi-lieue ou une lieue de là, si l'animal avait été détourné par Choron, on savait d'avance à quelle bête on avait affaire, si c'était un tiéran, un ragot ou un solitaire, un sanglier ou une laie, si cette laie était pleine, et depuis combien de temps elle l'était. Le solitaire le plus rusé n'aurait pu cacher six mois de son âge à Choron, qui, à l'inspection de son pas, eût rectifié son extrait de naissance.

C'était merveilleux à voir, surtout pour les chasseurs parisiens qui nous arrivaient de temps en temps. Il est vrai que, pour nous autres, chasseurs campagnards qui avions fait les mêmes études, mais qui étions restés dans les degrés inférieurs, la chose n'avait rien de surnaturel.

Choron n'en était pas moins, pour ses camarades, une espèce d'oracle en tout ce qui concernait la chasse à la grosse bête.

Puis le courage conquiert vite une grande puissance sur les hommes. Choron ne savait pas ce que c'était que la peur; il n'avait jamais reculé devant ni homme ni animal qui fût au monde. Il allait relancer le sanglier jusque dans sa bauge la plus profonde; il allait attaquer les braconniers jusque dans leurs retraites les mieux défendues. A la vérité, Choron recevait de temps en temps quelque coup de boutoir à la cuisse, ou quelque chevrotine dans les reins; mais, dans ce cas, il avait une façon de traiter ses blessures qui lui réussissait souverainement bien. Il montait de sa cave deux ou trois bouteilles de vin blanc, tirait un de ses chiens de sa niche, se couchait à terre sur une peau de cerf, faisant lécher sa plaie par Rocador ou par Fanfaro, et, pour réparer le sang perdu, avalait, pendant ce temps-là, ce qu'il appelait sa *tisane ;* le soir, il n'y paraissait presque plus, et, le lendemain, il était guéri.

Avec tout cela, chose assez singulière, Choron était un assez médiocre tireur, et, dans ce que l'on appelait les chasses au panier, c'est-à-dire lorsqu'on chassait pour envoyer du menu gibier, lapin, lièvre, perdrix ou chevreuil au duc d'Orléans, il était bien rare que Choron fournît sa quote-part.

Il laissait alors la royauté de la chasse soit à Moinat, soit à Mildet.

Moinat était le premier tireur à plomb, et Mildet le premier tireur à balle de la forêt de Villers-Cotterets.

Si Montagnon m'avait appris à monter et démonter un fusil,

c'est Moinat qui m'apprit à m'en servir. Montagnon n'avait fait de moi qu'un garçon armurier ; Moinat fit de moi un véritable chasseur.

Quand Moinat mettait en joue un animal quelconque, depuis la bécassine jusqu'au chevreuil, c'était, sauf accident, une bête morte. Cette habileté s'étendait parfois à ceux qui chassaient dans le voisinage de Moinat. M. Deviolaine, dans ses chasses particulières, invitait Moinat, et prétendait qu'il ne tirait bien que lorsqu'il le sentait près de lui.

Un jour que j'étais en tiers dans une de ces chasses, je découvris le secret : Moinat tirait en même temps que M. Deviolaine ; la pièce tombait. M. Deviolaine croyait avoir tué seul, et ramassait le gibier : c'était Moinat qui l'avait tué.

De temps en temps, cependant, il le laissait tirer tout seul ; à ces coups-là, il était rare que quelque chose tombât.

Moinat eut le courage de ne jamais se vanter de cette simultanéité ; de sorte qu'il demeura le favori de l'inspecteur jusqu'à la fin de sa vie.

A l'époque où nous sommes arrivés, Moinat avait soixante ans ; mais, pour le jarret et le coup d'œil, il défiait les plus jeunes. En plaine, il faisait ses dix lieues sans broncher ; au marais, il entrait jusqu'au ventre dans l'eau et la vase ; au bois, il foulait les taillis les plus épais et les ronciers les plus épineux. Moinat avait été aimé de mon père, et me faisait le grand honneur — il ne le faisait pas à tout le monde — d'être, non-seulement mon ami, mais encore mon maître ; au reste, il n'a pas eu à s'en repentir, et, dans toutes les forêts de l'État, où on en était arrivé à suspendre mes permissions, vu la quantité de gibier que je tuais, et un soufflet que j'eus l'imprudence de donner à un inspecteur, je me suis montré son digne élève, à ce que je crois.

Je me brouillai avec Moinat, à peu près comme Van Dyck se brouilla avec Rubens. Je tuai un jour un chevreuil que Moinat venait de manquer : il ne me le pardonna jamais.

Nous avons dit que Moinat était le premier tireur à plomb, et Mildet le premier tireur à balle de la forêt de Villers-Cotterets.

Nous n'avons pas voulu dire, pour cela, que Moinat ne fût pas un excellent tireur, à balle comme à plomb ; mais Mildet s'était, pendant un assez long séjour en Allemagne, fait au tir à balle une véritable spécialité. Je l'ai vu clouer sur le tronc d'un chêne un écureuil qui, de toute sa vitesse, grimpait au long de ce tronc. Je l'ai vu placer un fer à cheval contre un mur, et mettre six balles dans les six trous du fer à cheval. Je l'ai vu, dans un tir à la carabine où il y avait douze balles à tirer, faire un cordon autour du noir avec les onze premières balles, et enfoncer la broche avec la douzième.

Après eux venait Berthelin, l'oncle de Choron, qui tirait sûrement les trois quarts de ses coups ; puis, après Berthelin, on tombait dans le commun des martyrs.

Du temps de l'empereur, on avait fort conservé le gros gibier dans la forêt de Villers-Cotterets. Au premier retour des Bourbons, à peine si M. le duc d'Orléans, à qui cette forêt avait été vendue comme forêt apanagère, avait eu le temps de donner des ordres à ce sujet. Mais, après la seconde restauration, — moitié par opposition, moitié par pertes réelles, — les propriétaires riverains, s'étant beaucoup plaints des dégâts causés par la grosse bête, et ayant fait force procès à cet endroit, les ordres les plus sévères furent donnés à M. Deviolaine pour détruire les sangliers.

De pareils ordres sont toujours bien reçus des gardes. Le sanglier étant un gibier royal, ils n'ont pas le droit de tirer dessus, ou, quand ils tirent dessus par hasard, c'est qu'on leur en demande pour la bouche. Alors, le coup de fusil leur est purement et simplement payé vingt-quatre sous, je crois ; mais, dans des cas de destruction, la bête appartenant de droit à celui qui la tue, un sanglier dans le saloir est, comme on le comprend bien, un fameux surcroît aux provisions d'hiver.

Les chasses avaient donc commencé depuis deux mois, quand M. Deviolaine me fit cette fameuse invitation qui me causait tant de joie.

Il se mêlait bien à cette joie une arrière-idée de danger : ces braves sangliers, qu'on laissait tranquilles depuis trois ou quatre ans, avaient crû et multiplié ; si bien que, croissant et multipliant, les vieux étaient arrivés à des tailles gigantesques ; les jeunes à un nombre infini. On les rencontrait dans la forêt par bandes de douze et de quinze, et on en avait tué, l'hiver, jusque dans les jardins potagers de la ville.

Aussi, il s'était fait parmi les riverains de la forêt une espèce de proverbe, par demandes et par réponses :

Demande. — Quand on plante des pommes de terre à cinq cents pas de la forêt, savez-vous ce qu'il y vient?

Réponse. — Eh bien, mais... il y vient des pommes de terre.

Réponse à la réponse. — Non ! il y vient des sangliers.

Et les plus grands contradicteurs étaient obligés de dire : « C'est vrai. »

Or, ces chasses duraient depuis le 15 septembre, c'est-à-dire depuis quatre mois, à peu près.

Pendant ces quatre mois, Choron s'était révélé par des merveilles. Donc, quand le rendez-vous de la chasse était à la Maison-Neuve et quand Choron était chargé de détourner le sanglier, c'était double fête, car on était sûr de ne pas faire buisson creux ; il est vrai qu'on faisait une lieue et demie à pied avant d'être à la Maison-Neuve. Mais, en arrivant au détour de cette belle route taillée au beau travers de la forêt, on apercevait de loin Choron, debout sur le chemin, à quatre pas en avant de sa porte, son corps de chasse au poignet, saluant son inspecteur et son cortége d'un lancer ou d'un hallali plein de verve. Cela voulait dire que l'animal était mort, ou que l'inspecteur et son cortége étaient des mazettes.

Puis, dans la maison, on trouvait cinq ou six bouteilles de *tisane*, comme Choron appelait son vin blanc; des verres scrupuleusement rincés par une charmante ménagère, et un pain de dix livres qui semblait pétri avec de la neige. On mangeait un morceau de ce pain avec un morceau de fromage ; on faisait un compliment à madame Choron sur son pain, sur son fromage et sur ses yeux, et l'on se mettait en chasse.

Disons, en passant, que Choron adorait sa femme, et, sans motif aucun, en devenait de jour en jour plus jaloux. Ses camarades le plaisantaient parfois sur cette jalousie croissante; mais la plaisanterie d'ordinaire était courte : Choron devenait pâle comme un mort. Puis, se retournant, en secouant sa belle tête, du côté de celui qui touchait imprudemment à cette plaie de son cœur que la langue de ses chiens ne pouvait guérir :

— Tiens! lui disait-il, — un tel, — si j'ai un conseil à te donner, tais-toi; et tais-toi tout de suite... Plus tôt tu te tairas, mieux cela vaudra pour toi!

Et le mauvais plaisant se taisait aussitôt. Ajoutons même que, de jour en jour, les allusions que l'on osait faire à la seule faiblesse de cet homme si fort devenaient de plus en plus rares, et promettaient même, dans un temps très-court, de ne plus se renouveler du tout.

XLIII

Choron et le chien enragé. — Niquet dit *Bobino*. — Sa maîtresse. — Chasse au sanglier. — Hallali. — Triomphe de Bobino. — Il est décoré. — Le sanglier qu'il avait tué ressuscite.

Voilà donc nos nouveaux acteurs posés. Le jeudi est venu : il est huit heures et demie du matin, et nous débouchons — M. Deviolaine, mon beau-frère, moi et une douzaine de gardes, tant partis de Villers-Cotterets que recrutés sur la route, — au tournant de la forêt, situé à quatre cents pas, à peu près, de la Maison-Neuve.

Choron était, comme d'habitude, sur sa porte, son cor à la main. Dès qu'il nous aperçut, il jeta au vent les notes les plus sonores, et nous ne doutâmes point que la chasse ne fût certaine.

Nous doublâmes le pas, et nous arrivâmes.

C'était quelque chose de charmant, comme goût et comme propreté, que l'intérieur de cette petite maison, que M. Deviolaine avait fait bâtir il y avait huit ou dix ans, et que l'on appelait la Maison-Neuve.

Je vois encore cet intérieur comme il m'apparut, quand je mis le pied sur le seuil, avec son lit à rideaux verts; à gauche, la cheminée garnie de trois fusils; au chevet du lit, une fenêtre égayée par un rayon de soleil d'hiver; au pied de ce lit, une autre fenêtre, afin qu'on pût, sans sortir, inspecter les deux côtés de la route; un bahut plein de plats à grandes fleurs, et une collection complète d'animaux à quatre pattes et d'oiseaux empaillés.

Parmi ces animaux, il y avait un affreux chien de berger, de la couleur d'un loup, le poil hérissé, les yeux sanglants, la gueule ouverte et baveuse.

Choron disait qu'il n'avait eu peur qu'une fois dans sa vie, et il avait éternisé la cause de sa peur.

La cause de sa peur, c'était ce chien.

Ce chien, avant d'être un chien empaillé, était un chien enragé.

Choron taillait des arbres dans son petit jardin, situé en face de sa maison, quand il vit tout à coup ce chien qui faisait effort pour passer à travers sa haie; il comprit aussitôt, à l'aspect de ces yeux ardents, de cette bouche écumante, que l'animal était enragé, et il prit sa course vers la maison. Mais, si bien que courût Choron, le chien courait mieux encore; de sorte que Choron n'eut ni le temps de fermer sa porte derrière lui, ni celui de prendre son fusil, pendu à la cheminée. Tout ce qu'il put faire, fut de sauter sur son lit, et de rouler la couverture autour de son corps, pour parer autant que possible aux morsures. Le chien sauta sur le lit presque en même temps que Choron, et se mit à mordre au hasard ce ballot de laine, au centre duquel était un homme. Mais tout à coup Choron développa la couverture dans toute sa largeur, roula à son tour le chien dedans, et, tandis que celui-ci se débattait, sauta sur son fusil, et, à bout portant, lâcha les deux coups à travers la couverture, qui se teignit de sang, puis se bossela convulsivement pendant quelques secondes. Mais bientôt les ondulations diminuèrent, et enfin cessèrent tout à fait, pour faire place aux derniers frémissements de la vie qui s'éteint. Choron déroula la couverture : l'animal était mort.

Choron avait empaillé le chien, et l'avait monté sur la couverture sanglante, qu'il mordait à belles dents.

En voyant l'animal, tout empaillé qu'il était, on comprenait que Choron eût eu peur.

J'examinai tous les animaux les uns après les autres. Je me fis raconter leur histoire, depuis celle du premier jusqu'à celle du dernier. Je mangeai, tout en questionnant, un morceau de pain et de fromage; je bus, tout en écoutant, deux verres de vin, et je me trouvai prêt à partir encore avant les autres.

En sortant, M. Deviolaine me montra, au jardin de Choron, une porte de six pieds de haut, par-dessus laquelle il avait, au moment de la construction de la maison, vu sauter mon père, tout souffrant qu'il était à cette époque.

Cette tradition était arrivée jusqu'à Choron, qui avait plus d'une fois essayé d'en faire autant, sans jamais avoir pu y réussir.

Ce qu'il y avait de particulier à ces chasses, composées en grande partie de gardes, c'était l'absence complète de *craques;* — que l'on me pardonne ce mot, il est consacré entre chasseurs. — Chacun connaissait trop bien son voisin, et était trop bien connu de lui, pour lui en imposer, par quelques-uns de ces honnêtes mensonges dont les habitués de la plaine Saint-Denis rehaussent leur mérite; on savait quels étaient les forts et les faibles, et l'on rendait toute justice aux forts.

Mais aussi, l'on était impitoyable pour les faibles.

Au premier rang de ceux-ci, était un nommé Niquet, surnommé *Bobino,* à cause de sa passion — nous parlons de son jeune âge, bien entendu, — pour le jeu de toupie qui porte ce nom. Il avait la réputation d'être un homme d'esprit; mais, à cette réputation, il joignait celle, non moins méritée, d'être le plus maladroit tireur de la troupe.

On racontait donc les prouesses de Choron, de Moinat, de Mildet et de Berthelin; mais on raillait à mort le pauvre Bobino.

Ce à quoi il répondait par les coq-à-l'âne les plus plaisants, auxquels son accent provençal donnait une allure tout à fait amusante.

Ce jour-là, M. Deviolaine avait jugé à propos de changer le sujet de la raillerie, sans en changer l'objet. C'était toujours

Bobino que l'on faisait enrager, mais non plus à cause de sa maladresse.

On le faisait enrager à cause de sa maîtresse.

Bobino avait une maîtresse... Pourquoi pas?

Cette maîtresse n'était pas belle... Chacun son goût.

Cette maîtresse était justement la femme qui avait monté sur le marchepied du cabriolet du général Lallemand, et qui lui avait craché au visage.

— Voyons, Niquet, disait M. Deviolaine, vous qui avez une femme grosse et grasse, quel charme trouvez-vous dans cette femme, qui est sèche comme un clou?

— Monsieur l'inspecteur, c'est pour les jours maigres.

— Si elle était jolie, insistait M. Deviolaine, je comprendrais cela.

— Ah! monsieur l'inspecteur, vous ne savez pas!...

— Mais des yeux rouges...

— Monsieur l'inspecteur, vous ne savez pas?...

— Mais des dents noires...

— Monsieur l'inspecteur, qu'est-ce qui fait le mérite des montres de Bréguet?

— Pardieu! c'est le mouvement.

— Eh bien, monsieur l'inspecteur, un mouvement Bréguet!... un mouvement à mettre dans un boîtier d'or!

Tout le monde éclata de rire. Je ris comme les autres, quoique je ne comprisse absolument rien à la réponse de Bobino.

J'allais m'approcher de Bobino, et lui demander à lui-même l'explication de sa plaisanterie, lorsque Choron nous fit signe qu'il était temps de se taire.

Nous étions à cinq cents pas de l'endroit où le sanglier était baugé.

A partir de ce moment, pas un chuchotement ne se fit entendre. Alors Choron fit part de son plan à l'inspecteur, lequel nous donna ses ordres à voix basse, et nous allâmes prendre nos places autour de l'enceinte, que Choron, avec son limier qu'il tenait en laisse, s'apprêtait à fouiller.

Je demande bien humblement pardon à mes lecteurs de me servir de tous ces termes de chasse, ni plus ni moins que le baron des *Fâcheux*. Mais ces termes seuls rendent ma pensée, et, d'ailleurs, je les crois tous assez connus pour qu'ils n'aient pas besoin d'explication.

Ma mère m'avait, comme on pense bien, recommandé à M. Deviolaine. Elle ne m'avait laissé aller qu'à cette condition, que M. Deviolaine ne me perdrait pas de vue. Il le lui avait promis, et, pour lui tenir scrupuleusement parole, il m'avait placé entre lui et Moinat, me recommandant de me tenir entièrement caché derrière un gros chêne; puis, si je tirais sur le sanglier, et qu'il revînt sur le coup, je devais m'accrocher à une branche de ce chêne, m'enlever à la force des poignets, et laisser passer l'animal au-dessous de moi.

Tout chasseur un peu expérimenté sait que c'est là la manière généralement adoptée en cette circonstance.

Dix minutes ne s'étaient point écoulées, que chacun était à son poste. Bientôt la voix du chien de Choron, qui était tombé sur la piste, retentit avec une plénitude et une fréquence qui annonçaient son approche de l'animal. Tout à coup l'on entendit craquer les arbres du fourré. Je vis, pour mon compte, passer quelque chose; mais, avant que j'eusse le temps de porter mon fusil à mon épaule, ce quelque chose s'était évanoui. Moinat envoya son coup de fusil au juger; mais lui-même secoua la tête, en signe qu'il ne croyait pas le moins du monde avoir touché l'animal. Puis, un peu plus loin, on entendit un second coup de fusil, puis un troisième, lequel fut immédiatement suivi du cri d'*Hallali!* poussé du fond de ses poumons par la voix de Bobino.

Chacun courut à l'appel, quoique, en reconnaissant la voix de l'appelant, chacun pensât qu'il allait être dupe de quelque nouvelle mystification inventée par le spirituel loustic.

Je courus comme les autres, et je dois même dire que je courus plus fort que les autres. Je n'avais jamais assisté à l'hallali d'un sanglier, et je ne voulais pas manquer un pareil spectacle. M. Deviolaine avait beau me crier de ne point me presser, je n'écoutais rien.

J'ai dit que tout le monde avait cru à une mystification. L'étonnement de tout le monde fut donc sans pareil lorsqu'en arrivant sur la route de Dampleux, qui coupait comme la barre d'un T la laye transversale dans laquelle nous étions postés, nous vîmes, au beau milieu du pavé, Bobino assis tranquillement sur son sanglier.

Pour compléter ce tableau, qui pouvait servir de pendant à la mort du sanglier de Calydon, tué par Méléagre, Bobino, affectant l'insouciance d'un homme habitué à ces sortes de prouesses, son brûle-gueule à la bouche, battait le briquet pour se procurer du feu.

A son premier coup de fusil, l'animal avait roulé comme un lapin, et n'avait plus bougé de l'endroit où il était tombé.

On devine facilement le concert de félicitations demi-railleuses qui s'éleva autour du vainqueur, lequel, prenant son air dégagé et coiffant sa pipe d'un bonnet de papier pour que le vent n'emportât point l'amadou, répondit entre deux bouffées de fumée :

— Eh! oui, voilà comme nous les carambolons, ces petites bêtes, nous autres Provençaux!

Et, en effet, il n'y avait rien à dire, le carambolage était parfait : la balle avait frappé l'animal derrière l'oreille. Moinat, Mildet ni Berthelin n'eussent pas fait mieux.

Choron arriva le dernier, sans faire un pas plus vite que l'autre.

Aussitôt qu'il apparut, sortant de la forêt avec son limier remis en laisse, nous le vîmes fixer son regard étonné sur le groupe que nous formions, et dont Niquet était le centre. En voyant venir Choron, nous nous écartâmes pour qu'il pût voir ce que nous voyions sans pouvoir y croire.

— Que diable me chante-t-on, Bobino? cria-t-il du plus loin qu'il pût être entendu. On me dit que le sanglier s'est jeté dans ton coup comme un imbécile!

— Qu'il se soit jeté dans mon coup, ou que mon coup se soit jeté dans lui, il n'en est pas moins vrai que le pauvre Bobino va avoir des grillades pour tout son hiver, et qu'il n'y aura que ceux qui pourront lui rendre la pareille d'invités à en manger chez lui, — à part, bien entendu, M. l'inspecteur, ajouta Bobino en soulevant sa casquette, lequel fera toujours honneur et plaisir à son très-humble serviteur, quand il voudra bien goûter de la cuisine de la mère Bobine.

C'est ainsi que Niquet appelait sa femme, attendu qu'à son avis Bobine était tout naturellement le féminin de Bobino.

— Merci, Niquet, merci, dit M. Deviolaine, ce n'est pas de refus.

— Pardieu! Bobino, dit un des gardes, nommé François, et qui était frère du domestique de M. Deviolaine, Léon Mas, que j'ai déjà eu l'occasion de nommer plusieurs fois, comme il ne t'arrive pas souvent de faire des coups pareils... avec la permission de M. Deviolaine, il faut que je te décore!

— Décore, mon ami, décore! dit Bobino; il y en a plus d'un qui a été décoré sous l'autre, et qui ne le méritait pas autant que moi.

Bobino était injuste : *sous l'autre*, on ne prodiguait pas les décorations. Mais la passion l'aveuglait. Bobino, après avoir été terroriste en 1793, était royaliste enragé en 1815, partageant, en cela, les opinions de sa bien-aimée de la rue de Soissons.

Et Bobino continua de fumer avec le calme le plus comique, tandis que François, tirant un couteau de sa poche, s'approchait de la partie postérieure du sanglier, dont il prit la queue, que d'un seul coup il sépara du corps.

A la grande stupéfaction de tout le monde, le sanglier, tout en demeurant immobile, poussa un grognement sourd.

— Eh bien, qu'est-ce donc, petit? demanda Bobino, tandis que François attachait la queue de l'animal à la boutonnière de son vainqueur; il paraît que nous tenions à ce bout de ficelle?

Le sanglier poussa un second grognement, et gigotta d'une patte.

— Bon! dit Bobino, bon! Nous avons le cauchemar, comme ce pauvre Moquet; — le cauchemar de Moquet était devenu proverbial; — seulement, ce n'est pas la mère Durand qui est assise sur notre estomac, c'est le père Bobino, et le père Bobino, quand il est installé quelque part, n'est pas facile à déloger!

A peine avait-il achevé ces paroles, qu'il roulait à dix pas de là, le nez dans la poussière, et son brûle-gueule brisé entre ses dents.

Nous nous écartâmes tous, nous demandant s'il y avait tremblement de terre.

Point. — Le sanglier, qui n'était, à ce qu'il paraît, qu'étourdi par le coup, venait de se relever, rappelé à la vie par la saignée que lui avait faite François; et, après s'être débarrassé, comme nous venions de le voir, du fardeau qui pesait sur lui, se tenait debout, mais chancelant sur ses quatre pattes, comme s'il eût été ivre.

— Ah! pardieu! dit M. Deviolaine, laissez-le faire; il serait curieux que celui-là en revînt!

— Eh! non! eh! non! ne le laissez pas faire, cria Choron cherchant son fusil, qu'il avait déposé dans un fossé pour rattacher son limier; tirez dessus, au contraire, tirez dessus! Je connais ces paroissiens-là, ils ont la vie dure. Tirez dessus, morbleu! et plutôt deux coups qu'un, ou il nous échappe!

Mais il était déjà trop tard. Les chiens, en voyant le sanglier se relever, s'étaient jetés sur lui, les uns le tenant aux oreilles, les autres aux cuisses; tous, enfin, réunis après sa peau, le couvraient si complétement, qu'il n'y avait pas une place sur son corps large comme un écu où l'on pût loger une balle.

Pendant ce temps, le sanglier gagnait tout doucement le fossé, entraînant avec lui la meute; puis il entra dans le fourré, puis il disparut, poursuivi par Bobino, qui s'était relevé furieux, et qui voulait à toute force avoir raison de l'affront reçu.

— Arrête, arrête! criait Choron, arrête-le par la queue, Bobino! arrête, arrête!

Tout le monde se tordait de rire.

On entendit deux coups de fusil.

— Allons, bon! dit Choron, voilà l'animal qui va tuer nos chiens, maintenant!

Mais on n'entendit aucun cri qui indiquât que la funeste prophétie de Choron se fût réalisée.

Enfin, au bout d'un instant, on vit reparaître Bobino, l'oreille basse : il avait manqué le sanglier de ses deux coups, et le sanglier avait repris chasse, poursuivi par tous les chiens, dont on entendait les voix s'éloigner rapidement.

Nous le chassâmes tout le reste de la journée. Il nous mena à cinq lieues de là, au taillis d'Hivors, et nous n'en entendîmes jamais parler, quoique Choron eût fait savoir à tous les gardes de Villers-Cotterets non présents à l'accident, et même à tous ceux des forêts voisines, que si, par hasard, quelqu'un d'entre eux tuait un sanglier sans queue, et qu'il tînt à avoir ce sanglier complet, il retrouverait cette queue à la boutonnière de Bobino.

La chasse, bien certainement, avait été plus amusante que si elle eût réussi; mais elle n'avait aucunement rempli les intentions de l'inspecteur, qui avait reçu l'ordre de détruire les sangliers, et non de les anglaiser.

Aussi, lorsque nous nous séparâmes des gardes, M. Deviolaine indiqua-t-il une chasse pour le dimanche suivant, avec ordre de détourner d'ici là le plus de sangliers que l'on pourrait, afin que, si l'on faisait buisson creux sur une garderie, on pût se rejeter sur l'autre.

Tout en revenant avec M. Deviolaine, je le caressai si bien, qu'avec l'aide de mon beau-frère, qu'il aimait beaucoup, j'obtins de lui que je serais non-seulement de la chasse suivante, mais de toutes les chasses à venir, à moins que l'abbé Grégoire, mécontent de moi, ne vînt mettre à mes plaisirs le fameux *veto* qui coûta si cher à Louis XVI.

XLIV

Les sangliers et les gardes. — La balle de Robin-des-Bois. — Le charcutier.

Le rendez-vous du dimanche fut fixé au regard Saint-Hubert, un des rendez-vous les plus usités, et, en même temps, un des plus charmants endroits de la forêt.

Nous arrivâmes, M. Deviolaine et moi, à l'heure militaire. — Mon beau-frère n'avait pu venir, étant en tournée.

Tout le monde se trouvait au rendez-vous avec la ponctualité de l'obéissance.

Il y avait trois bêtes détournées, deux ragots et une laie.

Il va sans dire que pas un garde ne manqua de demander à Bobino des nouvelles de son sanglier; mais, à part la queue qu'il avait eu le bon esprit de conserver à sa boutonnière, Bobino n'en avait pas entendu parler.

Il y avait, comme nous l'avons dit, trois sangliers à attaquer : un sur la garderie de Berthelin; un sur la garderie de Choron; un sur la garderie de Moinat.

On commençait par celui qui se trouvait le plus proche : c'était un des ragots; il était détourné par Berthelin.

Avant qu'il sortît de l'enceinte, il fut tué par Mildet, qui, à cinquante pas, lui coula un lingot au beau travers du corps.

On passa au second, qui était sur la garderie de Choron. — C'était à une petite lieue, à peu près, de l'endroit où on avait tué le premier. — Choron, selon son habitude, nous conduisit d'abord à la Maison-Neuve, pour y boire un coup et y manger un morceau; après quoi, nous nous remîmes en route.

L'enceinte fut forcée. J'étais placé entre M. Deviolaine et ce même François qui avait décoré Bobino; après François, venait Moinat, et, après Moinat, je ne sais plus qui.

Cette fois, nous avions affaire à la laie.

Choron entra dans le taillis avec son limier; cinq minutes après, la laie était lancée. Nous l'entendîmes venir comme la première fois, faisant claquer ses mâchoires l'une contre l'autre. M. Deviolaine, à qui elle passa d'abord, lui envoya ses deux coups de fusil sans la toucher. Je lui envoyai le mien; mais, comme c'était le premier que je tirais, je le manquai aussi; enfin, François fit feu à son tour, et l'atteignit en plein corps. Aussitôt le sanglier fit un retour à angle droit, et, avec la rapidité de la foudre, fondit sur le tireur. François, qui était assez sûr de lui, l'attendit de pied ferme, et lui envoya son second coup presque à bout portant; mais, au même instant, au milieu de la fumée que le vent n'avait pas encore eu le temps de dissiper, François et le sanglier ne formèrent plus qu'un groupe informe. Nous entendîmes un cri de détresse. François, renversé sur le dos, cherchait vainement à tirer son couteau de chasse, tandis que la laie, acharnée sur lui, le fouillait à coups de groin. Nous nous précipitâmes tous pour courir à son secours ; mais nous n'avions pas fait quatre pas, qu'une voix cria d'un accent impératif, qui arrêta M. Deviolaine tout le premier :

— Ne bougez pas !

Chacun s'arrêta, immobile et muet à sa place ; seulement, tous les yeux se dirigèrent du côté où était venue la voix. Alors, nous vîmes Moinat abaisser le canon de son fusil dans la direction du groupe terrible. Un moment, le vieillard parut changé en statue de pierre ; enfin, le coup partit, et l'animal, frappé au défaut de l'épaule, alla rouler à quatre pas de celui qu'il tenait terrassé.

— Merci, vieux ! dit François en se remettant vivement sur ses jambes ; si jamais tu as besoin de moi, tu comprends, c'est à la vie, à la mort !

— Oh ! ça ne vaut pas la peine, dit Moinat.

Et il se mit tranquillement à recharger son fusil.

Nous courûmes tous à François. Il avait une égratignure à la cuisse, et une morsure au bras, voilà tout ; ce n'était rien en comparaison de ce qui eût pu arriver, si, au lieu d'avoir eu affaire à une laie, il eût eu affaire à un sanglier. Lorsqu'on se fut assuré du peu de gravité des deux blessures, toutes les exclamations tournèrent en félicitations pour Moinat ; mais, comme ce n'était pas la première fois qu'il était le héros d'une pareille aventure, Moinat reçut nos compliments en homme qui ne comprend pas qu'on trouve extraordinaire une chose si simple, et, selon lui, si facile à exécuter.

Après nous être occupés des hommes, nous nous occupâmes de la bête.

Le sanglier avait reçu les deux balles de François ; mais, l'une, tirée de côté, s'était aplatie sur la cuisse presque sans entamer la peau ; l'autre, envoyée de face, avait glissé sur la tête, où elle avait creusé un sillon sanglant.

Quant à la balle de Moinat, elle avait pris l'animal au défaut de l'épaule, et l'avait tué roide.

On fit la curée ; on mit la bête sur les épaules de deux ouvriers du bois, qui se chargèrent de la porter à la Maison-Neuve, comme les envoyés de Moïse portaient la grappe de la terre promise, et l'on se remit en chasse comme si rien ne s'était passé, ou comme si l'on eût prévu qu'il se passerait, avant la fin de la journée, un événement bien autrement terrible que celui que nous venons de raconter.

La troisième attaque devait avoir lieu sur la garderie de Moinat, limitrophe de celle où, trois jours auparavant, Bobino avait été décoré ; on y arriva au bout de trois quarts d'heure de marche. Les mêmes précautions furent prises que dans les battues précédentes ; l'enceinte fut formée. Cette fois, j'étais placé entre M. Deviolaine et Berthelin ; puis, comme c'était Moinat qui avait détourné la bête, il entra à son tour dans l'enceinte pour la fouiller.

Cinq minutes après, la voix du chien annonça que le sanglier était lancé.

Chacun était attentif pour saisir le sanglier au passage, quand tout à coup l'on entendit un coup de carabine. En même temps, je vis un grès, placé à quarante pas de moi, à peu près, voler en éclats ; puis j'entendis, à ma droite, un cri de douleur. Je tournai la tête, et j'aperçus Berthelin, qui, d'une main se cramponnait à une branche d'arbre, et qui appuyait l'autre sur son côté.

A travers ses doigts, le sang ruisselait.

Peu à peu, il s'affaissa sur lui-même en se courbant en deux ; puis il se laissa aller à terre en poussant un profond gémissement.

— Au secours ! au secours ! criai-je ; Berthelin est blessé !

Et je courus à lui, suivi de M. Deviolaine, tandis que, sur toute la ligne, les chasseurs, d'un pas rapide, se rapprochaient de nous.

Berthelin était sans connaissance. Nous le soutînmes dans nos bras ; le sang coulait à flots d'une blessure qu'il avait reçue au-dessus de la hanche gauche.

La balle était restée dans le corps.

Nous étions tous autour du mourant, nous interrogeant du regard, pour savoir qui avait tiré le coup de fusil, quand nous vîmes sortir du fourré Choron, sans casquette, pâle comme un spectre, tenant à la main sa carabine encore fumante, et criant :

— Blessé! blessé! Qui est-ce qui a dit que mon oncle était blessé?

Personne de nous ne répondit; mais nous lui montrâmes le moribond, qui vomissait le sang à pleine bouche.

Choron s'avança, les yeux hagards, la sueur au front, les cheveux dressés sur la tête, et arriva près du blessé; il le regarda en pâlissant encore, ce que l'on aurait cru impossible, poussa une espèce de rugissement, brisa le bois de sa carabine contre un arbre, et en jeta le canon à cinquante pas de lui.

Puis il tomba à genoux, priant le mourant de lui pardonner; mais le mourant avait déjà fermé les yeux pour ne plus les rouvrir!

On improvisa à l'instant même un brancard : on posa le blessé dessus; puis on le transporta dans la maison de Moinat, qui n'était qu'à trois ou quatre cents pas de l'endroit où l'accident était arrivé. Nous accompagnions tous le brancard, ou plutôt nous suivions Choron, qui marchait près de lui les bras pendants, la tête basse, ne disant pas une parole, ne versant pas une larme. Pendant ce temps, un des gardes était monté sur le cheval de M. Deviolaine, et courait ventre à terre chercher le médecin.

Au bout d'une demi-heure, le médecin arriva, pour annoncer ce dont chacun se doutait en voyant que Berthelin n'avait pas repris connaissance : c'est que la blessure était mortelle.

La femme du blessé ignorait encore cette nouvelle. Il fallait la lui transmettre. M. Deviolaine se chargea de ce triste message, et s'apprêta à sortir de la maison.

Alors Choron se leva, et, s'approchant de lui :

— Monsieur Deviolaine, dit-il, il est bien entendu que, tant que je vivrai, elle ne manquera de rien, la pauvre chère femme! et que, si elle veut venir demeurer chez nous, elle y sera vue comme ma mère.

— Oui, Choron, répondit M. Deviolaine, le cœur gonflé; oui, je sais que tu es un brave cœur, un honnête garçon. Que veux-tu, mon ami! tu sais qu'il y a des balles qui sont fondues avec un nom dessus; ce n'est point ta faute, c'est celle de la fatalité.

— Ah! monsieur l'inspecteur! s'écria Choron, dites-moi encore quelques paroles comme celles-là; vous ne savez pas le bien qu'elles me font... Je crois que je vais pleurer.

— Pleure, mon enfant, pleure! dit M. Deviolaine; pleure, cela te fera du bien.

— Oh! mon Dieu, mon Dieu! s'écria enfin le malheureux en éclatant en sanglots, et en tombant dans un fauteuil.

Rien ne m'a jamais plus impressionné qu'une grande force brisée par une grande douleur. La vue de Berthelin, luttant contre la mort et versant tout son sang, m'avait moins ému que la vue de Choron, luttant contre le désespoir et ne pouvant verser une larme.

Nous quittâmes, les uns après les autres, cette chambre mortuaire, où il ne resta que le mourant, le médecin, Moinat et Choron.

Dans la nuit, Berthelin expira.

On devine l'émotion de ma mère lorsqu'elle apprit ce qui s'était passé, et le discours magnifique qu'elle me fit sur les balles perdues. La balle de Choron ne pouvait-elle pas m'atteindre, aussi bien qu'elle avait atteint Berthelin? Et, si cela était arrivé, ce serait elle qui, à cette heure, pleurerait près de mon cadavre!

J'abondai dans son sens. Je lui dis que tout était possible, mais que, de mémoire d'homme, c'était le premier accident de ce genre qui arrivât dans la forêt; que, par cela même qu'il était arrivé, c'était une raison pour qu'il ne se renouvelât plus avant cent ans; que, dans cent ans, ceux qui ne seraient pas tués par les balles seraient tués par ce chasseur bien autrement redoutable qu'on appelle le Temps; qu'ainsi donc, il n'y avait aucune raison pour que je n'allasse point aux chasses suivantes, comme j'avais été aux chasses passées... Hélas! ma pauvre mère n'avait d'autre volonté que la mienne, et je la tourmentai tant, qu'elle céda.

O pauvre mère! c'est toi que le chasseur fatal devait tuer avant l'âge, au moment où j'allais te rendre en joies et en bien-être toutes les douleurs que je t'avais faites, toutes les gênes que je t'avais causées!

Le jeudi suivant, j'allai à la chasse, malgré le terrible accident du dimanche.

Le rendez-vous, cette fois, était à la Bruyère-aux-Loups.

M. Deviolaine avait convoqué tout le monde, à l'exception de Choron. Mais, convoqué ou non, Choron n'était pas homme à manquer à son devoir: il arriva à la même heure que les autres; seulement, il n'avait ni carabine ni fusil.

— Le voilà! dit M. Deviolaine; j'en étais sûr!

Puis, se retournant vers lui:

— Pourquoi diable es-tu venu, Choron?

— Parce que je suis chef de brigade, mon inspecteur.

— Mais je ne t'avais pas convoqué.

— Oui, je comprends, et je vous remercie... Mais ce n'est point cela; le service avant tout. Dieu sait si je donnerais ma vie pour que le malheur ne fût pas arrivé; mais, quand je resterais à me lamenter à la maison, il n'en aura pas moins six pieds de terre sur le corps, le pauvre cher homme!... Oh! il y a une chose qui me tourmente, monsieur Deviolaine.

— Laquelle, Choron?

— C'est qu'il est mort sans me pardonner.

— Comment voulais-tu qu'il te pardonnât? Il ne savait même pas que c'était toi qui eusses tiré le malheureux coup de carabine.

— Non, il ne l'a pas su au moment de la mort, mais il le sait là-haut. Les morts savent tout, à ce qu'on dit.

— Allons, Choron! allons, du courage! dit M. Deviolaine.

— Du courage! parbleu! vous voyez bien que j'en ai, mon inspecteur, puisque me voilà. Mais n'importe, j'aurais voulu qu'il me pardonnât.

Puis, se penchant à l'oreille du chef:

— Il m'arrivera malheur, lui dit-il, vous verrez, monsieur Deviolaine, il m'arrivera malheur... et cela...

— Et cela?

— Parce qu'il ne m'a pas pardonné.

— Tu es fou!

— Vous verrez cela.

— Choron!

— Que voulez-vous! c'est mon idée.

— C'est bien, tais-toi, ou parlons d'autre chose.

— De ce que vous voudrez, mon inspecteur.

— Pourquoi es-tu venu sans armes?

— Parce que, de ma vie, entendez-vous? de ma vie, je ne toucherai ni carabine ni fusil.

— Et avec quoi tueras-tu le sanglier, si le sanglier tient aux chiens?

— Avec quoi je le tuerai?

Choron tira un couteau de sa poche.

— Je le tuerai avec cela, donc!

M. Deviolaine haussa les épaules.

— Haussez les épaules tant que vous voudrez, monsieur Deviolaine, il en sera comme je vous le dis. Ce sont ces brigands de sangliers qui sont cause que j'ai assassiné mon oncle! avec mon fusil ou ma carabine, je ne sentais pas que je les tuais, tandis qu'avec mon couteau, c'est autre chose! D'ailleurs, avec quoi égorge-t-on les cochons? Avec un couteau. Eh bien, un sanglier, ce n'est pas autre chose qu'un cochon.

— Enfin, dit M. Deviolaine, qui comprenait qu'il n'aurait jamais le dernier mot, puisque tu ne veux entendre à rien, il faut bien te laisser faire.

— Oui, oui, laissez-moi faire, mon inspecteur, et vous verrez!

— En chasse! en chasse, messieurs! dit l'inspecteur.

Le sanglier était retourné sur la garderie d'un nommé Lajeunesse. On l'attaqua presque aussitôt, car le rendez-vous n'était pas à plus de cinq cents pas de la bauge.

Mais, cette fois, quoique touché de quatre ou cinq balles,

le sanglier, qui était une bête de trois ans, prit un grand parti, et ce ne fut qu'au bout de quatre ou cinq heures de chasse qu'il se décida à faire tête aux chiens.

Tout le monde sait une chose : c'est que, fût-on harassé à ne pas pouvoir se tenir debout, toute fatigue cesse au moment où le sanglier tient. Nous avions fait, en tours et en détours, plus de dix lieues. Cependant, dès que nous reconnûmes, à la voix des chiens, qu'ils étaient aux prises avec l'animal, chacun de nous retrouva ses forces, et se mit à courir vers le point de la forêt où s'amassaient les aboiements.

C'était dans une jeune coupe de huit ou dix ans, c'est-à-dire au milieu d'un taillis de dix ou douze pieds de haut, que le drame se jouait. Au fur et à mesure que nous avancions, le bruit redoublait, et, de temps en temps, on apercevait, au-dessus de la cime des arbres, un chien enlevé par un coup de boutoir, les quatre pattes en l'air, hurlant comme un désespéré, mais ne retombant à terre que pour se ruer de nouveau sur le sanglier. Enfin, nous arrivâmes à une espèce de clairière : l'animal était acculé, comme dans un fort, aux racines d'un grand baliveau renversé par quelque ouragan. Vingt-cinq ou trente chiens l'assaillaient à la fois; dix ou douze étaient blessés, quelques-uns avaient le ventre ouvert. Mais ces nobles animaux ne sentaient pas la douleur, et revenaient au combat en piétinant sur leurs entrailles traînantes. C'était à la fois magnifique et horrible à voir!

— Allons, allons, Mildet ou Moinat, un coup de fusil à ce gaillard-là! Assez de chiens tués; finissons-en.

— Hein! que dites-vous donc, monsieur l'inspecteur? s'écria Choron. Un coup de fusil! un coup de fusil à un pourceau? Allons donc! Un coup de couteau, c'est assez bon pour lui... Attendez, et vous allez voir!

Choron tira son couteau, et s'élança vers le sanglier, écartant les chiens, qui revinrent aussitôt, et se confondant avec cette masse mobile et hurlante. Pendant deux ou trois secondes, il nous fut impossible de rien distinguer; mais, tout à coup, le sanglier fit un violent effort comme pour s'élancer. Chacun portait déjà la main à la gâchette de son fusil, quand on s'aperçut qu'au lieu de s'élancer, l'animal, au contraire, faisait un mouvement de recul. Choron se releva, tenant l'animal par les deux pieds de derrière, comme il eût fait d'une brouette, et le maintenant, malgré tous ses efforts, avec ce poignet de fer que nous lui connaissions, tandis que les chiens se jetant de nouveau sur lui, le couvraient de leurs corps comme d'un tapis mouvant et bigarré.

— Allons, Dumas, me dit M. Deviolaine, celui-là, c'est à toi; va faire tes premières armes.

Je m'approchai du sanglier, qui, en me voyant venir, redoubla de secousses, faisant claquer ses mâchoires, et me regardant avec des yeux ensanglantés; mais il était pris dans un véritable étau, et tous ses efforts ne purent le dégager.

Je lui introduisis le bout du canon de mon fusil dans l'oreille, et je fis feu.

La commotion fut si violente, que l'animal s'arracha des mains de Choron, mais ce ne fut que pour aller rouler à dix pas de là : balle, bourre et feu, tout lui était entré dans la tête, et je lui avais littéralement brûlé la cervelle.

Choron poussa un grand éclat de rire.

— Allons, allons, dit-il, je vois qu'il y a encore du plaisir à prendre sur la terre!

— Oui, dit M. Deviolaine, effrayé de ce qu'il venait de voir. Seulement, si tu procèdes de cette manière-là, mon garçon, tu pourras bien ne pas t'amuser longtemps... Mais qu'as-tu donc à la main?

— Rien, une égratignure : le gredin avait la peau si dure que mon couteau s'est refermé.

— Oui, et, en se refermant, il t'a coupé le doigt, dit M. Deviolaine.

— Net, mon inspecteur, net!

Et Choron étendit sa main droite, à laquelle il manquait la première phalange de l'index.

Puis, au milieu du silence que cette vue produisit, s'approchant de M. Deviolaine :

— C'est trop juste, monsieur l'inspecteur, dit-il, c'est le doigt avec lequel j'ai tué mon oncle...

— Mais il faut soigner cette blessure-là, Choron !

— Soigner cela ? Ah bien, voilà grand'chose ! S'il faisait du vent, ce serait déjà séché.

Et, sur ce, Choron, rouvrant son couteau, fit la curée de l'animal aussi tranquillement que si rien ne lui était arrivé.

A la chasse suivante, Choron revint, non plus avec un couteau, mais avec un poignard en forme de baïonnette, ayant une garde espagnole emboîtant toute la main. Il l'avait fait exécuter sous ses yeux par son frère, armurier à Villers-Cotterets.

Ce poignard-là ne pouvait ni se briser ni se fermer, et, poussé par le poignet de Choron, il fût entré jusqu'au cœur d'un chêne.

Alors, la scène que j'ai déjà décrite se renouvela ; seulement, le sanglier resta sur la place, égorgé comme un cochon domestique.

Il en fut ainsi à toutes les autres chasses ; si bien que ses camarades ne l'appelaient plus que le charcutier.

Et, chose étrange ! là où un autre que Choron eût laissé la vie, Choron n'attrapait pas une égratignure !

On eût dit qu'en se coupant le bout du doigt, il avait retranché la seule partie de son corps qui fût vulnérable.

Mais tout cela ne lui faisait pas oublier la mort de Berthelin ; il devenait de plus en plus sombre, et, de temps en temps, il disait à l'inspecteur :

— Voyez-vous, monsieur Deviolaine, tout cela n'empêche point qu'un jour il m'arrivera malheur !

Puis, tout bas, à ses amies, sa femme se plaignait de sa jalousie.

— Un jour ou l'autre, disait-elle, le malheureux me tuera, comme il a tué mon oncle Berthelin !

Dois-je finir tout de suite cette lamentable histoire de Choron ? Dois-je attendre, en suivant l'ordre des jours, que son dénoûment arrive naturellement et à son heure ?

Non, débarrassons-nous de cette tache sanglante faite aux premières pages du livre de ma jeunesse.

XLV

La chasse aux loups. — Les petites villes. — Mort tragique de Choron.

Cinq ou six ans s'étaient écoulés depuis les événements que nous venons de raconter. — J'avais quitté Villers-Cotterets, et j'y revenais passer quelques jours près de ma bonne mère.

C'était au mois de décembre, et la terre était toute couverte de neige.

Ma mère embrassée et réembrassée, je courus droit chez M. Deviolaine.

— Ah! te voilà, garçon, dit-il; tu arrives bien!

— Chasse au loup, n'est-ce pas?

— Justement.

— J'y pensais en voyant la neige, et je suis enchanté de ne m'être pas trompé dans ma prévision.

— Oui, on a eu connaissance de trois ou quatre de ces messieurs dans la forêt, et, comme il y en a deux sur la garderie de Choron, je lui ai fait passer aujourd'hui l'ordre de les détourner cette nuit, en le prévenant que nous serions chez lui demain matin, à sept heures.

— A la Maison-Neuve, toujours?

— Toujours.

— Et que devient-il, ce pauvre Choron? Tue-t-il encore les sangliers à coups de baïonnette?

— Oh! les sangliers sont exterminés, depuis le premier jusqu'au dernier. Je crois qu'il n'en reste plus un seul dans la forêt. Il les a tous passés en revue.

— Et leur mort l'a-t-elle consolé?

— Ma foi, non. Tu le verras : le pauvre diable est plus triste et plus sombre que jamais; il est bien changé. J'ai cependant ait avoir une pension à la veuve de Berthelin; mais rien ne peut le guérir de son chagrin, il est mordu au cœur. Ajoute à cela qu'il est plus jaloux que jamais.

— Et toujours aussi injustement?

— C'est-à-dire que la pauvre petite femme est un ange!

— Alors, c'est de la monomanie! Il n'en est pas moins un de vos bons gardes, n'est-ce pas?

— Excellent.

— Et il ne nous fera point faire buisson creux, demain?

— Je t'en réponds.

— C'est tout ce qu'il nous faut; quant à sa folie, eh bien, remettons-nous-en au temps pour la guérir.

— Eh! garçon! j'ai bien peur, au contraire, que le temps ne fasse qu'empirer la chose, et, à force de le lui entendre répéter, je commence à croire qu'il lui arrivera malheur.

— Vraiment! à ce point-là?

— Ma foi, oui! Au reste, j'ai fait ce que j'ai pu, et je n'aurai rien à me reprocher.

— Et les autres, comment vont-ils?

— A merveille.

— Mildet?...

— Coupe toujours en deux les écureuils, à balle franche seulement. Aujourd'hui, ce n'est plus lorsqu'ils montent le long des arbres, c'est quand ils sautent d'un arbre à l'autre.

— Et son rival, Moinat?

— Ah! le pauvre diable, tu sais ce qui lui est arrivé?

— Aurait-il été tué aussi par quelque neveu?

— L'hiver passé, à une chasse au loup, son fusil a crevé, et lui a emporté la main gauche.

— Un pareil accident, à un vieux chasseur comme lui! Et comment diable cela s'est-il fait?

— Un jour qu'il sautait un fossé, le bout de son fusil s'est enterré; il ne s'en est pas aperçu, et, privé d'air, le canon a crevé.

— Y a-t-il eu moyen de lui sauver une partie de la main?

— Pas un doigt! Lécosse la lui a coupée à un pouce ou deux du poignet.

— Alors, il ne peut plus chasser?

— Ah! oui! nous avons chassé, hier, dans les marais de

Coyolle, et, sur dix-neuf bécassines qu'il a tirées, il en a tué dix-sept.

— C'est gentil! Je souhaiterais à Bobino d'en faire autant de ses deux mains. A propos, que devient-il?

— Bobino?

— Oui.

— Il a fait faire un sifflet pour ses chiens avec la queue de son sanglier, et il déclare qu'il n'aura de repos, en ce monde et dans l'autre, que lorsqu'il aura remis la main sur le reste de son animal.

— Alors, excepté le pauvre Choron, tout va bien?

— Parfaitement.

— Vous dites que le rendez-vous...?

— Est à six heures précises du matin, au bout des grandes allées, afin que tout le monde soit à sept heures à la Maison-Neuve.

— On y sera.

Et je quittai M. Deviolaine pour aller saluer tous mes vieux amis, serrer la main aux uns, embrasser les autres, et leur souhaiter du bonheur à tous.

Une des grandes joies de ce monde est d'être né dans une petite ville, dont on connaît tous les habitants, et dont chaque maison garde pour vous un souvenir. Je sais que c'est toujours une grande émotion pour moi que de retourner—même aujourd'hui que trente ans de travaux et de lutte ont passé sur mes jeunes années, et en ont enlevé la fraîcheur veloutée, — dans ce pauvre petit bourg, à peu près inconnu au reste du monde, et dans lequel j'ai tendu les bras aux premiers fantômes de la vie, fantômes aux fronts ceints d'auréoles ou couronnés de fleurs. Une demi-lieue avant d'être arrivé, je descends de voiture, je marche sur le revers de la route, je compte les arbres. Je reconnais ceux aux branches desquels j'ai accroché mes cerfs-volants, logé mes flèches, déniché des nids; il y en a au pied desquels je m'assieds, et où, les yeux fermés, je me plonge dans quelque doux rêve qui me rajeunit de vingt ans; il y en a que j'aime comme de vieux amis, et devant lesquels je m'incline en passant; il y en a d'autres qui sont plantés depuis mon départ, et devant lesquels je passe sans les regarder comme devant des indifférents et des inconnus. — Puis, quand je rentre dans la ville, c'est bien autre chose. Le premier qui m'aperçoit jette un cri, et accourt au seuil de sa maison ; et, à mesure que j'avance, chacun en fait autant ; puis, derrière moi, les habitants de la localité se saluent, parlent de moi, des aventures de ma jeunesse, de ma vie emportée loin d'eux, orageuse et tourmentée, et qui se fût écoulée calme et tranquille, si, comme eux, je fusse resté dans la maison où je suis né ; et, dix minutes après, mon arrivée est la nouvelle de la ville, et, ce jour-là, c'est fête dans mon cœur et dans deux ou trois mille autres cœurs en même temps.

Partout on a une patrie ; à Paris seulement, on a une rue qui change de nom, qui change de forme, qui s'allonge ou se restreint selon le caprice du grand foyer. Quittez Paris dix ans, et vous ne reconnaîtrez plus ni votre rue, ni votre maison.

Je me promettais donc une grande fête à me retrouver, le lendemain, avec tous mes gardes.

Cette fête commença à six heures du matin. Je revis mes vieilles figures avec du givre aux favoris ; car, ainsi que je l'ai dit, il avait neigé la veille, et il faisait horriblement froid. Nous échangeâmes force poignées de main, puis nous nous mîmes en route pour la Maison-Neuve. Il ne faisait pas encore jour.

Arrivés à un endroit appelé le *Saut-du-Cerf*, parce qu'un jour que le duc d'Orléans chassait dans la forêt, un cerf se lança par-dessus la route encaissée en cet endroit entre deux taillis ; arrivés, dis-je, au Saut-du-Cerf, nous vîmes que l'obscurité commençait à se dissiper. Au reste, le temps était excellent pour la chasse. Il n'était pas tombé de neige depuis douze heures, rien n'empêchait donc de suivre les brisées ; les loups, si l'on avait pu les détourner, étaient à nous.

Nous fîmes une demi-lieue encore, et nous arrivâmes en vue du tournant où Choron avait l'habitude de nous attendre. Il n'y avait personne.

Cette infraction à ses habitudes, chez un homme aussi ponctuel que l'était Choron, commençait à nous inquiéter. Nous doublâmes le pas, et nous arrivâmes au tournant même, d'où l'on découvrait la Maison-Neuve, distante d'un kilomètre à peu près.

Grâce au tapis de neige étendu sur la terre, tous les objets, même ceux qui se trouvaient à une distance assez éloignée, étaient devenus faciles à distinguer. Nous voyions la petite maison blanche, à moitié perdue dans les arbres; nous voyions une légère colonne de fumée qui, s'échappant de la cheminée, montait en l'air; nous voyions, enfin, un cheval sans maître, tout sellé et tout bridé, mais nous ne voyions pas Choron.

Seulement, nous entendions les chiens qui hurlaient lamentablement.

Nous nous regardâmes les uns les autres en secouant tristement la tête : notre instinct nous disait qu'il avait dû se passer quelque chose d'étrange, et nous hâtâmes encore le pas.

En approchant, nous ne vîmes rien changer à la perspective.

Arrivés à cent pas de la maison, nous ralentîmes notre marche malgré nous; nous sentions qu'en étendant la main, nous allions toucher à un malheur.

A cinquante pas de la maison, nous fîmes presque une halte.

— Cependant, dit M. Deviolaine, il faut savoir à quoi s'en tenir.

Et nous avançâmes de nouveau, mais en silence, mais le cœur serré, mais sans prononcer une parole.

En nous voyant approcher, le cheval tendit le cou de notre côté, et, les naseaux fumants, se mit à hennir.

Les chiens s'élançaient contre les barreaux de leurs niches, qu'ils mordaient à belles dents.

A dix pas de la maison, il y avait sur la neige une flaque de sang, et, près de cette flaque de sang, un pistolet déchargé.

Puis, de cette flaque de sang, partait, accompagnant des pas qui rentraient à la maison, une trace sanglante.

Nous appelâmes; personne ne répondit.

— Entrons, dit l'inspecteur.

Nous entrâmes, et nous trouvâmes Choron étendu à terre

près de son lit, dont il tordait encore les couvertures entre ses mains crispées.

A sa tête, sur la table de nuit, étaient deux bouteilles de vin blanc, l'une vide, l'autre entamée. Il avait, au côté gauche, une large blessure dont son chien favori léchait le sang.

Il était encore chaud, et venait d'expirer, il y avait dix minutes à peine.

Voici ce qui s'était passé; nous le sûmes le lendemain par le facteur d'un village voisin, qui avait presque assisté à l'événement.

Choron, nous l'avons dit, était jaloux de sa femme, et, quoique rien ne justifiât cette jalousie, on a pu voir, d'après ce que m'avait dit l'inspecteur, qu'elle n'avait fait qu'augmenter.

Il était parti à une heure du matin, profitant d'un magnifique clair de lune, pour détourner les deux loups qui se trouvaient sur la brigade.

Un quart d'heure après son départ, un messager était accouru annoncer à sa femme que son père venait d'être frappé d'une attaque d'apoplexie, et demandait à la voir avant que de mourir.

La pauvre femme s'était levée et était partie à l'instant même, sans pouvoir dire où elle allait : ni elle ni le messager ne savaient écrire.

En rentrant à cinq heures du matin, Choron avait trouvé la maison vide; il avait tâté le lit; le lit était froid; il avait appelé sa femme, il l'avait cherchée partout; sa femme avait disparu.

— C'est bien, dit Choron, elle a profité de mon absence pour s'en aller chez son amant. Ne croyant pas que je rentrerais sitôt, elle n'est pas encore de retour. Elle me trompe! Il faut que je la tue!

Il croyait savoir où elle était.

Il détacha ses pistolets d'arçon, les chargea, mit dans l'un quatorze chevrotines, et dans l'autre dix-sept.

On retrouva les quatorze chevrotines dans celui des deux pistolets qui était resté chargé.

On retrouva les dix-sept autres chevrotines dans le corps de Choron.

Puis il alla seller son cheval, le fit sortir de l'écurie, et l'amena devant sa porte.

Alors, il prit ses pistolets, et en mit un dans la fonte droite.

Celui-là entra parfaitement.

Mais la fonte gauche était par hasard plus étroite; le pistolet trouva quelque difficulté à y prendre sa place.

Choron voulut l'y faire entrer de force.

Il prit la fonte d'une main, la crosse du pistolet de l'autre, et poussa violemment le pistolet dans la fonte.

La secousse fit détendre le ressort, le coup partit.

Pour plus de commodité, Choron tenait la fonte appuyée contre lui. Toute la charge, plomb, bourre et poudre, pénétra dans son flanc gauche, lui brûlant et lui déchirant à la fois les entrailles.

Le facteur, passant dans ce moment-là, accourut à la détonation. Choron était resté debout, cramponné à la selle.

— Mon Dieu! qu'y a-t-il donc, monsieur Choron? demanda le facteur.

— Il y a que ce que j'avais prévu est arrivé, mon pauvre Martineau, dit Choron; j'ai tué mon oncle d'un coup de carabine, et je viens de me tuer d'un coup de pistolet. Il est écrit quelque part dans l'Évangile que « celui qui a frappé de l'épée périra par l'épée. »

— Vous tué! vous monsieur Choron? s'écria le facteur. Mais vous n'avez rien.

Choron sourit, se tourna de son côté; ses habits brûlaient, son sang coulait à flots par le bas de son pantalon, qu'il rougissait dans toute sa longueur.

— Oh! mon Dieu! fit le facteur en reculant, que puis-je faire pour vous? Voulez-vous que j'aille chercher le médecin?

— Le médecin! que diable veux-tu qu'il y fasse? répondit Choron.

Puis, d'une voix sombre :

— Est-ce que le médecin a empêché de mourir mon pauvre oncle Berthelin? dit-il.

— Mais, enfin, commandez quelque chose, monsieur Choron.

— Va me chercher deux bouteilles de tisane à la cave, et détache-moi Rocador.

Le facteur, qui, chaque matin, buvait en passant la goutte avec Choron, prit la clef, descendit à la cave, tira deux bouteilles de vin blanc, alla détacher Rocador, et rentra.

Il trouva Choron assis devant une table et écrivant.

— Voilà, dit le facteur.

— C'est bien, mon ami, fit Choron; pose les deux bouteilles sur la table de nuit, et va-t'en à tes affaires.

— Mais, monsieur Choron, insista le facteur, dites-moi au moins comment la chose est arrivée?

Choron réfléchit un instant; puis, à demi-voix :

— En effet, murmura-t-il, il n'y a pas de mal à ce qu'on le sache.

Et, se retournant vers lui :

— Quand je t'aurai tout dit, t'en iras-tu?

— Oui, monsieur Choron.

Alors il lui raconta *la chose*, comme disait le facteur, dans tous ses détails.

— Et, à présent que tu sais ce que tu voulais savoir, va-t'en.

— Vous le voulez donc?

— Oui.

— Absolument?

— Oui.

— Eh bien, alors, au revoir.

— Adieu.

Et le facteur était parti, espérant au fond du cœur que Choron était blessé moins dangereusement qu'il ne le disait; car comment, à la vue d'un tel sang-froid et d'une telle tranquillité, penser que l'homme qui les conserve est frappé à mort?

Ce qui se passa après le départ du facteur, personne ne le sait. A cette lutte de l'homme contre la mort, agonie sombre et solitaire, personne n'a assisté.

Seulement, selon toute probabilité, Choron avait bu ce qui

manquait de vin dans les deux bouteilles; puis il avait voulu monter sur son lit, mais alors les forces lui avaient fait défaut.

Il était tombé à terre, se cramponnant aux couvertures, et était mort dans la position où nous venions de le retrouver.

Un papier était sur la table : celui sur lequel le facteur, montant de la cave, l'avait vu écrivant.

Sur ce papier, d'une main encore ferme, étaient tracées ces quelques lignes :

» Mon inspecteur,

» Vous trouverez un des loups dans le bois Duquesnoy; l'autre a décampé.

» Adieu, monsieur Deviolaine... Je vous avais bien dit qu'il m'arriverait malheur.

» Votre dévoué,

» CHORON, *garde chef.* »

Ce que je disais tout à l'heure des petites villes, à propos des doux souvenirs, on peut le dire bien plus véritablement encore à propos des souvenirs terribles.

Une pareille catastrophe, arrivée dans le faubourg Saint-Martin, dans la rue Poissonnière ou sur la place du Palais-Royal, eût laissé une mémoire d'une semaine, de quinze jours, d'un mois tout au plus.

Mais, dans cette petite ville de Villers-Cotterets, sur cette route qui conduit à Soissons, et passe devant la maison funèbre, sous ces belles arcades de verdure que font les chênes et les hêtres centenaires, et sous lesquelles les gardes cheminent d'un pas sans écho et en se parlant tout bas, l'événement que je viens de raconter est encore présent comme au jour où il arriva, et chacun vous le raconterait comme je viens de vous le raconter.

Hélas! pauvre Choron! quand j'entrai dans ta maison, quand je regardai, pâlissant, ces bouteilles à moitié vides, ton corps frissonnant, ce chien qui léchait ta plaie, j'étais loin de me douter que je serais un jour l'historien de ta vie ignorée et de ta mort sanglante!

XLVI

Ma mère songe que j'ai quinze ans, et que la marette et la pipée ne peuvent pas me créer un brillant avenir. — J'entre dans l'étude de maître Mennesson, notaire, en qualité de *saute-ruisseau*. — Mon patron et mes collègues. — La fontaine Eau-Claire.

Cependant, toutes ces parties de chasse, qui me procuraient une existence assez agréable, existence qui pouvait indéfiniment se continuer ainsi, en me supposant une vingtaine de mille livres de rente, ne constituaient pas un avenir à un pauvre diable, dont le patrimoine, malgré l'économie maternelle, fondait de jour en jour d'une effrayante façon.

J'avais quinze ans. On jugea qu'il était temps de me faire apprendre un état, et on se décida pour celui de notaire.

A cette époque, où non-seulement un voile couvrait mon avenir, mais où je n'avais encore ressenti, vers cet avenir, aucune des aspirations qui m'y entraînèrent depuis, tout état, excepté celui de séminariste, m'était assez indifférent.

Ma mère, un beau matin, sortit donc de la maison, et, traversant la place en diagonale, alla demander à son notaire s'il voulait bien de moi pour son troisième clerc.

Le notaire répondit qu'il ne demandait pas mieux que de me recevoir chez lui, mais qu'il lui semblait, sauf erreur, que j'avais de telles dispositions pour la marette, pour la pipée et pour la chasse, qu'il était douteux que je devinsse jamais un écolier bien assidu de Cujas et de Pothier.

Ma mère poussa un soupir; c'était peut-être bien aussi son opinion à elle-même, mais elle n'en insista pas moins, et le notaire lui répondit:

— Eh bien, ma chère madame Dumas, puisque cela vous fait tant de plaisir, envoyez-le-moi toujours, et l'on verra.

Il fut donc décidé que, le lundi suivant, j'entrerais chez maître Mennesson : les gens polis disaient en qualité de troisième clerc, les autres en qualité de *saute-ruisseau.*

On sait que c'est le mot consacré.

Cela me fit bien quelque peine de renoncer à ma douce indépendance; mais je faisais un si grand plaisir à ma mère en adhérant à sa décision; il y avait pour moi, disaient tous ses amis, un si bel avenir dans cette carrière que l'on m'ouvrait; Lafarge (on se rappelle le fils élégant et spirituel de ce chaudronnier chez lequel nous demeurions), Lafarge y faisait un chemin si brillant et si lucratif, que cette idée — que, quand j'aurais une étude qui rapporterait douze ou quinze mille francs par an, je pourrais faire comme lui de la marette et de la pipée sur une grande échelle — me séduisit infiniment.

J'entrai donc chez M. Mennesson.

M. Mennesson était, à cette époque, un homme de trente-cinq ans à peu près, plutôt petit que grand, trapu, vigoureux; bien pris de toute sa personne, au point de vue herculéen. Il avait les cheveux roux et courts, les yeux vifs, la bouche railleuse. C'était un homme d'esprit, brusque souvent, entêté toujours, voltairien enragé, et déjà républicain à une époque où personne ne l'était encore.

Le poëme de *la Pucelle* était sa lecture favorite; il en savait par cœur des chants tout entiers, et les disait volontiers dans ses moments de joyeuse humeur, ou après son dîner.

Il va sans dire qu'il choisissait alors les chants les plus impies et les plus libertins.

On m'a dit que, depuis, sans cesser d'être républicain, il était devenu dévot outre mesure, et qu'aujourd'hui, il suivait, un cierge à la main, les processions, sur le passage desquelles, autrefois, il restait la tête couverte.

Dieu lui fasse miséricorde!

Deux personnages venaient avant moi dans la hiérarchie notariale : le premier et le deuxième clerc.

Le premier se nommait Niguet. C'était un garçon de vingt-six à vingt-huit ans, fils de notaire, petit-fils de notaire, neveu de notaire; un de ces hommes qui viennent au monde avec une écriture en pattes de mouche, une signature illisible, et un parafe gigantesque au bout.

Le second était un garçon de mon âge, à peu près. Il était gras, il était jaune; il avait le nez pointu. Il étudia dix ans pour être notaire, et finit par être garde forestier.

Je n'ai jamais entendu dire qu'il se fût élevé au-dessus du grade de simple garde, quoiqu'il eût de puissantes protections dans l'administration forestière, et trois ou quatre mille livres de rente, du chef de sa mère.

Il se nommait Cousin.

L'apprentissage du notariat me fut assez doux. C'était un bon diable, au fond, que M. Mennesson, pourvu qu'on ne dît pas devant lui de bien des prêtres, et qu'on ne fît pas l'éloge des Bourbons.

Dans le cas contraire, son petit œil gris s'enflammait. Il empoignait un Ancien Testament ou une histoire de France, ouvrait l'Ancien Testament au livre d'Ézéchiel, l'histoire de France au règne de Henri III, et commentait l'un et l'autre à la manière du *Citateur* de Pigault-Lebrun.

J'ai dit que j'étais entré chez M. Mennesson comme saute-ruisseau; le titre m'avait d'abord humilié; mais je vis bientôt que j'étais chargé, au contraire, du côté agréable de la profession de clerc de notaire.

M. Mennesson faisait beaucoup d'actes pour les paysans des villages environnants. Quand les paysans ne pouvaient pas se déranger, c'était moi qui recevais la mission d'aller leur faire signer les actes à domicile. Prévenu la veille de la course que j'avais à faire le lendemain, je prenais mes mesures en conséquence. Si c'était au temps de la chasse, j'avais un excellent compagnon de route, mon fusil : si la chasse était fermée, j'allais, dès le soir, tendre toutes les marettes qui gisaient sur ma route.

Dans le premier cas, il était bien rare que je ne rapportasse pas un lièvre ou une couple de lapins; dans le second, une demi-douzaine de grives, de merles ou de geais, et une vingtaine de rouges-gorges et autres petits oiseaux.

Un jour, mon patron m'avertit que j'irais le lendemain à

Crépy demander communication d'un acte à son confrère, maître Leroux.

Cette fois, comme le ruisseau était un peu large à sauter, — il y a trois lieues et demie de Villers-Cotterets à Crépy, — je fus prévenu qu'un boulanger, client de M. Mennesson, que le renseignement que j'allais chercher intéressait, mettait son cheval à ma disposition.

C'était toujours une fête pour moi que de monter à cheval, même sur un cheval de boulanger.

Je partis le matin, avec injonction de revenir le soir même, à quelque prix que ce fût.

Outre le plaisir de la locomotion, j'étais encore attiré à Crépy par un autre attrait : j'allais revoir cette bonne famille chez laquelle nous avions reçu l'hospitalité du temps de l'invasion, et mes amis de Longpré.

J'ai raconté l'histoire de madame de Longpré, cette veuve d'un valet de chambre du roi Louis XV, laquelle vendait un à un les magnifiques plats de porcelaine qu'elle avait hérités de son mari, et dont le fils aîné, maréchal de logis des chasseurs, si brave en toute autre circonstance, tremblait et se cachait sous le lit quand il faisait de l'orage.

Je partis en me promettant de revenir le plus tard possible.

Je me tins religieusement parole. Je fis d'abord ma commission près de maître Leroux; puis, ma commission faite, je commençai mes visites.

A sept heures du soir, je remontai à cheval et me remis en chemin.

C'était au mois de septembre. Les jours diminuaient sensiblement; et comme, ce soir-là, le temps était sombre, presque pluvieux, il faisait déjà nuit depuis longtemps lorsque, en sortant de Crépy, je donnai le premier coup d'éperon à mon cheval.

Le chemin de Villers-Cotterets à Crépy, ou plutôt de Crépy à Villers-Cotterets, — car c'est ainsi que nous allons le décrire topographiquement, — est une espèce de grande route, à peu près abandonnée comme communication commerciale; à moitié chemin de Crépy à Villers-Cotterets, elle rejoint, en dessinant par cette adjonction un Y gigantesque, la grande route de Villers-Cotterets à Paris.

A un quart de lieue de Crépy, une portion de forêt, désignée sous le nom de *bois du Tillet*, s'étend jusqu'à la route, mais sans la traverser.

Une lieue et demie plus loin, la route, qui jusque-là a couru sur une surface plane, descend dans une espèce de ravin, au fond duquel coule une source, et est côtoyée, à sa gauche, par des carrières dont l'exploitation est abandonnée depuis longtemps.

La source a donné son nom à la localité, qui s'appelle la fontaine *Eau-Claire*.

Les carrières, dont plusieurs s'ouvrent sombres et profondes sur la route, donnent à cet endroit un caractère de solitude menaçante, qui inspire un certain effroi aux gens du pays.

Il y a, dans ce ravin, des traditions de vols à main armée et d'assassinats, qui remontent à des époques inconnues, c'est vrai, mais qui sont constatées, comme celles de la forêt de Bondy, par des dictons populaires.

Nous nous contenterons de citer celui-ci, qui rime mal, mais que nous donnons simplement comme une recommandation locale, et non comme un exemple de poésie :

> A la fontaine Eau-Claire,
> Bois quand le jour est dans son clair.

Puis, une demi-lieue au delà de la fontaine Eau-Claire, se présente, coupant transversalement la route, la charmante vallée de Vauciennes, qui conduit du moulin de Walue à Coyolle, au fond de laquelle serpente un ruisseau d'argent liquide, et dort ce fameux marais où Moinat faisait, avec M. Deviolaine, ses preuves d'adresse sur les bécassines.

Là, le chemin descend par une pente rapide, et remonte par une pente plus rapide encore. Ces deux montagnes sont, pendant les jours de verglas, la terreur des voituriers, qui descendent l'une trop rapidement, et qui ne savent plus comment remonter l'autre.

Des attelages de bœufs stationnent au village, et font l'office de cabestans.

Le sommet de la seconde montagne, sommet du haut duquel on aperçoit Villers-Cotterets, distant d'une lieue à peine, est couronné par un moulin à vent, appartenant à M. Picot, auquel, du reste, appartient une partie de la plaine de Noue, de Coyolle et de Largny.

Ce moulin à vent va jouer un grand rôle dans ce qui me reste à dire, — car on comprend bien que ce n'est pas à titre de simple description que je viens de relever la route, peu intéressante pour mes lecteurs, de Villers-Cotterets à Crépy. Ce moulin à vent, allais-je dire, est parfaitement isolé de toute habitation, et s'élève au-dessus du fond de Vouffly, à peu près à trois kilomètres de Largny, et à une lieue de Villers-Cotterets.

Voilà donc la route que je suivais, au plus grand trot de mon cheval de boulanger, sous le pas duquel le pavé de Sa Majesté Louis XVIII résonnait lourdement.

Vers huit heures, à peu près, j'étais aux environs de la fontaine Eau-Claire.

J'ai déjà dit que le temps était sombre; la lune, à son premier quartier, était voilée par de longs nuages courant rapidement au ciel, et dont les extrémités se frangeaient d'une espèce d'écume grise.

Je rapportais de l'argent. J'étais sans arme. J'avais quinze ans à peine; les traditions de la fontaine Eau-Claire étaient vivantes dans mon esprit; — toutes circonstances qui me faisaient légèrement battre le cœur.

A la moitié de la descente, je mis mon cheval au trot, et, grâce à une branche de chêne que j'avais cueillie au bois du Tillet, je parvins à le faire passer au galop.

Je franchis l'endroit dangereux, le *malo sitio*, comme on dit en Espagne, sans accident, et, quoique l'ayant franchi, je décidai que le galop serait désormais l'allure que j'imprimerais à mon cheval.

Cependant, force me fut de modérer cette allure à la descente et à la montée de Vauciennes; mais à peine fus-je parvenu au sommet de la montagne, qu'à l'aide d'un coup d'éperon et de deux coups de baguette vigoureusement sanglés, ma monture reprit le galop.

Tout semblait sommeiller autour de moi. Le paysage, noyé dans l'obscurité, n'était vivifié ni par une lumière brillant à l'horizon, comme une étoile tombée sur la terre, ni par un aboi de chien, qui indique, dans le lointain invisible, la ferme qu'on sait y être, et que l'on cherche vainement des yeux.

Le moulin à vent était endormi comme le reste de la nature; ses ailes, roides et immobiles, ressemblaient aux bras d'un squelette levés vers le ciel dans l'attitude du désespoir.

Seuls, les arbres de la route semblaient animés; ils se tordaient et criaient sous le vent, lequel en arrachait violemment les feuilles, qui s'envolaient dans la plaine comme des bandes de sombres oiseaux.

Tout à coup, mon cheval, qui suivait le milieu de la route au grand galop, fit un écart si violent, si inattendu, qu'il m'envoya rouler à quinze pas sur le revers du chemin.

Après quoi, au lieu de m'attendre, il continua sa route en redoublant de vitesse, et en soufflant bruyamment avec ses naseaux.

Je me relevai, tout étourdi de ma chute, qui eût pu être mortelle si, au lieu de tomber sur la terre détrempée des bas côtés, j'étais tombé sur le pavé.

J'eus d'abord l'idée de courir après mon cheval; mais il était déjà si loin, que je jugeai que ce serait peine perdue. Puis j'avais la curiosité de savoir quel objet l'avait pu si fort épouvanter.

Je me secouai, et, tout chancelant, regagnai le pavé.

A peine avais-je fait quatre pas, que j'aperçus un homme couché en travers de la route. Je crus que c'était quelque paysan ivre; et, tout en me félicitant de ce que mon cheval ne lui avait point marché sur le corps, je me baissai pour l'aider à se relever.

Je touchai sa main : sa main était roide et glacée.

Je me redressai, regardant autour de moi, et il me sembla qu'à dix pas, dans le fossé, je voyais ramper une forme humaine.

L'idée me vint alors que cet homme immobile était assassiné, et que cette forme humaine qui se mouvait, pourrait bien être celle de son assassin.

Je n'en demandai pas davantage. Je sautai par-dessus le cadavre, et, comme venait de faire mon cheval, je pris le chemin de Villers-Cotterets, à grande vitesse.

Sans m'arrêter, sans me retourner, sans respirer, je fis, en dix minutes peut-être, la lieue qu'il me restait à faire, et, haletant, couvert de sueur et de boue, j'arrivai chez ma mère, au moment où le boulanger lui racontait que son cheval venait de rentrer à l'écurie sans moi.

Ma mère était déjà fort effrayée; mais elle le fut bien davantage quand elle me vit.

Je la pris à part, et lui racontai tout.

Ma mère me recommanda de ne pas dire un seul mot de ce que j'avais vu.

Si c'est réellement un homme assassiné, pensait-elle, il y aura une enquête, une instruction à Soissons, des assises à Laon; je serais mêlé à tout cela, forcé, comme témoin, de comparaître à l'instruction et aux assises... Ce seraient des frais et des ennuis inutiles.

Ma mère, sous prétexte que j'étais trop fatigué, se chargea d'aller porter à M. Mennesson la réponse de maître Leroux, tandis que je changeais de linge et d'habits. Le linge était tout trempé de sueur, les habits tout trempés de boue.

La visite de ma mère à M. Mennesson ne fut pas longue. Elle avait hâte de revenir auprès de moi, et de me demander de nouveaux détails.

Le retour du cheval sans cavalier avait été mis sur le compte d'une simple chute. Comme la chose n'avait rien d'extraordinaire, le boulanger ne conçut aucun soupçon.

Nous passâmes une partie de la nuit, ma mère et moi, sans fermer l'œil. Nous couchions non-seulement dans la même chambre, mais encore dans la même alcôve. Elle ne tarissait pas en questions, et, moi, je ne me lassais pas, tant l'impression était profonde, de lui répéter dix fois le même détail.

Vers une heure de la nuit, nous nous endormîmes ; ce qui ne nous empêcha point d'être levés à sept heures du matin.

Toute la ville était en émoi.

Un voiturier de Villers-Cotterets, que j'avais dépassé à moitié de la montagne de Vauciennes, avait rencontré le cadavre, l'avait chargé dans sa charrette, l'avait ramené à la ville, et avait fait sa déclaration.

XLVII

Ce que c'était que l'homme assassiné, et ce que c'était que l'assassin.— Auguste Picot.—L'égalité devant la loi.—Derniers exploits de Marot. — Son exécution.

Le cadavre avait été conduit à l'hôpital, où il était exposé, — le juge de paix, le maire, ni le brigadier de gendarmerie, ne l'ayant reconnu.

Je voulus tout naturellement aller voir au jour ce qui m'avait fait si grand'peur la nuit. Ma mère me fit promettre de ne rien dire, sachant que, lorsque j'avais promis, je tenais parole.

Le cadavre était abrité sous un hangar, et couché sur une table.

C'était celui d'un jeune homme de quinze à seize ans. Il était vêtu d'un mauvais pantalon de toile bleue, d'une grosse chemise déchirée au ventre et ouverte sur la poitrine.

La blessure qui paraissait lui avoir donné la mort était une plaie transversale, ouvrant le crâne au-dessus du cervelet, et qui devait avoir été faite avec un instrument contondant.

Il avait les pieds et les mains nus. Ses pieds semblaient ceux d'un homme habitué à la marche ; ses mains, celles d'un homme habitué au travail.

Au reste, comme je l'ai dit, il était tout à fait inconnu dans le pays.

Deux jours s'écoulèrent, pendant lesquels chacun divagua

à loisir sur cet événement; puis, tout à coup, le bruit se répandit que l'assassin venait d'être arrêté.

C'était un berger, au service de M. Picot.

En effet, du bout de la rue de Largny, vers laquelle tout le monde se précipitait, on vit arriver un homme en blouse, les poucettes aux mains, et marchant entre deux gendarmes à cheval et tenant leur sabre nu.

Le type était celui d'un paysan picard de la plus basse classe, vulgaire et rusé.

On le conduisit à la prison, dont la porte se referma sur lui.

Mais, toute refermée qu'elle était, la porte n'en continua pas moins d'être assiégée par la foule. C'était un trop grave événement que celui qui venait d'arriver pour que toute la ville ne demeurât point sur pied.

Le juge de paix commença l'instruction; dans son premier interrogatoire, l'accusé nia tout.

Cependant des preuves terribles s'élevaient contre lui. Les bergers, on le sait, couchent dans une cabane en bois, près du parc de leurs moutons.

La cabane de l'accusé, pendant le jour où avait eu lieu l'assassinat, et pendant la nuit qui avait suivi celle où le cadavre avait été retrouvé; cette cabane était restée stationnaire à deux cents pas tout au plus de la grande route.

Puis, sur la paille qui, recouverte d'un mauvais matelas, en faisait le fond, on avait reconnu des traces de sang.

En outre, le maillet avec lequel l'accusé enfonçait les piquets de son parc était imprégné de sang à un de ses angles.

Le maillet paraissait être l'instrument à l'aide duquel la plaie mortelle avait été faite.

Malgré toutes ces preuves, comme nous l'avons dit, Narot — c'était le nom de l'accusé — avait nié formellement.

Le juge de paix et le greffier sortirent donc sans avoir rien pu obtenir de lui.

Mais, vers onze heures du soir, il se ravisa, appela le geôlier, nommé Sylvestre, qui, en même temps, était suisse à l'église, et le pria d'aller chercher le juge de paix, en le prévenant qu'il avait des aveux à faire.

Le juge de paix avait averti son greffier, et tous deux s'étaient rendus au cachot de l'accusé.

Cette fois, il ne refusait plus de parler ; il avait, au contraire, toute une histoire à raconter : cette histoire était une accution de meurtre contre son maître, Auguste Picot.

Voici l'échafaudage, assez habile, bâti par cet homme dans la solitude de son cachot, et à l'aide duquel il espérait entraîner dans sa complicité un homme assez fort pour se tirer d'affaire avec lui. C'est Marot qui raconte.

Le jour de l'assassinat, un jeune homme qui suivait la grande route, cherchant de l'ouvrage, aperçut dans la plaine Marot, occupé à changer son parc de place.

Le jeune homme avait quitté la grande route, et était venu droit au berger, au moment où celui-ci enfonçait son dernier piquet.

Alors, il lui avait exposé sa misère ; il lui avait dit que, n'ayant pas de quoi acheter du pain, il avait traversé la ville sans manger, trop fier qu'il était pour demander l'aumône ; mais que, l'ayant aperçu, lui, homme du peuple, il n'avait pas craint de venir à lui, pour lui tendre la main comme à un frère et lui demander la moitié de son pain.

Marot avait, en effet, tiré de sa cabane un de ces petits pains ronds et épais, comme les fermiers en distribuent le matin à leurs journaliers, et avait partagé le pain avec le voyageur, qui s'était assis près de lui.

Tous deux, adossés à la cabane, avaient commencé à déjeuner. Tout à coup, — c'est toujours Marot qui parle, — Auguste Picot était arrivé au grand galop de son cheval, et, s'avançant avec brutalité vers son berger :

— Misérable ! lui avait-il dit, crois-tu que je te donne mon pain pour le faire manger à des vagabonds et à des mendiants?

L'étranger avait voulu répondre, excuser le berger ; mais Picot — toujours suivant l'accusateur — avait poussé son cheval sur lui avec tant de brutalité, que le jeune homme, pour ne pas être foulé aux pieds, avait été forcé de lever son bâton.

A ce geste de défense personnelle, le cheval de Picot, ayant fait un tête à la queue, avait rué des deux pieds de derrière, et, de l'un de ses deux pieds, avait atteint le jeune homme dans la poitrine.

Le jeune homme était tombé sans connaissance.

Alors, meurtrier involontaire, Picot s'était décidé à devenir assassin : d'un accident qu'il voulait cacher, il avait fait un crime.

Regardant autour de lui, il avait vu à terre le maillet avec lequel Marot venait d'enfoncer les piquets de son parc, et, d'un coup violemment asséné derrière la tête, avait achevé le malheureux voyageur, qui n'était qu'évanoui.

La mort avait été presque instantanée.

Puis, — remarquez bien que ce n'est pas moi qui parle, mais que c'est l'accusateur, — Picot avait fait toute sorte de promesses au berger pour que celui-ci l'aidât à cacher son crime.

Le berger avait eu la faiblesse de se laisser toucher par les supplications de son maître : il avait consenti à recéler le cadavre dans sa cabane.

De là les vestiges sanglants qui avaient taché la paille et le matelas.

Le soir arrivé, Picot devait revenir à la cabane ; alors on prendrait le cadavre, et, profitant de l'obscurité, on le transporterait dans le moulin à vent dont Picot avait la clef.

Les deux complices entrés, la porte se serait refermée sur eux et sur le cadavre ; on aurait creusé une fosse, et l'on y aurait enterré le malheureux voyageur.

Mais, comme ils traversaient la route, le bruit d'un cheval, arrivant au galop, les avait effrayés ; ils avaient laissé glisser le cadavre de leurs mains, et avaient tiré chacun de son côté.

Dix minutes après, ils étaient revenus ; mais alors c'étaient le voiturier et sa voiture qui avaient apparu au haut de la montagne de Vauciennes, et les avaient forcés d'abandonner de nouveau leur sombre besogne.

Cette fois, le voiturier avait relevé le cadavre et l'avait rapporté, comme on a vu, à Villers-Cotterets. Toute espérance de cacher le crime leur avait donc échappé, et ils n'avaient plus dû se préoccuper que d'une chose : c'était de se sauvegarder eux-mêmes.

Marot avait été pris, avait essayé de nier d'abord; mais ensuite il avait réfléchi, et il aimait mieux avouer le rôle passif qu'il avait joué dans toute cette affaire, que de risquer sa vie dans une dénégation complète.

Nous venons de le voir, la fable était assez habilement conçue, non pas pour amener la conviction chez le juge, mais au moins pour le mettre dans la nécessité d'arrêter Picot.

Aussi, le matin venu, apprit-on tout à la fois la dénonciation du berger et l'arrestation de son maître.

La nouvelle fit grand bruit. Picot n'était pas aimé; il était riche, beau garçon, vigoureux de corps, hautain de parole; qualités et défaut qui, dans une petite ville, constituent fatalement l'impopularité.

Picot, en réalité, n'avait jamais fait de mal à personne. Eh bien, à la première nouvelle du malheur qui lui arrivait, il eut la moitié de la ville contre lui.

C'était, en vérité, une famille malheureuse que cette famille Picot, et Dieu lui faisait payer bien cher la richesse qu'il lui donnait.

Quatre ans auparavant, Stanislas Picot, on se le rappelle, s'était tué à la chasse. Deux ans auparavant, la ferme avait brûlé, et voilà qu'aujourd'hui le fils aîné était accusé d'assassinat.

L'enquête se poursuivit activement; il fut décidé qu'on ferait, le lendemain, une visite sur les lieux : le procureur du roi était arrivé de Soissons.

Je me rappellerai toujours l'effet terrible que me produisit la vue de ce cortége traversant la grande place. En tête marchaient les autorités de la ville et le procureur du roi; puis Picot, entre deux rangs de gendarmes, placés les uns devant, les autres derrière lui; puis le berger, entre deux autres rangs de gendarmes, disposés de la même façon; puis toute la ville : les uns sur les portes et aux fenêtres, les autres suivant le cortége.

Tout cela marchait d'un pas rapide, car il pleuvait. On parle de l'égalité devant la loi ; et les juges avaient cru faire de l'égalité en plaçant ces deux hommes à pied, l'un comme l'autre, entre un nombre égal de gendarmes.

Seulement, ils avaient oublié la différence des impressions qui, dans deux organisations différentes, placées relativement l'une au bas, l'autre au haut de l'échelle sociale, assaillaient ces deux cœurs.

Certes, toutes les tortures de la situation étaient pour l'homme élevé.

Pour l'autre, il y avait presque triomphe ; il avait, d'un mot, attiré au même niveau que lui un homme placé si fort au-dessus de lui, que, huit jours auparavant, il en recevait son pain, son salaire, et ne lui parlait que le chapeau à la main.

Aussi, sur le visage ignoble de cet homme, rayonnait la basse satisfaction de la vengeance.

En outre, il avait les sympathies des hommes de sa classe, qui le regardaient comme une victime, et même de quelques organisations envieuses placées dans des classes plus élevées.

Quant à Picot, son visage était calme ; mais on sentait bouillonner dans cette large poitrine la colère, la honte et l'orgueil révoltés.

Non ! la justice ne traitait pas ces deux hommes d'une manière égale, par cela même qu'elle les traitait en égaux.

Le lendemain, ce fut une autre cérémonie non moins sombre : on procéda à l'exhumation.

Toute la discussion porta sur la poitrine meurtrie du jeune homme. Le berger prétendait qu'elle avait été meurtrie par le coup de pied du cheval. Picot répondait que, si elle eût été meurtrie par un coup de pied de cheval, par un seul surtout, assez violent pour amener l'évanouissement, les contours du fer seraient tracés sur cette poitrine, meurtrie, c'est vrai, — mais bien plus probablement par les sabots du berger, que par le fer de son cheval.

Les deux accusés furent envoyés dans les prisons de Soissons.

Au bout d'un mois, une ordonnance de non-lieu fut rendue en faveur de Picot.

Il revint dans sa famille. Mais le coup avait été si violent, qu'il avait brisé l'avenir de cet homme. De hautain qu'il avait été, il devint misanthrope; il se renferma dans sa propriété de Noue, évita toutes les réunions des jeunes gens de son âge, et finit par épouser la fille d'un gendarme, qui depuis longtemps était sa maîtresse.

Sans doute, — car il y a une récompense au bout de tout malheur non mérité, — sans doute, c'est une voie douloureuse par laquelle la Providence l'a conduit à la simplicité et au bonheur.

Il a d'abord eu une grande joie, la joie réelle de ce monde : son père et sa pauvre mère, qu'il aimait tant, sont morts près de lui dans la plus extrême vieillesse.

Le berger fut condamné à douze ou quinze ans de prison, je crois, *pour avoir volé des habits trouvés sur un homme mort.*

Étrange jugement, qui constatait un crime, mais sans désigner de criminel !

Maintenant, voici de nouveaux détails que j'ai recueillis depuis le procès :

Le jeune homme que j'avais trouvé assassiné, le 13 septembre 1816, se nommait Félix-Adolphe-Joseph Billaudet; il était fils de François-Xavier-Léger Billaudet, huissier audiencier près le tribunal de première instance de l'arrondissement de Strasbourg; il était né à Strasbourg le 1er avril 1801, et avait, par conséquent, à l'époque de sa mort, quinze ans, six mois et douze jours.

Il était domestique chez M. Maréchal, inspecteur forestier à Vervins, et porteur, lors de l'assassinat, d'un passe-port pour Paris délivré à Vervins le 8 septembre 1816.

Probablement, à cette heure, le père et la mère de ce pauvre enfant sont morts, et je suis peut-être le seul au monde qui, dans ce retour vers ma jeunesse, pense encore à lui.

Quant à Marot, en sortant de prison, il revint dans le pays, et se fixa d'abord dans le village de Vivières, où il exerça la profession de boucher.

Puis, de là, les affaires allant mal, à ce qu'il paraît, il alla s'établir à Chelles, petit village situé à deux ou trois lieues de Villers-Cotterets.

Quelque temps après ce déménagement, sa femme mourut d'une façon étrange et fatale. En tirant de l'eau dans un puits, elle pesa sur le boulon de la poulie, qui cassa; elle fut précipitée de trente pieds, et mourut noyée.

Cette mort fut regardée comme un accident.

Un peu plus tard, on trouva enterré, à un ou deux pieds de profondeur seulement, entre Vivières et Chelles, le cadavre d'un jeune charretier, qui paraissait avoir été assassiné d'un coup de pistolet tiré à bout portant dans le dos.

Malgré toutes les recherches qui furent faites, on ne put découvrir l'assassin ou les assassins.

Enfin, plus tard encore, Marot alla lui-même faire chez le juge de paix la déclaration d'un nouvel événement qui venait de se passer. Un jeune peintre-vitrier, qui était venu lui demander l'hospitalité, faute d'argent pour aller à l'auberge, et à qui il l'avait généreusement accordée, était mort, pendant la nuit, dans le grenier où il lui avait étendu une botte de paille, d'une colique de *miserere*.

On enterra le jeune peintre.

Peu de jours après, des poules qu'avait Marot furent trouvées mortes dans les cours et dans les jardins voisins.

Elles paraissaient empoisonnées.

On rapprocha les faits, et l'on commença de prendre des soupçons.

Marot fut arrêté. Son propre enfant déposa contre lui, et le fit condamner.

Le jeune peintre avait été empoisonné dans sa soupe. Le poison à l'aide duquel le crime avait été exécuté était de l'arsenic, versé par Marot dans son assiette.

Le jeune homme se plaignait que la soupe avait un singulier goût; le fils de Marot en prit une cueillerée dans son assiette et la goûta : il fut de l'avis du peintre.

— La soupe, répondit Marot, a un drôle de goût parce qu'elle est faite avec une tête de cochon. Quant à toi, gourmand, ajouta-t-il en s'adressant particulièrement à son fils, mange ta soupe, et laisse ce garçon manger la sienne : chacun sa part.

Cependant, le goût de cette soupe était tellement âcre, que le jeune peintre en avait laissé la moitié. On avait jeté le reste sur le fumier; les poules l'avaient mangé, et, poursuivies par la douleur, s'étaient éparpillées à droite et à gauche, dénonçant de leur côté l'empoisonnement par leur mort.

Cette fois, les charges qui s'élevaient contre Marot furent si fortes, qu'il ne put nier.

Alors, voyant qu'il n'y avait plus de salut à espérer pour son dernier crime, il avoua tous les autres.

Il avoua que c'était lui qui avait tué Billaudet, pour lui prendre six à huit francs qu'il avait sur lui.

Il avoua qu'il avait limé le boulon de la poulie, pour que sa femme, qui venait de lui faire une donation, fût précipitée dans le puits, et se tuât en tombant ou s'y noyât.

Il avoua que c'était lui qui avait tué d'un coup de pistolet à bout portant, et pour lui voler trente francs qu'il venait de recevoir, le jeune charretier dont le cadavre avait été retrouvé entre Chelles et Vivières.

Il avoua, enfin, que c'était lui qui, pour lui voler douze francs, avait empoisonné le jeune peintre-vitrier, en jetant de l'arsenic dans son assiette.

Marot fut condamné à mort, et exécuté à Beauvais en 1828 ou 1829.

XLVIII

Le printemps à Villers-Cotterets. — La fête de la Pentecôte. — L'abbé Grégoire m'invite à faire danser sa nièce. — Les livres rouges. — *Le Chevalier de Faublas.* — Laurence et Vittoria. — Un muscadin de 1818.

« O jeunesse ! printemps de la vie ! O printemps ! jeunesse de l'année ! » a dit Métastase.

On était au commencement de 1818. J'allais avoir seize ans au mois de juillet.

Le mois de mai, ce favori de l'année, riche et beau partout, est plus riche et plus beau à Villers-Cotterets que partout ailleurs.

Il est difficile de se faire une idée de ce qu'était, à cette époque du siècle et de l'année, ce beau parc dont mon cœur porte encore le deuil, et qu'un ordre de Louis-Philippe a fait abattre depuis.

Le dessin en était simple et grand à la fois. Au château immense, et qui domine la pelouse, se rattachaient, comme deux ailes, deux magnifiques massifs de verdure, plus longs que larges, dont une extrémité touchait aux murs du château, et dont l'autre allait rejoindre deux allées de marronniers gigantesques, formant d'abord les deux faces latérales d'un grand carré, puis se rapprochant l'une de l'autre diagonalement pour s'arrêter avant de se rejoindre, et pour continuer à s'enfoncer à perte de vue, en laissant entre elles deux un large espace vide, jusqu'à une lieue de la montagne de Vivières, bornant l'horizon, avec ses éboulements de terre rougeâtre et ses touffes de genêts aux fleurs d'or.

L'hiver, tout cela dormait; tout cela était triste, solitaire, muet; les oiseaux semblaient avoir émigré vers des contrées moins désolées. Des nuées de corbeaux, adoptant certains arbres plus élevés que les autres, demeuraient seuls propriétaires obstinés de ce magnifique domaine; on eût dit ces invasions de barbares sous lesquels on voit se ruiner les terres et se dessécher les forêts.

Cela durait quatre mois de l'année.

Mais, dès le commencement d'avril, l'herbe perçait la terre, bravant le givre, qui, chaque matin, en faisait un tapis d'argent; mais, dès le commencement d'avril, ces arbres, si nus, si désolés, si morts, commençaient à revêtir le velours cotonneux de leurs bourgeons. Les oiseaux endormis... — où dorment les oiseaux? on n'en sait rien; — les oiseaux endormis se réveillaient, voltigeant dans les branches, où bientôt ils devaient construire leurs nids. Puis, à partir de ce moment, chaque jour du mois, chaque heure du jour apportait son changement à ce grand réveil de la nature. Des marronniers, des tilleuls et des hêtres, partaient les premières avant-gardes du printemps. Les pâquerettes étoilaient la pelouse ; les boutons d'or s'enrichissaient ; dans l'herbe, déjà haute, on entendait chanter les grillons. Les papillons, ces fleurs volantes qui éclosent dans les airs venaient caresser les fleurs de la terre. Les beaux enfants sortaient de la ville avec des robes blanches et des rubans roses, et venaient se rouler sur l'herbe. Tout se peuplait, tout s'animait, tout vivait. Le printemps était arrivé sur les premières brises de mai, et, dans la vapeur du matin, on croyait le sentir passer, secouant ses cheveux, et ranimant le monde au souffle de son haleine parfumée.

Aussi était-ce cette époque de joyeuse renaissance que la ville avait choisie pour sa fête ; fête charmante, toujours somptueuse, car c'était la nature qui se chargeait d'en faire les frais.

Cette fête, je crois l'avoir dit déjà, tombait à la Pentecôte, et durait trois jours.

Pendant trois jours, le parc s'emplissait de bruits charmants et de rumeurs joyeuses, qui s'éveillaient dès le matin, et ne s'éteignaient que bien avant dans la nuit. Pendant trois jours, les pauvres oubliaient leur misère, et, ce qui est bien plus extraordinaire, les riches oubliaient leurs richesses. Le parc réunissait toute la ville, confondue en une grande famille ; puis cette famille, appelant à elle tous ses rameaux, parents, amis, connaissances, la population se quadruplait. On venait de la Ferté-Milon, de Crépy, de Soissons, de Château-Thierry, de Compiègne, de Paris ! Quinze jours d'avance, toutes les places étaient retenues aux diligences. Alors, il fallait inventer d'autres moyens de transport ; on voyait arriver chevaux, carrioles, tilburys, voitures de poste ; tout cela s'encombrait dans les deux seuls hôtels du pays, au *Dauphin* et à la *Boule d'or*. Pendant trois jours, la petite ville ressemblait à un corps trop plein de sang, dont le cœur battrait dix fois pour une. Mais, dès le mercredi, la ville commençait à rejeter ce trop-plein, qui s'écoulait peu à peu les jours suivants. Tout reprenait successivement son aspect ordinaire. Les grands bois, troublés pendant trois jours dans leurs ombres les plus épaisses, retrouvaient leur solitude, leur silence. Les marronniers redevenaient le domaine des oiseaux, qui, tout en voletant dans leurs branches, en faisaient tomber une neige de fleurs. Enfin, la pelouse, foulée aux pieds et dépouillée de ses fleurs, se redressait peu à peu, attirée par le soleil, et venait offrir d'elle-même à la main dévastatrice des enfants une seconde moisson de pâquerettes et de boutons d'or.

Cette année-là, à cette belle fête de la Pentecôte, étaient venues deux étrangères.

L'une était la nièce de l'abbé Grégoire, et se nommait Laurence. Son nom de famille, je l'ai oublié.

L'autre était une amie à elle. Elle se prétendait Espagnole, et se nommait Vittoria.

Cette nouvelle m'avait été annoncée par l'abbé Grégoire.

Un matin, il était entré à la maison et m'avait fait frémir.

— Approche, garçon, m'avait-il dit.

Et je m'étais approché, sans trop savoir ce qu'il voulait de moi.

— Plus près, avait-il dit, plus près encore... Tu sais que je suis myope... Là, bien.

En effet, le pauvre abbé était myope comme une taupe.

— Tu sais danser, n'est-ce pas?

— Pourquoi me demandez-vous cela, monsieur l'abbé?

— Dame! tu te rappelles que, dans ta dernière confession, tu t'es accusé d'avoir été à la comédie, à l'opéra et au bal?

En effet, dans un de ces examens de conscience que l'on vend tout imprimés, pour aider les mémoires paresseuses ou récalcitrantes, j'avais vu que c'était un péché que d'aller à la comédie, à l'opéra et au bal; et, comme, lors du voyage que j'avais fait à Paris avec mon père, à l'âge de trois ans, j'avais vu jouer à l'Opéra-Comique *Paul et Virginie;* comme j'avais depuis été au spectacle, lorsque par hasard étaient passés des comédiens ambulants à Villers-Cotterets; comme, enfin, j'avais été au bal chez madame Deviolaine quand, à la fête d'une de ses filles, elle donnait un bal, je m'étais naïvement accusé d'avoir commis ces trois péchés; ce qui avait beaucoup fait rire le bon abbé Grégoire, qui venait, comme on le voit, de révéler le secret de la confession.

— Eh bien, oui, je sais danser, répondis-je. Après?...

— Fais-moi un entrechat.

L'entrechat était mon fort. On dansait encore à l'époque où j'ai appris à danser. Depuis, on s'est contenté de marcher; ce qui est bien plus commode... et bien moins difficile à apprendre.

Je battis un quatre sur place.

— Très-bien! me dit l'abbé. Alors tu feras danser ma nièce, qui vient à la Pentecôte.

— Mais... c'est que je n'aime pas la danse, répondis-je assez brutalement.

— Bah! par galanterie, tu feras semblant de l'aimer.

— Ta cousine Cécile a bien raison de dire que tu ne seras jamais qu'un ours, ajouta ma mère en haussant les épaules.

Cette accusation me fit réfléchir.

— Pardon, monsieur l'abbé, dis-je; je ferai tout ce que vous voudrez.

— A la bonne heure! dit l'abbé; et, pour te faire faire connaissance avec nos Parisiennes, dimanche, après la grand'messe, tu viendras déjeuner avec nous.

J'avais huit jours pour me préparer à mes fonctions de cavalier servant.

Pendant ces huit jours, il arriva un grand événement.

Au moment de son départ, mon beau-frère avait laissé à Villers-Cotterets une partie de sa bibliothèque.

Parmi ces livres, il y avait un ouvrage couvert d'un papier glacé rouge, et divisé en huit ou dix volumes.

Mon beau-frère l'avait fait remarquer à ma mère.

— Vous pouvez lui laisser tout lire, avait-il dit, excepté ce livre-là.

J'avais jeté un coup d'œil de côté sur le livre, me promettant bien, au contraire, que ce serait celui-là que je lirais.

Mon beau-frère parti, j'avais laissé passer quelques jours puis je m'étais mis à la recherche de ces fameux livres rouges qu'il m'était défendu de lire.

Mais j'avais eu beau retourner la bibliothèque de fond en comble, il m'avait été impossible de mettre la main dessus.

J'y avais renoncé.

Tout à coup, cette idée que j'allais être le cavalier d'une jeune demoiselle de vingt-deux à vingt-quatre ans m'avait fait jeter les yeux sur ma garde-robe.

Presque toutes mes vestes avaient des pièces au coude; presque tous mes pantalons avaient des reprises aux genoux.

Le seul costume présentable que j'eusse était mon costume de première communion : culotte de nankin, gilet de piqué blanc, habit bleu barbeau à boutons d'or.

Heureusement, tout avait été tenu de deux pouces trop long, de sorte que tout n'était encore que d'un pouce trop court.

Il y avait dans le grenier un grand bahut; dans ce bahut étaient des redingotes et des pantalons de mon père, des redingotes, des vestes et des culottes de mon grand-père : le tout en fort bon état.

Ces vêtements, destinés par ma mère à entretenir ma toilette au fur et à mesure que je grandirais, étaient garantis des vers par des bottes de vétyver et des sachets de camphre.

Jamais je ne m'étais inquiété de ma toilette, et jamais, par conséquent, il ne m'avait pris l'idée de visiter cette armoire.

Mais, promu par l'abbé Grégoire, qui avait vu en moi un danseur sans conséquence, au grade de sigisbé de sa nièce, une nouvelle préoccupation entra dans mon esprit.

Je me sentis atteint d'un grain de coquetterie.

Sans rien dire à ma mère, car j'avais mes projets, je montai au grenier; je m'enfermai pour ne pas être dérangé dans ma perquisition, et j'ouvris l'armoire.

Il y avait de quoi satisfaire le fashionable le plus exigeant : depuis la veste de satin broché jusqu'au gilet rouge, brodé d'or; depuis la culotte de reps jusqu'au pantalon de peau.

Mais, surtout, ce qu'il y avait sous tous ces habits, ce qu'il y avait au fond de cette mystérieuse armoire, c'étaient ces fameux volumes couverts de papier rouge, et qu'il m'était si expressément défendu de lire.

J'ouvris vivement le premier qui me tomba sous la main, et je lus : *Aventures du chevalier de Faublas.*

Le titre ne disait pas grand'chose, mais les gravures m'en apprirent un peu plus.

Une vingtaine de lignes que je dévorai m'en apprirent un peu plus que les gravures.

Je réunis les quatre premiers volumes, que je cachai, précieusement espacés sur ma poitrine. Je boutonnai ma veste par-dessus ; je descendis sur la pointe du pied ; je passai par l'allée de M. Lafarge, au lieu de passer par la boutique, de manière que je gagnai le parc, tout courant. Je m'enfonçai dans son coin le plus sombre et le plus retiré ; et, là, bien sûr de n'être point dérangé, je commençai ma lecture.

Le hasard m'avait quelquefois mis sous la main des livres obscènes.

Un marchand ambulant, qui ostensiblement vendait des gravures, et, sous le manteau, des livres défendus, passait deux ou trois fois par an à Villers-Cotterets, marchant péniblement sur deux jambes de bois, et se donnant pour un vieux militaire.

L'argent que j'avais tiré à grand'peine de ma pauvre mère, avait passé plus d'une fois à ces achats clandestins. Mais un sentiment de délicatesse qui était en moi, et qui fait que, des six cents volumes que j'ai écrits, il n'y en a pas quatre que la main de la mère la plus scrupuleuse doive cacher à sa fille, ce sentiment, que je remercie Dieu de m'avoir donné, m'avait toujours fait jeter loin de moi ces livres à la dixième page et à la seconde gravure.

Il n'en fut pas de même de *Faublas*. — *Faublas* est sans contredit un mauvais livre au point de vue de la moralité, un charmant roman au point de vue du caprice ; roman plein d'invention, offrant des types variés, un peu exagérés sans doute, mais qui avaient leurs modèles dans la société de Louis XV.

Aussi éprouvai-je autant d'attrait à lire *Faublas* que j'avais éprouvé de répugnance à lire *Thérèse philosophe*, *Félicia ou Mes Fredaines*, ces sales élucubrations, qui souillèrent obstinément la presse pendant toute la dernière partie du xviiie siècle.

A compter de ce moment, je découvris en moi une vocation que je ne m'étais jamais reconnue, ni même soupçonnée jusque-là : celle de devenir un second Faublas.

Il est vrai que je l'abandonnai vite, et que, sur la liste des nombreux défauts qu'on m'a reprochés, on n'a jamais inscrit la fatuité.

J'avais donc une magnifique théorie de la séduction toute faite, quand arriva le dimanche de la Pentecôte, et quand je fus présenté, avec mon habit bleu barbeau et mes culottes de nankin, aux deux charmantes Parisiennes.

L'une, mademoiselle Laurence, grande, mince, à la taille flexible, au caractère moitié railleur, moitié indolent, blonde de cheveux, fraîche de peau, mise avec cette grâce élégante des Parisiennes, était, comme je l'ai dit, la nièce du bon abbé.

L'autre, mademoiselle Vittoria, pâle, grasse, légèrement touchée de petite vérole, hardie de poitrine, cambrée de hanches, ardente de regard, représentait assez exactement, par la matité de son teint, le velouté de ses yeux, la souplesse de sa taille, le type espagnol de Madrid.

Soit que je crusse devoir, par le choix qu'avait fait d'avance de moi M. Grégoire, me consacrer plus spécialement à sa nièce, soit que cet air de douce candeur répandu sur son visage m'eût séduit au premier abord, c'est à mademoiselle Laurence que je consacrai mes premiers soins.

C'est donc à elle que j'offris mon bras, lorsque, après le dîner, il fut question d'aller faire une promenade dans le parc.

Je ne dissimulerai pas que j'étais fort gêné, et que cette gêne devait me rendre fort ridicule et fort maladroit. Ma mise, d'ailleurs, parfaite pour un enfant faisant sa première communion en 1816, était un peu excentrique pour un jeune homme faisant ses premiers pas dans le monde en 1818. La culotte, à cette époque, n'était plus portée que par les obstinés. Or, les obstinés, portant la culotte, appartenaient presque tous au siècle précédent; il en résultait que moi, presque enfant, moi qu'on ne se fût point étonné de voir avec un col rabattu, une veste ronde et un pantalon garni, j'étais vêtu comme un vieillard, — anachronisme que faisait ressortir encore davantage la charmante coquette que je tenais au bras, laquelle savait si bien que le ridicule qui courait après son cavalier ne pouvait l'atteindre, qu'elle demeurait, au milieu des sourires que je traversais, et des regards curieux qui nous suivaient, calme comme les divinités de Virgile, qui passent au milieu des hommes, s'inquiétant peu d'être vues parce qu'elles ne daignent pas regarder. Mais il n'en était pas de même de moi : je me sentais rougir à tout moment, et, quand arrivait quelqu'un de ma connaissance, au lieu de chercher orgueilleusement son regard, je détournais sans affectation la tête.

C'est que, comme le cerf de la fable, je venais de m'apercevoir que j'avais d'assez pauvres jambes.

Parce que j'avais hérité des culottes de mon père, ma pauvre mère s'était figuré que j'avais hérité en même temps de ses mollets.

Ils ont poussé depuis, c'est vrai, mais comme affaire de luxe, quand on ne portait plus du tout de culottes courtes.

Le pis de tout cela est que les deux étrangères faisaient de moi un centre de curiosité. Mademoiselle Vittoria marchait immédiatement après nous, donnant le bras à la sœur de l'abbé, petite bossue pleine d'excellentes qualités pour son frère, mais dont la mise simple et la difformité ressortaient d'autant mieux près de la mise élégante et de la riche et plantureuse taille de l'Espagnole.

De temps en temps, les deux jeunes filles se regardaient. Un sourire que je ne voyais pas, mais que, pour ainsi dire, je sentais, s'échangeait entre elles ; et ce sourire, qui me faisait monter la honte au front, semblait dire : « Ah ! chère amie, dans quel guêpier sommes-nous tombées ! »

Un mot redoubla mon embarras, et le tourna en colère.

Un jeune Parisien, employé depuis deux ou trois ans au château, doué de toutes les qualités qui me manquaient, c'est-à-dire blond, rose, grassouillet, mis à la dernière mode, nous croisa, et, nous regardant avec un lorgnon suspendu à une petite chaîne d'acier :

— Ah! ah! dit-il, voilà Dumas qui va refaire sa première communion; seulement, il a changé de cierge.

L'épigramme vint me frapper en plein visage; je pâlis, et fus prêt à quitter le bras de ma compagne. Sans doute s'aperçut-elle de mon trouble, car, faisant comme si elle n'avait rien entendu :

— Quel est, me demanda-t-elle, ce jeune homme qui vient de passer?

— C'est, répondis-je, un certain M. Miaud, employé au dépôt de mendicité.

J'avoue que j'appuyai sur ces derniers mots avec délices; il me semblait qu'ils devaient faire modifier la bonne opinion que ma belle compagne paraissait avoir, au premier abord, conçue de ce muscadin.

— Ah! dit-elle, c'est singulier, je l'eusse pris pour un Parisien.

— Et à quoi? demandai-je.

— A sa mise.

Je suis convaincu que le trait était parti sans intention; mais, comme la flèche barbelée du Parthe, il n'en pénétra pas moins au plus profond de mon cœur.

« Sa mise! » C'était donc une chose bien importante que la mise; on pouvait donc, sur la mise d'un homme, se faire du premier coup, en bien ou en mal, une idée de son intelligence, de son esprit ou de son cœur.

C'était un éclair qui illuminait tout à coup mon ignorance: « Sa mise! »

Il était, en effet, parfaitement mis à la mode de 1818 : il portait un pantalon collant café clair, avec des bottes à cœur plissées sur le cou-de-pied, un gilet chamois à boutons d'or ciselés, et un habit brun à haut collet. Dans la poche de son gilet dormait un lorgnon d'or, soutenu par une fine chaîne d'acier, et, au gousset de son pantalon, un monde de petites breloques tremblait coquettement.

Je poussai un soupir, et je me promis, à quelque prix que ce fût, d'avoir tout cela.

XLIX

Je franchis le *Haha*. — Il survient un accroc. — Les deux paires de gants. — La contredanse. — Triomphe de Fourcade. — J'en ramasse les miettes. — La valse. — L'enfant commence à devenir homme.

Nous accomplîmes la promenade obligée de tout bourgeois de la ville, ou de tout étranger qui vient la visiter : nous suivîmes la grande et magnifique allée de marronniers, toute chargée de fleurs, jusqu'à sa limite, c'est-à-dire jusqu'à un énorme saut de loup creusé à fleur de terre, et appelé le *Haha*, sans doute de l'exclamation qu'il arrache aux promeneurs ignorants de son gisement, et qui l'aperçoivent tout à coup.

Je crus que le moment était arrivé de rattraper un peu de ma supériorité perdue.

On sait que j'étais d'une certaine adresse ou d'une certaine force à tous les exercices du corps. Je sautais surtout parfaitement.

— Vous voyez bien ce fossé-là, dis-je à ma compagne, comme une chose qui devait l'émerveiller; eh bien, je saute par-dessus.

— Vraiment? dit-elle d'un air insoucieux. Il me semble bien large.

— Il a quatorze pieds... Je vous réponds que M. Miaud n'en ferait pas autant.

— Il aurait bien raison, répondit-elle ; à quoi cela pourrait-il lui servir?

Je fus tout étourdi de la réplique. J'avais vu que, lorsque Pizarre conquit le Pérou, un de ses lieutenants, poursuivi par les naturels du pays, avait, à l'aide de sa lance appuyée au fond d'une petite rivière, franchi cette petite rivière, large de vingt-deux pieds.

J'avais trouvé cela merveilleux, et j'avais longtemps rêvé à la possibilité d'en faire autant dans un grand péril.

Or, j'étais arrivé à sauter quatorze pieds, avec mes propres forces et sans le secours d'aucune lance; cet acte d'agilité émerveillait mes camarades, dont deux ou trois seulement pouvaient lutter avec moi. Comment donc laissait-il si froide ma belle Parisienne?

Je me figurai que cette froideur venait de son incrédulité.

— Vous allez voir, lui dis-je.

Et, sans écouter ses observations, je pris mon élan, et, d'un bond qu'eût envié Auriol, je me trouvai au delà du fossé.

Mais Auriol fait ses exercices avec un pantalon large, tandis que, moi, je faisais les miens avec une culotte étroite. Lorsque je retombai, pliant sur mes genoux, un sinistre craquement se fit entendre; une impression d'air me frappa vers la partie inférieure de ma personne : je venais de crever le fond de ma culotte.

Le coup était décisif; je ne pouvais ramener ma belle Parisienne à la salle de danse, et me livrer au moindre exercice chorégraphique sous le poids d'un pareil accident; je ne pouvais lui dire ce qui venait de m'arriver et lui demander congé pour une demi-heure. Je résolus donc de prendre congé sans le demander; et, en effet, sans prononcer une seule parole, sans donner aucune explication, je partis d'une course effrénée, me dirigeant vers la maison, distante de plus d'une demi-lieue, au milieu des promeneurs étonnés, et se demandant si mon passage rapide, à travers la foule, était le résultat d'un pari ou d'un accès subit d'aliénation mentale.

J'arrivai à la maison dans l'état, à peu près, où mon père arriva au trou Jérémie, le jour où il avait fait la rencontre d'un caïman, et s'était amusé à lui jeter des pierres.

En m'apercevant, ma pauvre mère fut effrayée de l'état de surexcitation dans lequel j'étais. Haletant, sans voix, près d'étouffer, je ne pus répondre à ses questions que par ce geste peu respectueux que le Napolitain se permet à l'endroit de son Vésuve, quand il croit avoir à s'en plaindre; mais ma mère ne vit dans ce geste que ce qui y était réellement, c'est-à-dire un appel à son obligeance pour réparer l'accident qui venait d'arriver.

Cinq minutes après, grâce à l'agilité d'une aiguille exercée à de semblables réparations, la solution de continuité avait disparu.

J'avalai un grand verre d'un cidre que nous faisions nous-mêmes avec des pommes sèches, et je repris ma course vers le Parterre aussi vivement que j'en étais revenu.

Cependant, quelque vitesse que j'eusse mise dans ma course, je ne pus arriver à la salle de danse que dix minutes après mes deux Parisiennes; elles venaient de se mettre en place. — Mademoiselle Vittoria dansait avec Niguet; mademoiselle Laurence dansait avec Miaud.

En prenant pour théâtre les mêmes localités, j'ai raconté les douleurs imaginaires d'Ange Pitou; je n'ai eu qu'à les calquer sur des douleurs réelles.

Pendant toute cette contredanse, mes yeux ne quittèrent pas la belle Laure; — on l'appelait ainsi, dans l'intimité de la famille, par abréviation; — à chaque sourire qu'elle échangeait avec son danseur, le rouge de la colère et de la honte me montait au front; il me semblait que j'étais l'objet de la conversation, et que cette conversation ne devait avoir rien de flatteur pour mon amour-propre.

La contredanse finie, Miaud reconduisit Laure à sa place. Je m'approchai aussitôt du banc sur lequel nos deux Parisiennes étaient assises, élégantes et belles parmi les plus élégantes, les plus belles et les plus aristocratiques jeunes filles des environs.

Vers le milieu de l'espace que j'avais à franchir pour arriver jusqu'à elles, je rencontrai Miaud.

— Voilà, dit-il en me croisant, et comme s'il se fût parlé à lui-même, voilà ce que c'est que de porter des culottes!

On devine que cette apostrophe fut loin de changer en tendresse le mouvement de répulsion que m'inspirait un homme dans lequel je sentais déjà un rival. Mais je compris tout le ridicule qu'il y aurait à moi de chercher querelle à Miaud pour une pareille cause, et je continuai mon chemin.

Arrivé derrière ma Parisienne :

— C'est moi, mademoiselle Laure, dis-je.

— Ah! tant mieux! répondit-elle; en vous voyant partir ainsi, je craignais qu'il ne vous fût arrivé quelque accident!

La conversation prenait, du premier coup, une tournure assez embarrassante.

— En effet, mademoiselle, répondis-je en balbutiant, je m'étais aperçu que...

— Que vous aviez oublié vos gants; je comprends cela. Vous ne vouliez pas danser sans gants, et vous aviez raison.

Je jetai les yeux sur mes mains nues, et je devins pourpre. Je portai machinalement mes mains à mes poches.

Hélas! je n'avais pas de gants.

Je fis un pas en arrière, et jetai avec égarement les yeux autour de moi.

Un jeune homme, nommé Fourcade, envoyé de Paris pour établir et diriger à Villers-Cotterets une école d'enseignement mutuel, était justement à quatre pas de moi, occupé à mettre avec assez de difficulté une paire de beaux gants tout neufs, dont il venait évidemment de faire, un quart d'heure auparavant, l'acquisition.

Fourcade était un charmant garçon qui m'avait, malgré notre différence d'âge, pris en affection. Il appartenait presque autant au siècle qui venait de finir qu'à celui qui commençait; il en résultait que, comme moi, Fourcade portait une culotte de nankin et un habit bleu barbeau.

Cette similitude dans nos costumes eût achevé de me donner toute confiance en lui, quand bien même cette confiance n'eût pas existé antérieurement.

— Mon cher ami, dis-je, rendez-moi un énorme service.

— Lequel?

— Donnez-moi vos gants.

— Mes gants?

— Oui, j'ai invité à danser mademoiselle Laurence, cette jeune fille qui est là assise, et je me suis aperçu, au moment de me mettre en place, que j'ai oublié mes gants. Vous comprenez la situation?...

— Mon cher ami, je ne vous dirai pas : « Vous êtes plus heureux qu'amoureux, » car vous me paraissez fort amoureux ; mais je vous dirai : « Mon cher ami, vous tombez à merveille ! » j'en ai justement deux paires.

Et il tira de sa poche une seconde paire de gants, neuve comme la première, tout en me donnant celle qu'il était en train d'essayer.

Ce luxe inouï m'étonna.

— Pourquoi deux paires de gants? lui demandai-je.

— Mais parce que la première peut crever en la mettant, me répondit-il avec la plus grande simplicité, et comme étonné que je lui fisse une pareille question.

Cette réplique m'atterra ; elle m'ouvrait des horizons de prodigalité inconnus ; il y avait donc des gens qui avaient la précaution de prendre deux paires de gants, quand il y en avait d'autres qui n'avaient pas même songé à se munir d'une seule !

— Avez-vous un vis-à-vis? demandai-je à Fourcade.

— Non, j'arrive.

— Voulez-vous être le mien ?

— Parfaitement.

— En place pour la contredanse ! cria le ménétrier en chef.

Je m'élançai vers Laure, et lui présentai fièrement ma main gantée.

Fourcade invita sa voisine Vittoria.

Nous nous mîmes en place. Fourcade et moi, nous étions les deux seules culottes courtes du bal.

Nous faisions l'un et l'autre nos débuts : Fourcade était arrivé depuis quinze jours à peine à Villers-Cotterets, et les danses en plein air ne commençaient qu'à la Pentecôte.

Cette solennité, jointe à nos deux culottes courtes, attirait bon nombre de regards.

Les moins curieux n'étaient pas ceux de nos Parisiennes.

Les figures commencèrent.

J'ai dit mon aptitude aux exercices du corps. J'avais eu un maître de danse comme j'avais eu un maître d'armes, c'est-à-dire par raccroc ; mon maître de danse avait été un nommé

Brézette, ex-caporal de voltigeurs, et oncle d'une des plus jolies jeunes filles de la ville, à laquelle, à cette époque, je n'avais encore fait aucune attention.

Je me suis rattrapé depuis, et, plus d'une fois, j'aurai occasion de parler d'elle.

Il en résulte que j'avais fait l'acquisition, moyennant mes trois francs par mois, d'une danse assez excentrique, mais qui cependant ne manquait ni d'agilité ni de force.

Fourcade partit le premier; Fourcade était tout simplement un des bons élèves de Vestris.

Je le répète, à cette époque, on dansait encore, et toutes ces fioritures de la chorégraphie, devenues aujourd'hui un ridicule, étaient alors une élégance.

Aux premiers pas de Fourcade, un murmure d'admiration se fit entendre. Ceux qui ne dansaient pas montèrent sur leurs bancs; ceux qui dansaient allongeaient leurs chassés croisés ou leurs traversés, pour saisir un entrechat ou un flic-flac : le début de Fourcade était un triomphe.

Ce fut à cette occasion que se révéla pour moi cette faculté d'assimilation dont la nature m'a doué. Pendant le court avant-deux que fit mon vis-à-vis, je compris toute la supériorité qu'une pareille danse avait sur la mienne; je démêlai, dans les tricottements compliqués des chevilles, dans les liés et déliés de ses jambes, ceux qui étaient à ma portée en les simplifiant, et, lorsque vint mon tour de débuter, à l'ombre de l'immense succès de mon partenaire, une bienveillante rumeur m'apprit que je venais de faire mieux qu'on n'attendait de moi.

A partir de ce moment, je devins un danseur frénétique, et cette frénésie dura jusqu'au moment où il fut de mode pour les jeunes gens de vingt-quatre à vingt-cinq ans de se déclarer trop blasés et trop rêveurs pour prendre part à un plaisir tel que celui de la danse.

Je suis en train de dire les ridicules de mon enfance ; que l'on soit tranquille, je ne cacherai pas davantage ceux de ma jeunesse; je serai plus courageux que Rousseau : Rousseau n'a avoué que des vices.

En reconduisant ma danseuse à sa place, je recueillis les fruits de mon triomphe.

— Mais savez-vous que vous dansez très-bien? me dit ma Parisienne. Où avez-vous donc appris?

— Ici.

— Comment... ici, à Villers-Cotterets?

J'eus grande envie de répondre comme la baronne de *la Fausse Agnès*, profondément blessé que j'étais dans l'amour-propre de ma ville natale : « Vous nous prenez donc pour des grues, nous autres gens de province? » Mais je me contentai de dire, d'un petit ton goguenard :

— Oui, ici, à Villers-Cotterets.

Puis j'ajoutai, de l'air d'un homme qui est sûr de lui :

— Valseriez-vous, par hasard?

— Non, cela me fait mal; mais voilà Vittoria qui adore la valse.

Je me retournai vers l'Espagnole.

— Si vous n'avez pas d'engagement? lui demandai-je.

— Non.

— Êtes-vous disposée à vous risquer?

Elle me regarda.

— Ma foi, oui, dit-elle en souriant.

On joua une valse.

Si j'étais un danseur passable, j'étais un excellent valseur. L'Espagnole s'en aperçut aux premiers tours que nous fîmes, et se livra tout entière, sentant qu'elle était soutenue et conduite.

— Mais vous valsez très-bien, me dit-elle.

— Vous me faites d'autant plus de plaisir, lui répondis-je, que je n'ai encore valsé qu'avec des chaises.

— Comment, avec des chaises? me demanda-t-elle.

— Oui, continuai-je, j'ai appris à valser, l'année où j'ai fait ma première communion, et l'abbé Grégoire m'avait défendu de valser avec des femmes ; de sorte que mon maître de danse, pensant qu'il fallait absolument que je tinsse quelque chose dans mes bras, m'y mettait une chaise; de cette façon, je prenais ma leçon sans pécher.

Ma valseuse s'arrêta court; je crus qu'elle allait suffoquer à force de rire.

— En vérité, me dit-elle, quand elle eut repris la faculté de parler, vous êtes un drôle de garçon, et je vous aime beaucoup... Valsons.

Et nous nous élançâmes de nouveau dans le tourbillon, qui nous emporta avec lui.

C'était, je l'ai dit, la première fois que je valsais avec une femme; c'était la première fois que je respirais une haleine parfumée, que je sentais des cheveux passer sur mon visage, que mes yeux s'arrêtaient, plongeant dans des épaules nues; que mon bras enlaçait une taille rebondie, cambrée, mouvante. Je poussai une espèce de soupir frémissant et joyeux.

— Eh bien, me demanda ma valseuse en fixant sur moi cet œil espagnol qui brille même à travers les dentelles d'une mantille, qu'avez-vous?

— J'ai, répondis-je tout en valsant, j'ai que je trouve qu'il est bien plus agréable de valser avec vous qu'avec une chaise.

Pour cette fois, elle m'échappa des mains, et alla s'asseoir près de sa compagne.

— Eh bien, qu'as-tu donc? demanda Laurence.

— Ah! ma chère, qu'il est drôle!

— C'est singulier, il ne m'a pas fait cet effet, à moi.

— C'est que tu n'as pas valsé avec lui, répondit-elle à demi-voix; quant à moi, je te jure que je le trouve charmant. Allons, continua-t-elle en revenant d'elle-même se placer dans mon bras, encore un tour.

Je ne demandais pas mieux.

Nous reprîmes notre rang.

J'ignore le succès que j'eus pour mon compte, mais ma valseuse en eut un immense. Cette taille souple et frémissante, habituée à la cachucha et au fandango, infiltrait dans la valse française une partie de cette voluptueuse énergie qui appartient essentiellement à la danse espagnole; quelque chose d'électrique jaillissait de tout son corps, onduleux comme celui d'un serpent; elle avait cette qualité des Andalouses, qui aiment la valse pour la valse; qui sont doublement gracieuses, parce qu'elles se laissent aller sans calculer leurs mouvements; doublement belles, parce qu'elles ne songent pas à être belles.

La musique s'arrêta; nous restâmes fermes à notre place; moi, le sourcil froncé, les dents découvertes, le regard fixe; elle, souple, haletante, abandonnée.

Un immense changement venait de s'opérer en moi. Ce souffle, ces cheveux, cette émanation féminine, m'avaient fait homme en quelques minutes.

— Valsons-nous encore ensemble? lui demandai-je.

— Tant que vous voudrez, me répondit-elle.

Elle alla s'asseoir près de sa compagne, qui se pencha à son oreille. J'écoutai à la fois de l'ouïe et de la vue.

— Voyons, dit Laure avec un sourire qui indiquait le côté railleur de la réclamation, ne va pas me prendre mon collégien; tu sais bien que c'est à moi que mon oncle l'a donné.

— Non, répondit l'Espagnole en montrant ses blanches dents, qui semblaient aussi prêtes à mordre qu'à caresser; seulement, tu me le prêteras pour la valse, et je te le rendrai pour la danse.

Il y avait au fond de tout cela une moquerie que je devinai; il était évident qu'aux mains de ces deux belles créatures à la beauté si différente, j'étais un joujou sans importance, une espèce de volant qu'on pouvait impunément renvoyer d'une raquette à l'autre, dût la violence des coups faire sauter quelques-unes de ses plumes.

J'avais bien vieilli depuis dix minutes; car, cette fois, ce ne fut plus une honte que j'éprouvai, ce fut une tristesse que je ressentis; ce n'était plus une rougeur humide qui me montait au front, c'était une morsure aiguë qui me faisait saigner le cœur.

J'entrais réellement dans le second cercle de la vie humaine: je souffrais.

Et cependant, malgré cette souffrance, il s'élevait au fond de mon âme quelque chose comme un chant inconnu, disant un hymne mystérieux; cet hymne glorifiait la douleur qui, pour la première fois, criait à l'enfant : « Courage! tu es homme! »

Le premier besoin que j'éprouvai fut celui de la solitude.

Les musiciens jouèrent les premiers accords d'une contredanse; chacun s'élança pour prendre la main de sa danseuse. Fourcade me fit de la tête un signe interrogateur, qui signifiait : « Me faites-vous toujours vis-à-vis? » Je répondis par un signe négatif, et, comme les deux Parisiennes allaient prendre leur place avec deux nouveaux danseurs, je m'éloignai.

Il me serait impossible de dire ce qui me traversa l'esprit pendant l'heure qui s'écoula, et que je passai à rêver. Toute ma vie d'enfant venait de disparaître comme, dans un tremblement de terre, disparaissent villages et villes, vallées et montagnes, lacs et rivières : le présent seul m'apparaissait, chaos immense rayé par des lueurs fugitives qui n'éclairaient ni comme ensemble, ni comme détail : rien d'assez positif pour être saisi, soit par les regards de mon corps, soit par ceux de mon esprit.

La seule chose positive, incontestable, réelle, c'est que, depuis un quart d'heure, j'aimais.

Qui?

Personne encore... l'Amour.

Je revins au bout d'une heure.

— Vous êtes charmant! me dit Vittoria, vous m'invitez à valser, et vous vous en allez.

— C'est vrai, lui répondis-je; mais pardonnez-moi, j'avais oublié.

— Vous êtes poli.

Je souris.

— Je vous assure, lui dis-je, que ce n'est point par impolitesse.

— D'où venez-vous, au moins?

— Vous voulez le savoir?

— Il me semble que j'en ai bien le droit.

— Tenez, lui dis-je, voyez-vous d'ici cette belle allée si sombre?

— Oui; après?...

— Elle s'appelle l'allée des *Soupirs :* je viens de là.

J'avais répondu dans toute la naïveté de mon âme; je n'avais l'intention de faire ni esprit ni sentiment.

Ces deux défauts-là me sont venus plus tard.

— Quand je te disais qu'il était charmant! dit Vittoria à Laure.

Je ne comprenais ni pourquoi ni comment j'étais charmant. Aussi, au lieu de remercier l'Espagnole du compliment qu'elle m'adressait, lui fis-je une moue qui me fut payée par les éclats de rire des deux jeunes filles.

Je fus prêt à retourner dans mon allée des Soupirs; mais je n'en eus pas le courage ; j'étais déjà comme ces amoureux de Molière, qui remontent toujours vers la porte, mais qui ne peuvent jamais se décider à la franchir.

On se remettait en place pour la contredanse.

— Voyons, dit Laure, ne boudez pas, monsieur l'écolier, je vous invite à danser cette fois... Acceptez-vous?

— Hélas! oui, répondis-je.

— Comment, hélas?...

— Oui, je m'entends.

Et je lui donnai la main.

Le reste de la soirée et une partie de la nuit s'écoulèrent à danser et à valser. Nous rentrâmes à une heure du matin.

Niguet, mon maître clerc, reconduisait mademoiselle Vittoria ; je reconduisis mademoiselle Laurence.

Le reste de la nuit se composa des heures les plus agitées que j'eusse eues de ma vie.

L

Un chapitre inédit du *Diable boiteux.* — Histoire de Samud
et de la belle doña Lorenza.

Quinze jours environ après cette fameuse soirée, pendant laquelle j'avais passé par tant d'émotions nouvelles et inconnues, j'étais occupé chez maître Mennesson, — en l'absence de Niguet, qui était allé faire un contrat de mariage à Pisseleu, et de Ronsin, qui était allé en recouvrement à Haramont, — à grossoyer tristement l'expédition d'un acte de vente, lorsque M. Lebègue, un des collègues de mon patron, entra dans l'étude, et, après m'avoir regardé d'un air goguenard, alla s'asseoir près de maître Mennesson, dans la chambre voisine, qui était son cabinet.

On saura tout à l'heure la cause de ma tristesse.

Lorsque la porte qui séparait les deux pièces était ouverte, — et cette porte, pour la facilité des demandes que nous adressait maître Mennesson, restait constamment ouverte, à moins que le client ne la fermât pour entretenir le patron d'affaires secrètes, — lors, dis-je, que cette porte était ouverte, on entendait de notre étude tout ce qui se disait dans le cabinet de maître Mennesson ; de même que, du cabinet de maître Mennesson, on entendait tout ce qui se disait dans notre étude.

Ce M. Lebègue venait, depuis quelques mois, d'épouser une des filles du premier lit de M. Deviolaine, nommée Éléonore ; l'aînée, Léontine, s'était, quelque temps avant sa sœur, mariée à un percepteur des contributions, nommé Cornu.

La singularité du nom avait failli empêcher le mariage de se conclure. La railleuse jeune fille craignait d'être raillée à son tour, et plus elle était spirituelle, plus elle redoutait l'apparence du ridicule.

Cependant Cornu était lui-même un si bon et si honnête garçon, les autres étaient si bien habitués à ce nom, porté par deux ou trois familles de Villers-Cotterets, il y était si bien habitué lui-même, il répondait si naïvement et si victorieusement à la fois aux observations de sa fiancée, que celle-ci se décida. Une fois mariée, elle comprit une chose, c'est qu'il fallait enlever à ce malheureux nom, qui semblait prédestiné, jusqu'à l'apparence du doute railleur qui s'y attachait ; elle fut l'épouse la plus chaste, la mère la plus tendre que j'aie jamais connue, et son mari, heureux, la rendit heureuse.

Il n'en était pas tout à fait de même de madame Lebègue,

plus jeune que sa sœur de trois ou quatre ans, plus jolie, et surtout plus coquette qu'elle. Cette coquetterie, fort innocente, je n'en doute pas, était en général assez mal interprétée par les caquets de la petite ville; ce dont, dans son innocence, s'inquiétait peu madame Lebègue; ce dont, dans son insouciance, se raillait philosophiquement son mari.

Ce mari était gros, rond, grêlé, assez laid, et assez vulgaire de figure, mais brave homme au fond, quoiqu'on m'ait assuré depuis qu'il s'était ruiné, non pas pour avoir prêté à trop bas intérêt, mais par une raison toute contraire.

J'ignore complétement la vérité de cette accusation, et je la tiens pour une calomnie, comme cette autre accusation, plus gracieuse, et surtout plus philanthropique, qui pesait sur sa femme.

Voilà l'homme qui venait d'entrer, qui s'était assis près de M. Mennesson, et qui, pour le moment, tenait avec lui une conversation à voix basse, entremêlée de quelques éclats de rire.

Grâce à une suprême finesse d'oreille dont m'avait doué la nature, et que j'avais perfectionnée à la chasse, il me semblait avoir entendu prononcer mon nom; cependant, j'avais cru à une erreur d'acoustique, ne supposant pas que deux si graves personnages pussent me faire l'honneur de s'occuper de moi.

Malheureusement pour mon amour-propre, — et j'ai dit à quel point était développé chez moi ce sentiment, qui serait si ridicule s'il n'était si douloureux, — malheureusement pour mon amour-propre, je ne pus douter longtemps.

J'ai dit que M. Mennesson était fort moqueur et assez spirituel; partout où il trouvait à mordre, il enfonçait sa dent : vertu de femme, réputation d'homme, peu lui importait! Quand la rage mue de la raillerie s'emparait de lui, il s'en donnait à cœur joie et en pleine chair.

Ce jour-là, n'ayant probablement pu rien trouver à mordre, il s'en prenait à moi; la pâture était maigre, mais enfin mieux valait faire craquer mes pauvres os que de mâcher à vide et de gueuleter l'air.

Donc, après quelques-uns de ces chuchotements et de ces

éclats de rire étouffés, qui avaient éveillé mon inquiétude, M. Mennesson éleva la voix :

— Mon cher collègue, dit-il, c'est un chapitre du *Diable boiteux*, retrouvé et encore inédit, que je compte faire imprimer à mon prochain voyage à Paris, pour compléter l'œuvre de Lesage.

— Ah! dites-moi cela, reprit Lebègue; je le raconterai à ma femme, qui le racontera à ses sœurs, qui le raconteront à tout le monde; cela posera d'avance notre publication.

M. Mennesson commença :

« Il y avait autrefois à Salamanque un écolier qui descendait d'une race arabe, et que l'on nommait Samud (1). Il était encore si jeune, que, si on lui eût tordu le nez, il en serait bien certainement sorti du lait; ce qui ne l'empêchait pas d'avoir le ridicule de se croire un homme; peut-être aussi, car, pour être juste, il faut tout dire, ce ridicule ne lui fut-il inspiré que par l'événement que nous allons raconter. »

On devine si j'écoutais attentivement; j'avais reconnu, dès les premiers mots, que c'était bien de moi qu'il était question, et je me demandais avec inquiétude où allait tendre ce début, que je trouvais, pour mon compte, plus impertinent que pittoresque.

M. Mennesson continua, et, l'oreille tendue, ma plume inactive à la main, j'écoutai.

« Le jour de la fête de la Pentecôte de l'an... je ne sais point parfaitement le millésime de l'année, mais enfin, c'était le jour de la fête de la Pentecôte, qui est en même temps celle de la ville, deux belles señoras arrivèrent venant de Madrid, et descendirent chez un brave chanoine, qui était l'oncle de l'une d'elles.

» Par hasard, ce chanoine était le même chez lequel Samud avait appris le peu de latin qu'il savait; or, comme il fallait aux deux belles Madrilègnes un cavalier servant qui ne pût faire soupçonner leur vertu, le chanoine jeta les yeux sur son écolier, et le pria de mettre ses deux bras à la disposition des

---

(1) Je n'ai pas besoin de dire que *Samud* est l'anagramme de Dumas.

nouvelles arrivées, pour leur faire voir le parc de Salamanque, qui est fort beau, fort étendu, et qui appartient au duc Rodelnas (1).

» Je ne m'appesantirai pas sur les aventures de ce premier jour. Cependant je noterai en passant deux événements : le premier fut la rencontre que fit notre écolier d'un señor élégant de Madrid, qui fut du premier coup d'œil remarqué par la señora Lorenza, à laquelle notre écolier, vêtu comme on l'est en province, c'est-à-dire à dix ans de date de la capitale, donnait le bras.

» Ce jeune élégant s'appelait Audim.

» Le second fut un accident des plus graves, qui arriva au haut-de-chausses de l'écolier, au moment où, pour donner à la belle Lorenza une preuve de sa légèreté, il sautait un fossé de quatorze pieds de large. »

On comprend ce que je souffrais en écoutant ce récit indirect de mes tribulations amoureuses, qui, d'après la façon dont il procédait, ne devait pas s'arrêter aux deux mésaventures de ce premier jour.

M. Mennesson reprit :

« Ce qui avait surtout frappé la belle Lorenza, c'était la mise du jeune élégant. Tout au contraire de l'écolier, affublé d'un costume gothique emprunté à la garde-robe de ses aïeux, le señor Audim était vêtu à la dernière mode, c'est-à-dire d'un pantalon collant, s'enfonçant dans de charmantes petites bottes découpées en cœur, et d'un pourpoint de couleur sombre, sorti de l'atelier d'un des premiers tailleurs de Madrid.

» L'écolier n'avait pas été insensible à cette attention toute particulière accordée par sa compagne au costume du bel Audim, et, comme il commençait à comprendre l'influence que peut avoir sur une femme un habit taillé d'une certaine façon, ou un pantalon teinté d'une certaine couleur, il résolut, dans la nuit qui suivit la fête, nuit pendant laquelle il décida qu'à quelque prix que ce fût il plairait à Lorenza, il

---

(1) *Rodelnas* est l'anagramme de d'Orléans, comme *Samud* est l'anagramme de Dumas, et comme, tout à l'heure, *Audim* sera celui de Miaud.

résolut, dis-je, de se faire un costume en tout point pareil à celui que portait le jeune homme qui, par une fatalité du destin, paraissait appelé à devenir son rival.

» Le point le plus important, et surtout le plus coûteux du costume, c'étaient les bottes. Ce fut celui dont il s'occupa le premier.

» De l'autre côté de la place qu'habitait la mère de Samud, et qu'on appelait la place de la Fontaine, était le magasin du premier bottier de la ville; il chaussait d'habitude l'écolier, mais ne lui avait encore fait que des souliers; son jeune âge n'ayant donné à personne, pas même à lui, l'idée qu'il pût, sans risquer une trop grande ressemblance avec le vénérable chat botté de Perrault, porter une autre chaussure que des souliers ou des espardilles.

» Maître Laudereau (1) fut donc fort étonné quand son client se présenta chez lui, et lui demanda résolûment combien lui coûterait une paire de bottes.

» Il regarda Samud à deux fois.

» — Une paire de bottes, lui demanda-t-il, et pour qui?..

» — Mais pour moi! répondit fièrement l'écolier.

» — Et avez-vous l'autorisation de votre mère, pour demander des bottes?

» — Je l'aurai.

» Le bottier secoua la tête avec un air de doute; il savait que la mère de Samud n'était pas riche, et que ce serait une folie à elle que de passer une pareille folie à son fils.

» — C'est cher, des bottes! dit-il.

» — N'importe, dites toujours le prix.

» — Pour vous, ce sera quatre douros, tout au juste.

» — Bien... Prenez-moi la mesure.

» — Je vous ai dit que je ne ferais rien sans l'autorisation de votre mère.

» — Je vous l'enverrai.

---

(1) Cette fois, le narrateur ne se donnait plus la peine d'anagrammer le nom.

» En rentrant, l'écolier hasarda la demande d'une paire de bottes.

» La prétention parut si singulière à la mère de Samud, qu'elle lui fit répéter deux fois cette demande.

» C'était d'autant plus étrange, que c'était pour la première fois que l'écolier s'occupait de sa toilette. Jusqu'à l'âge de dix ans, on avait eu toutes les peines du monde à lui faire quitter une longue robe d'indienne à fleurs, qui lui paraissait beaucoup plus commode que tous les hauts-de-chausses et tous les pourpoints de la terre; puis, de l'âge de dix ans à l'âge de quinze, il avait indifféremment porté tous les vêtements dont on avait jugé à propos de l'affubler, préférant toujours les sales aux propres, les vieux aux neufs; parce que, avec les premiers, on le laissait sortir en tout temps et se rouler en tous lieux.

» La demande d'une paire de bottes paraissait donc, à la pauvre mère, insolite au dernier degré, et elle craignit que son fils ne fût devenu fou.

» — Une paire de bottes! répéta-t-elle; mais avec quoi mettras-tu cela?

» — Avec un pantalon collant, ma mère.

» — Avec un pantalon collant! Mais tu ne sais donc pas que tu es jambé comme un coq?

» — Pardon, ma mère, répondit l'écolier, qui ne manquait pas d'une certaine logique; mais, si j'ai assez de mollets pour porter des culottes courtes, j'en aurai assez pour porter des pantalons collants.

» La mère admira l'esprit de son fils, et, à moitié vaincue par la repartie :

» — Le pantalon collant, dit-elle, est encore possible en recourant à l'armoire aux habits; mais les bottes... où trouveras-tu des bottes?

» — Pardieu! chez Laudereau.

» — Mais cela coûte cher, mon enfant, des bottes! dit la pauvre femme avec un soupir, et tu sais que nous ne sommes pas riches.

» — Bah! maman, Laudereau te fera crédit.

» — On a beau avoir crédit, mon enfant, tu sauras un jour qu'il faut finir par payer, et que plus on tarde à payer, plus on paye cher.

» — Oh! maman, je t'en prie!

» — Et combien cela coûte-t-il, des bottes?

» — Quatre douros, ma mère.

» — C'est six mois de ton éducation, au prix que me la faisait payer le bon chanoine Gregorio.

» — Tu payeras en quatre mois, bonne mère, insista l'écolier.

» — Mais encore... veux-tu me dire quel bénéfice tu espères tirer de ce pantalon collant et de cette paire de bottes?

» — Je compte plaire à doña Lorenza, la nièce du chanoine.

» — Comment cela?

» — Oui; elle raffole des pantalons collants et des bottes... Il paraît que c'est la dernière mode de Madrid.

» — Eh bien, que t'importe ce dont raffole et ce dont ne raffole pas la nièce de don Gregorio, je te le demande?

» — Cela m'importe beaucoup, ma mère.

» — Et pourquoi?

» L'écolier prit un air de suprême fatuité.

» — Parce que je lui fais la cour, dit-il. »

C'était mot à mot le dialogue que j'avais échangé avec ma mère, à mon retour de chez Laudereau; aussi, la sueur de la rage me montait-elle au front.

« A ces mots: *Parce que je lui fais la cour*, continua le narrateur, la mère de Samud fut saisie d'un invincible étonnement; son fils, qu'elle voyait encore courant les rues avec sa grande robe à fleurs, ou renouvelant les Vœux du baptême son cierge à la main; son fils, faisant la cour à la belle doña Lorenza, lui apparaissait comme une de ces énormités auxquelles elle n'avait jamais songé.

» Sur quoi, voyant son doute, son fils retroussa la manche de sa veste, et lui montra un bracelet de cheveux avec une agrafe en mosaïque.

» Seulement, il se garda bien de lui dire que, ce bracelet, il l'avait pris à doña Lorenza, sans que doña Lorenza le lui donnât, et que même elle en était tout inquiète, ne sachant pas ce qu'il était devenu. »

Quoique le détail ne fût pas tout à fait à mon honneur, il était d'une effrayante exactitude. J'avais eu, trois jours, ce bracelet en ma possession ; pendant ces trois jours, je l'avais sinon montré, du moins laissé voir à plusieurs personnes, et, entre autres, à ma mère et à mes cousines Deviolaine, près desquelles je tenais à me poser comme un homme à bonnes fortunes; puis, enfin, touché de l'inquiétude de Laure, qui croyait l'avoir perdu, je le lui avais rendu, en avouant humblement ma faute, qui me fut pardonnée, sans doute en considération de la joie qu'on éprouvait de retrouver ce bijou, mais qui ne l'eût pas été avec la même facilité si l'on eût connu mes indiscrétions.

Aussi, la sueur qui, au commencement du récit, avait perlé sur mon front, coulait-elle à grosses gouttes sur mon visage.

Cependant, je voulais savoir jusqu'à quel point M. Mennesson était instruit de mes aventures amoureuses, et j'eus le courage de rester, ou plutôt je n'eus pas la force de m'enfuir.

M. Mennesson reprit :

« A cette vue, la mère de Samud leva les mains et les yeux au ciel; et, comme la pauvre femme ne sait rien refuser à son fils, elle lui dit avec un soupir :

» — Eh bien, soit, puisqu'une paire de bottes peut te rendre heureux, va commander des bottes.

» L'écolier ne fit qu'un bond de chez lui chez Laudereau ; il arrêta le prix à trois douros et demi, et quatre mois furent accordés pour le payement.

» Puis on visita l'armoire aux habits; on en tira un pantalon d'uniforme bleu clair, à bandes d'or; on vendit à un orfévre la bande d'or, qui rapporta un douro et demi, lequel douro et demi fut donné à l'écolier comme argent de poche, sa mère jugeant que ses naissantes amours l'entraîneraient naturellement à quelques dépenses extraordinaires.

» Quant à l'habit, on arrêta que ce serait celui de la première communion, qui serait retaillé sur un patron moderne, et remis à la mode nouvelle.

» Pendant que tous ces préparatifs de séduction se faisaient, l'écolier, comme il avait dit à sa mère, continuait de faire la cour ; mais, fort brave en paroles, fort habile en théorie loin de la belle doña Lorenza, il était fort timide d'action, fort maladroit en pratique près d'elle. Tout en ayant l'air d'attendre avec impatience le tête-à-tête, il ne craignait rien tant que de rester seul avec elle ; alors, il perdait complétement l'esprit, se taisait au lieu de parler, se tenait coi au lieu d'agir : les plus belles occasions lui étaient offertes, et il les laissait échapper. L'impatiente Madrilègne avait beau lui faire comprendre que tout ce temps était du temps perdu, et que le temps perdu ne se rattrape jamais, il était de son avis au fond du cœur ; il enrageait contre lui-même, chaque soir en rentrant chez lui, et, en récapitulant les occasions de la journée, il se promettait de ne pas laisser échapper ces occasions le lendemain, si ces occasions se représentaient. Puis il lisait, pour se monter la tête, un chapitre de *Faublas*, s'endormait là-dessus, faisait des rêves, pendant lesquels il était d'une audace étourdissante. Le jour venu, il se faisait serment à lui-même de continuer ses rêves de la nuit. Puis, en attendant les bottes et le pantalon collant, qui se confectionnaient avec une lenteur toute provinciale, il repassait sa culotte courte, son gilet de basin, son habit bleu barbeau, et reprenait ses promenades stériles dans la forêt. Il regardait avec un œil de tristesse les beaux matelas de mousse qu'il foulait aux pieds, et sur lesquels il n'osait pas même offrir à sa compagne de s'asseoir, les belles profondeurs de verdure sous lesquelles elle ne demandait pas mieux que de s'enfoncer avec lui. Il allait jusqu'aux frémissements, jusqu'aux soupirs, jusqu'aux serrements de main, mais c'étaient là les limites les plus avancées de sa hardiesse. Une fois, seulement, il baisa la main de doña Lorenza, — c'était la veille du jour où il devait se présenter à elle avec son costume de conquête, — mais il lui fallut un tel effort pour accomplir cet acte de témérité, qu'après l'avoir accompli, il faillit se trouver mal.

» Ce fut ce jour-là que la belle doña Lorenza perdit, à ce qu'il paraît, tout espoir de voir l'enfant devenir un homme, et que, sans en rien dire à son maladroit adorateur, elle prit une résolution décisive.

» On se quitta comme d'habitude, après avoir passé la soirée à jouer à ces jeux innocents que détestait tant madame de Longueville.

» Le lendemain, nous l'avons dit, était le grand jour. Le tailleur et le bottier furent exacts. La réunion habituelle des jeunes gens était de midi à une heure; après quoi, on partait en promenade : la señora Vittoria avec un jeune bachelier, duquel je tiens une grande partie de ces détails, et l'écolier avec la señora Lorenza. Malheureusement, si étroit que fût le pantalon collant, il fallut faire une pince au mollet; cette pince prit du temps, et Samud ne fut complétement prêt qu'à une heure.

» Il se sentait en retard; il s'élança rapidement vers la maison du chanoine Gregorio, où avait lieu le rendez-vous quotidien. Sa nouvelle toilette produisit un effet du meilleur augure dans les rues où il passait; on accourait aux portes; on se mettait aux croisées, et lui saluait de la tête, en disant en lui-même :

» — Eh bien, oui, c'est moi ! Qu'y a-t-il d'étonnant à cela ? Avez-vous cru qu'on ne pouvait pas avoir des bottes, un pantalon collant et un habit à collet piqué comme M. Audim ? Si vous avez cru cela, détrompez-vous !

» Et il continuait son chemin en redressant de plus en plus la tête, convaincu qu'il était de s'approcher d'un éclatant triomphe.

» Mais, nous l'avons dit, la malheureuse pince du mollet avait amené un retard de près d'une heure, et, quand l'écolier arriva à la maison du chanoine, les deux señoras étaient parties !

» Jusque-là, c'était un petit malheur. Nourri dans le parc de Salamanque, comme Osim dans le sérail de Bajazet, l'écolier en connaissait tous les tours et les détours. Il allait donc s'élancer à la poursuite de la dame de ses pensées, lorsque la sœur du chanoine lui remit une lettre qu'en sortant doña Lorenza avait laissée pour lui.

» Samud ne douta point que cette lettre ne lui enjoignît la plus grande diligence. Au reste, c'était la première qu'il en recevait ; il sentit tout le prix de cette faveur, baisa tendrement la lettre, la décacheta, et, le cœur bondissant, la respiration haletante, il lut ce qui suit :

« Mon cher enfant,

» Depuis quinze jours, je me reproche d'abuser, comme je
» le fais, de la complaisance que vous croyez devoir à mon
» oncle, qui vous a fort indiscrètement prié d'être mon ca-
» valier. Quelques efforts que vous fassiez pour cacher l'en-
» nui que vous causent des occupations au-dessus de votre
» âge, je me suis aperçue des dérangements que je cause dans
» vos habitudes, et je me les reproche. Retournez donc à vos
» jeunes camarades, qui vous attendent pour jouer aux barres
» et au petit palet. Soyez, au reste, sans inquiétude sur moi ;
» j'ai accepté, pour le peu de temps que j'ai encore à rester
» chez mon oncle, le bras de M. Audim.

» Recevez, mon cher enfant, tous mes remercîments pour
» votre complaisance, et croyez-moi votre bien reconnais-
» sante

» LORENZA. »

» La foudre tombée aux pieds de notre écolier ne l'eût pas plus anéanti que ne fit cette lettre. A la première lecture, il ne sentit que le coup ; il la relut deux ou trois fois, et sentit la douleur.

» Alors il lui vint à l'esprit que, puisqu'il avait négligé jusque-là tous les moyens de prouver à la belle Lorenza qu'il n'était pas un enfant, il lui en restait un seul pour lui prouver qu'il était un homme : c'était de provoquer Audim, et de se battre avec lui ; et, ma foi, séance tenante, notre écolier, qui est fort rageur, écrivit à son rival la lettre suivante :

« Monsieur,

» Je n'ai pas besoin de vous dire pour quelle cause je dé-
» sire vous rencontrer dans une des allées de la forêt avec
» deux témoins, vous le savez aussi bien que moi.

» Comme vous pourrez prétendre que vous ne m'avez pas
» insulté, et que c'est moi qui vous provoque, je vous laisse
» le choix des armes.

» J'ai l'honneur de vous saluer.

» *P.-S.* Vous ne rentrerez probablement ce soir qu'assez
» tard, et je ne puis exiger une réponse ce soir ; mais je dé-
» sire la recevoir demain d'aussi bon matin que possible. »

» Le lendemain matin, en se réveillant, il reçut une poignée
de verges avec la carte de don Audim.

» C'était l'arme qu'avait choisie son rival. »

On juge de l'effet que produisit sur moi la fin de ce récit.
Hélas ! c'était la narration fidèle de tout ce qui m'était arrivé.

Ainsi avaient fini mes premières amours, et s'était terminé
mon premier duel.

Je poussai un cri de rage, et, m'élançant hors de l'étude, je
revins tout courant chez ma mère, qui jeta les hauts cris en
voyant l'état dans lequel je me trouvais.

Dix minutes après, j'étais couché dans un lit bien bassiné,
et l'on avait envoyé chercher le docteur Lécosse, lequel me
traita pour une fièvre cérébrale, qui, prise à temps, n'eut pas
de suites.

Je prolongeai, au reste, ma convalescence à dessein, et ne
sortis que lorsque les deux Parisiennes eurent quitté Villers-
Cotterets.

Je ne les ai jamais revues depuis, ni l'une ni l'autre.

LI

A quoi me servit d'avoir été berné par les deux Parisiennes. — Les jeunes filles de Villers-Cotterets. — Mes trois intimes. — Premières amours.

Au reste, comme François Ier après la bataille de Pavie, je n'avais pas tout perdu après ma défaite.

D'abord, il me restait mes bottes et mon pantalon collant, ces deux objets de mes ardents désirs, lesquels étaient devenus, pour ces jeunes compagnons auxquels m'avait si cruellement renvoyé la belle Laure, un objet d'envie et d'admiration.

Puis, dans cette fréquentation, pendant quinze jours, de deux femmes élégantes, j'avais acquis cette première éducation que donnent seules les femmes. Cette éducation m'avait fait comprendre ce soin de moi-même qui, jusque-là, ne s'était jamais présenté à mon esprit comme une des nécessités de la journée qui s'ouvre et de la journée qui se ferme. Sous le ridicule orgueil de mon changement de toilette, sous ce malheureux essai tenté par moi, pauvre provincial, d'atteindre à l'élégance d'un Parisien, s'était glissé le premier sentiment de l'élégance réelle, c'est-à-dire de la propreté.

J'avais les mains assez belles, les ongles bien faits, les dents fortes mais blanches, les pieds singulièrement petits pour ma taille. J'ignorais tous ces avantages; mes deux Parisiennes me les firent remarquer, en me donnant des conseils qui devaient doubler la valeur de mes qualités naturelles. Ces conseils, que j'avais d'abord suivis pour leur plaire, je continuai à les suivre pour ma satisfaction personnelle; de sorte qu'au moment de leur départ, j'avais en réalité franchi le passage qui sépare l'enfance de la jeunesse.

Il est vrai que ce passage avait été rude, et que je l'avais franchi les larmes aux yeux, conduit d'une main par la coquetterie, de l'autre par la douleur.

Puis, — comme ces voyageurs altérés qui, en entrant dans

un pays, mordent dans les fruits à la saveur amère, lesquels néanmoins laissent aux dents qu'ils ont agacées l'irrésistible désir de mordre dans d'autres fruits, — après avoir effleuré des dents à peine cette pomme d'Ève qu'on nomme l'amour, j'avais hâte de faire un second essai, dût-il être plus douloureux encore que le premier.

Au reste, sous le rapport de ses jeunes filles, peu de villes pouvaient se vanter d'être aussi favorisées que Villers-Cotterets.

Jamais grand parc, fût-ce celui de Versailles, jamais vertes pelouses, fût-ce celles de Brighton, ne furent émaillés de plus ravissantes fleurs que le parc de Villers-Cotterets, que les pelouses de son Parterre. Trois classes bien distinctes se disputaient cette couronne de beauté, que se plaît encore parfois à décerner l'Angleterre : l'aristocratie, la bourgeoisie, et je ne sais comment appeler cette troisième classe, intermédiaire charmant entre la bourgeoisie et le peuple, qui n'était ni l'une ni l'autre, et qui exerçait dans la ville les professions de faiseuses de modes, de lingères, de marchandes.

La première classe était représentée par la famille Collard, dont j'ai déjà tant parlé à propos de mon enfance. Des trois folâtres jeunes filles, errantes dans le parc de Villers-Cotterets, libres comme les papillons et les hirondelles, deux étaient devenues femmes : l'une, Caroline, avait épousé le baron Capelle; l'autre, Hermine, avait épousé le baron de Martens; la troisième, Louise, qui n'avait encore que quinze ans, était restée la plus ravissante tête de vierge qu'il fût possible de voir.

Leur mère — cette fille de madame de Genlis et du duc d'Orléans, dont j'ai raconté la naissance et l'histoire, — était, avec ses trois enfants, le centre aristocratique autour duquel venaient se grouper les jeunes gens et les jeunes filles des châteaux environnants. C'était, en hommes surtout, ce qu'il y avait de mieux alors en élégance : les Montbreton, les Courval, les Mornay.

Rien de tout ce monde-là n'habitait Villers-Cotterets; on restait dans les châteaux. Aux grandes solennités seulement, les ruches essaimaient, et l'on voyait se répandre dans les rues de la ville et dans les allées du parc ce monde d'abeilles aux ailes d'or.

La seconde classe était représentée par la famille Deviolaine. Sur cinq des filles de M. Deviolaine, deux étaient mariées, comme je l'ai dit ; c'étaient Léontine et Éléonore ; trois restaient, Cécile, Augustine et Louise. Cécile avait vingt ans, Augustine seize ; Louise n'avait pas encore d'âge.

Cécile avait conservé son esprit changeant et fantasque, sa physionomie mouvante et railleuse, ses mouvements plus masculins que féminins, sa peau brunie par le soleil, dont elle ne s'était jamais inquiétée de combattre les rayons.

Augustine, au contraire, avait la peau blanche comme le lait, de grands yeux bleus pleins de sérénité, des cheveux châtain foncé, encadrant admirablement son visage, des épaules arrondies d'une forme charmante, une taille sans exiguïté, et, au contraire de sa sœur Cécile, une grâce toute féminine.

Entre elle et Louise Collard, Raphaël eût été embarrassé pour prendre un modèle de sa Madone, et, comme le sculpteur grec, il eût choisi les beautés de l'une et de l'autre pour en faire cette œuvre de perfection que l'art atteint parfois en dépassant la nature.

Autour de la famille Deviolaine se groupaient les autres jeunes filles de la bourgeoisie :

Les deux demoiselles Troisvallet, Henriette et Clémentine : — Clémentine, brune, avec d'admirables cheveux noirs, des yeux d'une puissance étrange, un teint romain, un type de Velletri ou de Subiaco, une tête d'Augustin Carrache ; — Henriette, grande, blonde, rose, mince, gracieuse, pliant sous cette douce brise de la jeunesse, comme un roseau, comme un épi, comme un saule : une de ces têtes de genre, moitié mélancoliques, moitié souriantes ; le passage de l'ange à la femme ; tous les besoins de la terre, mais toutes les aspirations du ciel.

Puis les demoiselles Perrot, Sophie et Pélagie, charmantes toutes deux ; Louise Moreau, douce jeune fille, et depuis adorable mère de famille; Éléonore Picot, dont j'ai parlé, — cette excellente personne, attristée par la mort de son frère Stanislas, et l'infâme accusation qui avait pesé un instant sur son frère Auguste.

Puis d'autres encore dont les noms m'échappent, mais dont les visages frais m'apparaissent encore comme ces fantômes des rêves, comme ces apparitions glissant sur les fleuves d'Allemagne, ou mirant leurs rondes nocturnes aux lacs d'Écosse.

Enfin, après la bourgeoisie, venait, comme je l'ai dit, ce groupe de jeunes filles qu'il m'est impossible de classer dans la hiérarchie sociale, et qui tenait, au milieu de ce petit monde enfermé dans la verte ceinture de sa belle forêt, la place que, parmi les fleurs, tiennent les muguets, les pâquerettes, les bluets, les jacinthes et les roses pompons.

Oh! celles-là, c'était une merveille que de les voir, le dimanche, avec leurs robes printanières, leurs ceintures roses ou bleues, leurs petits bonnets chiffonnés par elles-mêmes et posés de cent façons coquettes, car pas une d'elles n'eût osé porter de chapeau ; c'était une joie que de les voir libres de toute contrainte, ignorantes de toute étiquette, jouer, courir, nouer et dénouer la longue chaîne de leurs bras charmants, ronds et nus. Oh! les belles créatures! oh! la ravissante génération que cela faisait!

Peu importe à mes lecteurs, je le sais bien, de savoir leurs noms; mais, moi qui les ai vues, moi qui les ai aimées, moi qui ai passé avec elles ces premières années de ma jeunesse, ces jours veloutés du matin de la vie; moi, je veux les nommer; moi, je veux les décrire ; moi, je veux dire à quel point elles étaient belles, et, alors, j'espère qu'elles me pardonneront mes indiscrétions, en faveur de mes indiscrétions mêmes.

D'abord, deux charmantes filles rêveuses et coquettes : Joséphine et Manette Thierry; Joséphine, brune, rose, riche de tournure, régulière de visage, créature parfaite, si de belles dents eussent complété un ravissant ensemble; Manette, une pomme d'api, toujours chantant pour faire entendre sa voix, toujours riant pour montrer ses dents, toujours courant pour laisser voir son pied, sa cheville, ses mollets même ; la Galatée rues de la ville et dans les allées du parc ce monde d'abeilles aux ailes d'or.

La seconde classe était représentée par la famille Deviolaine. Sur cinq des filles de M. Deviolaine, deux étaient mariées, comme je l'ai dit; c'étaient Léontine et Éléonore; trois restaient, Cécile, Augustine et Louise. Cécile avait vingt ans, Augustine seize; Louise n'avait pas encore d'âge.

Cécile avait conservé son esprit changeant et fantasque, sa physionomie mouvante et railleuse, ses mouvements plus masculins que féminins, sa peau brunie par le soleil, dont elle ne s'était jamais inquiétée de combattre les rayons.

Augustine, au contraire, avait la peau blanche comme le lait, de grands yeux bleus pleins de sérénité, des cheveux châtain foncé, encadrant admirablement son visage, des épaules arrondies d'une forme charmante, une taille sans exiguïté, et, au contraire de sa sœur Cécile, une grâce toute féminine.

Entre elle et Louise Collard, Raphaël eût été embarrassé pour prendre un modèle de sa Madone, et, comme le sculpteur grec, il eût choisi les beautés de l'une et de l'autre pour en faire cette œuvre de perfection que l'art atteint parfois en dépassant la nature.

Autour de la famille Deviolaine se groupaient les autres jeunes filles de la bourgeoisie :

Les deux demoiselles Troisvallet, Henriette et Clémentine : — Clémentine, brune, avec d'admirables cheveux noirs, des yeux d'une puissance étrange, un teint romain, un type de Velletri ou de Subiaco, une tête d'Augustin Carrache; — Henriette, grande, blonde, rose, mince, gracieuse, pliant sous cette douce brise de la jeunesse, comme un roseau, comme un épi, comme un saule : une de ces têtes de genre, moitié mélancoliques, moitié souriantes; le passage de l'ange à la femme; tous les besoins de la terre, mais toutes les aspirations du ciel.

Puis les demoiselles Perrot, Sophie et Pélagie, charmantes toutes deux; Louise Moreau, douce jeune fille, et depuis adorable mère de famille; Éléonore Picot, dont j'ai parlé, — cette excellente personne, attristée par la mort de son frère Stanislas, et l'infâme accusation qui avait pesé un instant sur son frère Auguste.

Puis d'autres encore dont les noms m'échappent, mais dont les visages frais m'apparaissent encore comme ces fantômes des rêves, comme ces apparitions glissant sur les fleuves d'Allemagne, ou mirant leurs rondes nocturnes aux lacs d'Écosse.

Enfin, après la bourgeoisie, venait, comme je l'ai dit, ce groupe de jeunes filles qu'il m'est impossible de classer dans la hiérarchie sociale, et qui tenait, au milieu de ce petit monde enfermé dans la verte ceinture de sa belle forêt, la place que, parmi les fleurs, tiennent les muguets, les pâquerettes, les bluets, les jacinthes et les roses pompons.

Oh! celles-là, c'était une merveille que de les voir, le dimanche, avec leurs robes printanières, leurs ceintures roses ou bleues, leurs petits bonnets chiffonnés par elles-mêmes et posés de cent façons coquettes, car pas une d'elles n'eût osé porter de chapeau; c'était une joie que de les voir libres de toute contrainte, ignorantes de toute étiquette, jouer, courir, nouer et dénouer la longue chaîne de leurs bras charmants, ronds et nus. Oh! les belles créatures! oh! la ravissante génération que cela faisait!

Peu importe à mes lecteurs, je le sais bien, de savoir leurs noms; mais, moi qui les ai vues, moi qui les ai aimées, moi qui ai passé avec elles ces premières années de ma jeunesse, ces jours veloutés du matin de la vie; moi, je veux les nommer; moi, je veux les décrire; moi, je veux dire à quel point elles étaient belles, et, alors, j'espère qu'elles me pardonneront mes indiscrétions, en faveur de mes indiscrétions mêmes.

D'abord, deux charmantes filles rêveuses et coquettes : Joséphine et Manette Thierry; Joséphine, brune, rose, riche de tournure, régulière de visage, créature parfaite, si de belles dents eussent complété un ravissant ensemble; Manette, une pomme d'api, toujours chantant pour faire entendre sa voix, toujours riant pour montrer ses dents, toujours courant pour laisser voir son pied, sa cheville, ses mollets même; la Galatée de Virgile, qu'elle ne connaissait pas même de nom, fuyant pour être poursuivie, se cachant pour être vue avant d'être cachée.

Que sont-elles devenues? Je les ai revues, depuis, assez malheureuses; l'une à Versailles, l'autre à Paris: fruits égrenés et flétris de ce chapelet sur lequel j'ai épelé les premières phrases de l'amour.

Elles étaient filles d'un vieux tailleur et demeuraient près de l'église, dont elles n'étaient séparées que par la mairie.

Presque en face d'elles, Louise Brézette, dont j'ai déjà dit un mot, la nièce de mon maitre de danse et de valse, vigoureuse fleur de quinze ans, à laquelle je pensais en écrivant l'histoire fabuleuse de cette *tulipe noire*, chef-d'œuvre d'horticulture vainement cherché, vainement sollicité, vainement attendu par les amateurs hollandais. Les cheveux de la belle madame Ronconi, — qui ont inspiré à Théophile Gautier l'un de ses plus merveilleux feuilletons, — ces cheveux, près desquels le charbon devient gris, et l'aile du corbeau devient pâle, n'étaient pas plus noirs, plus bleus, plus brillants que ceux de Louise Brézette, lorsque, pareils à un acier poli, ils renvoyaient au soleil ses rayons en reflets sombres et noirs. Oh! la belle, la fraîche brune qu'elle faisait avec sa chair ferme et dorée comme celle du brugnon, avec ses dents de perle, qui éclairaient son visage sous une petite moustache d'ébène, entre deux lèvres de corail! comme on sentait la vie et l'amour bouillir là-dessous! comme on sentait qu'à la première flamme tout cela déborderait!

Elle était dévote, la plantureuse jeune fille, et, comme il fallait qu'une pareille organisation aimât, elle aimait Dieu.

En faisant quelques pas vers la place, un peu au delà de la rue de Soissons, en appuyant à gauche, s'ouvraient une porte et une fenêtre formant toute la façade d'une petite maison. A la fenêtre pendaient des chapeaux, des collerettes, des bonnets, des broderies, des gants, des mitaines, des rubans, tout l'arsenal enfin de la coquetterie féminine; derrière la porte flottaient des rideaux destinés à empêcher les regards des curieux de pénétrer dans le magasin, mais qui, soit par une fatalité étrange, soit entêtement de la tringle sur laquelle ils glissaient, soit caprice du vent, laissaient toujours, à gauche ou à droite, quelque indiscrète ouverture par laquelle l'œil du passant pénétrait dans le magasin et qui, par la même occasion, permettaient que, du magasin, on pût voir dans la rue.

Au-dessus de cette porte et de cette fenêtre, était peinte, en grosses lettres, l'inscription suivante :

MESDEMOISELLES RIGOLOT, MARCHANDES DE MODES.

En vérité, ceux qui s'arrêtaient devant l'ouverture dénoncée, et qui parvenaient à plonger leurs regards dans l'intérieur du magasin, ne perdaient pas leur temps, et ne regrettaient pas leur peine.

Ce que nous disons là n'a aucun rapport avec les deux propriétaires de l'établissement, toutes deux vieilles filles ayant dépassé la quarantaine, et ayant, depuis longtemps, je le présume, perdu toute prétention à inspirer un autre sentiment que le respect.

Non, ce que nous disons là a rapport à deux têtes les plus adorables que l'on pût voir, l'une blonde, l'autre brune, qui se trouvaient placées à côté l'une de l'autre comme pour se faire valoir mutuellement : la tête brune avait nom Albine Hardi ; la tête blonde s'appelait Adèle Dalvin.

La tête brune, — avez-vous connu la belle Marie Duplessis, cette charmante courtisane aux airs de reine, sur laquelle mon fils a fait le roman de *la Dame aux camellias?* — c'était Albine. Ne l'avez-vous pas connue?... Je vais vous dire ce qu'Albine était.

C'était une jeune fille de dix-sept ans, au teint brun et mat, aux grands yeux bruns, veloutés, surmontés d'un sourcil noir qu'on eût cru tracé au pinceau, tant l'arc en était à la fois ferme et régulier. C'était une duchesse, c'était une reine ; si vous voulez, mieux que cela encore, quelque chose comme une nymphe de la suite de Diane : mince, svelte, droite et fine, une chasseresse qui eût été splendide à voir avec un feutre sur la tête, une plume sur ce feutre, une amazone flottante au vent, conduisant une troupe de piqueurs sonnants, guidant une meute aboyante. Au théâtre, son aspect eût été grandiose, presque surhumain. Dans la vie ordinaire, on était tenté de la trouver trop belle, et, pendant un certain temps, personne n'osa l'aimer, tant il semblait probable que cet amour serait perdu, et qu'elle n'y répondrait pas.

L'autre, Adèle, était rose et blonde. Je n'ai jamais vu plus jolis cheveux dorés, plus gentils yeux, plus charmant sourire; plutôt gaie que triste, plutôt petite que grande, plutôt potelée que mince : c'était quelque chose comme un de ces chérubins de Murillo, qui baisent les pieds des Vierges à moitié voilés par des nuages; ce n'était ni une bergère de Watteau, ni une paysane de Greuze, c'était quelque chose entre les deux, et participant des deux. Celle-là, on sentait qu'il était doux et facile de l'aimer, quoiqu'il ne fût point facile d'être aimé d'elle.

Son père et sa mère étaient de bons vieux cultivateurs, souche honnête mais vulgaire, de laquelle on était tout étonné que fût sortie une fleur si fraîche et si parfumée.

Au reste, il en était ainsi de tout ce monde enfantin; c'était la jeunesse qui lui donnait sa distinction, comme c'est le printemps qui donne la fraîcheur aux roses.

Autour de celles dont je viens de faire le portrait, souriait et bourdonnait tout un essaim de jeunes filles, dont les plus petites se perdaient dans l'enfance; génération que j'ai vue depuis succéder à celle avec laquelle j'ai vécu, et dans laquelle j'ai vainement cherché tout ce que je trouvais dans l'autre.

Avant l'arrivée des deux étrangères à Villers-Cotterets, je n'avais pas même remarqué cette couronne printanière à laquelle chaque classe de la société apporte, l'une son étoile, l'autre sa fleur.

Les deux étrangères parties, le bandeau que j'avais sur les yeux tomba, et je pus dire non-seulement : « Je vis, » mais encore : « J'existe. »

Je me trouvais justement placé par mon âge entre les enfants jouant encore aux barres et au petit palet, — comme avait très-bien dit la nièce de l'abbé Grégoire, — et les jeunes gens déjà en train de devenir des hommes.

Au lieu de redescendre vers les premiers, comme m'en avait donné le conseil ma belle Parisienne, je m'accrochais aux seconds, en me haussant sur la pointe du pied pour atteindre à mes seize ans.

Au reste, quand on me demandait mon âge, je m'en donnais dix-sept.

Les trois jeunes gens avec lesquels j'étais le plus intimement lié, étaient, le premier, Fourcade, directeur de l'école d'enseignement mutuel, envoyé de Paris à Villers-Cotterets, et qui m'avait servi de vis-à-vis lors de mon début chorégraphique.

C'était un garçon d'une éducation solide, d'un esprit distingué, fils d'un homme très-honorablement connu aux affaires étrangères; son père avait longtemps habité l'Orient, et avait été consul à Salonique.

Son choix amoureux s'était fixé sur Joséphine Thierry, et il passait avec elle tout le temps que lui laissait sa classe.

Le second se nommait Saunier; il avait été mon condisciple chez l'abbé Grégoire; il était second clerc chez M. Perrot, notaire; son père et son grand-père étaient serruriers, et, dans ce temps de flânerie de ma première jeunesse, je passais une partie de mon temps dans leur forge à ébrécher leurs limes et à faire des feux d'artifice avec de la limaille de fer.

Saunier avait deux passions, entre lesquelles il partageait ses loisirs : l'une — celle qui, je le crois bien, passait avant l'autre — était la clarinette; l'autre était Manette Thierry.

Le troisième de mes amis intimes se nommait Chollet; il servait de lien, comme âge, entre Fourcade et Saunier; il habitait chez un de mes cousins, nommé Roussy, le père de cet enfant dont j'avais été parrain, à neuf mois, avec Augustine Deviolaine. Il y étudiait l'exploitation forestière. Je ne sais pas ce qu'était sa famille; sans doute riche, car, lorsque j'allais chez lui, un certain nombre de pièces de cinq francs éparses sur la cheminée, et au milieu desquelles brillaient toujours fastueusement deux ou trois pièces d'or, éblouissaient mes yeux et me causaient une admiration profonde pour sa richesse.

Au reste, cette admiration était parfaitement exempte de jalousie. Je n'ai jamais envié ni la richesse d'un homme, ni la possession d'une chose. Est-ce orgueil? est-ce simplicité? Je n'en sais rien; j'aurais pu prendre pour devise : *Video nec invideo.*

Chollet n'avait point reçu d'éducation, mais il ne manquait pas d'un certain esprit naturel, et était assez beau garçon, grâce à des yeux magnifiques, à des dents splendides; d'ailleurs, grêlé de visage et vulgaire de façons.

Il essayait de changer, chez Louise Brézette, l'amour du Créateur en amour pour la créature.

Voilà quels étaient mes trois amis les plus familiers. Il en résulta que, lorsqu'il s'agit pour moi de faire un choix à mon tour, quoique j'eusse été élevé moitié chez M. Deviolaine, moitié chez M. Collard, ce ne fut ni à la société aristocratique, ni à la société bourgeoise, qui d'ailleurs se serait moquée de moi, que je demandai de m'initier à ce charmant mystère de la vie qu'on appelle l'amour, mais à la société à laquelle s'étaient presque exclusivement consacrés mes trois amis.

Et je n'avais pas de peine à comprendre leur préférence, et je n'hésitais pas à dire tout bas, et même tout haut, qu'ils avaient bien raison d'agir ainsi.

De là à faire comme eux, il n'y avait qu'un pas.

Aussi, ce qui me manquait, ce n'était pas le désir d'aimer, c'était une personne à aimer.

Chacune des jeunes filles que j'ai nommées avait une liaison sérieuse ou non. Au reste, elles jouissaient toutes d'une liberté charmante, et qui tenait sans doute à la confiance que les parents avaient dans leur vertu: mais, enfin, à quelque cause que cela tînt, il y avait à Villers-Cotterets une habitude tout anglaise : c'était une facilité de fréquentation entre jeunes gens de sexe différent, que je n'ai vue dans aucune autre ville de France; liberté d'autant plus singulière, que tous les parents de ces jeunes filles étaient parfaitement honnêtes, et avaient, au fond du cœur, la conviction profonde que toutes ces barques lancées sur le fleuve du Tendre étaient gréées de voiles blanches et couronnées de fleurs d'oranger.

Et, chose plus singulière encore, c'était vrai pour la plus grande partie des dix ou douze couples amoureux qui formaient notre société.

J'attendis patiemment qu'un de ces nœuds se dénouât ou se rompît.

En attendant, j'étais de toutes les parties, de toutes les promenades, de toutes les contredanses; c'était un excellent apprentissage qui me familiarisait d'avance avec le monstre que Psyché avait touché sans le voir, et que, tout au contraire d'elle, j'avais vu, moi, sans le toucher.

Le hasard me servit, après six semaines ou deux mois de surnumérariat. Une de ces liaisons, à peine nouée, se dénoua; le fils d'un cultivateur, nommé Richou, avait songé à épouser sa voisine Adèle Dalvin. Les parents du jeune homme, plus riches que ceux de la jeune fille, mirent opposition à ces naissantes amours, et la belle blonde se trouva libre.

Pendant ces six semaines, j'avais beaucoup gagné en voyant faire les autres; d'ailleurs, cette fois, je n'avais plus affaire à une Parisienne exigeante et railleuse, connaissant son monde autant que, moi, je le connaissais peu. Non, j'avais affaire à une jeune fille plus timide que moi, qui prenait au sérieux mes semblants de courage, et qui, pareille à cette grenouille de la fable qui saute dans son étang quand un lièvre effaré passe près d'elle, avait la bonté de me craindre et de me prouver qu'il était possible que je rencontrasse encore moins hardi que moi.

On comprend combien un pareil changement dans les positions me donnait d'aplomb. Aussi, les rôles étaient-ils complétement intervertis. Cette fois, j'attaquais et l'on se défendait, et même on se défendait si bien, que je compris bientôt que l'attaque était inutile, et qu'il y avait là une résistance sérieuse, qui pourrait céder peut-être devant un long et persévérant amour, mais qui ne se laisserait pas vaincre par un coup de main.

Alors commença pour moi cette première série de jours

dont le reflet se prolonge sur toute la vie; cette charmante lutte de l'amour, qui demande sans cesse et qui ne se lasse pas d'un éternel refus; cette conquête successive de petites faveurs, dont chacune, au moment où on l'obtient, vous remplit l'âme de joie, période matinale et fugitive d'une vie qui, pareille à l'aurore, plane au-dessus du monde, en secouant à pleines mains des fleurs sur la tête de tous les hommes, et précède, noyée dans l'aube juvénile de la puberté, le soleil ardent des grandes passions.

En effet, c'était une douce vie que celle-là : le matin, à mon réveil, ma mère avait son œil souriant et ses longs baisers suspendus à ses lèvres; de neuf heures à quatre heures, le travail, travail qui eût été ennuyeux, c'est vrai, si j'eusse été obligé de comprendre ce que j'écrivais, mais qui était facile et commode, en ce que, tout en copiant des yeux et de la main, l'esprit restait libre et s'amusait à causer avec le cœur; puis, de quatre heures à huit heures, ma mère encore, et, à huit heures, la joie, l'amour, la vie, l'espérance, le bonheur!

En effet, c'était à huit heures l'été, à six heures l'hiver, que nos jeunes amies, libres à leur tour, venaient nous rejoindre à un endroit convenu, nous tendaient leur front ou leurs deux joues, et nous serraient la main, sans prendre la peine, par une coquetterie malentendue ou par un hypocrite calcul, de nous cacher leur joie de se retrouver avec nous; alors, si c'était l'été, et si le temps était beau, le parc était là avec sa pelouse moussue, ses sombres allées, ses brises tremblantes dans les feuilles, et, pendant les nuits de lune, ses larges parties d'obscurité et de lumière; alors un promeneur solitaire eût vu passer cinq ou six couples, espacés à des distances calculées, pour avoir l'isolement sans avoir la solitude, les têtes inclinées l'une vers l'autre, les mains dans les mains, causant bas, modulant leurs paroles sur de douces intonations, ou gardant un silence dangereux; car, pendant ce silence, souvent on se disait des yeux ce qu'on n'osait se dire de la bouche.

Si c'était l'hiver ou s'il faisait mauvais, on se réunissait chez Louise Brézette; presque toujours la mère et la tante se retiraient au fond, nous abandonnant les deux premières pièces dont nous nous emparions; puis, éclairés seulement par une lampe brûlant dans la troisième, et à la hauteur de laquelle la mère de Louise brodait, tandis que la tante lisait l'*Imitation de Jésus-Christ* ou le *Parfait Chrétien*, nous causions, serrés les uns contre les autres, presque toujours à deux sur une seule chaise, nous répétant ce que nous nous étions dit la veille, mais trouvant ce que nous disions toujours nouveau.

A dix heures, la soirée était interrompue; chacun reconduisait chez elle la jeune fille dont il s'était fait le serviteur. Arrivée à la porte de la maison, elle accordait encore à son cavalier une demi-heure, une heure parfois, aussi douce pour elle que pour lui, assis tous deux sur le banc qui avoisinait cette porte, ou debout dans l'allée même qui conduisait à la chambre maternelle, dont on entendait, de temps en temps, sortir une voix grondeuse qui appelait, et à laquelle on répondait dix fois, avant que d'obéir : « Me voilà, maman. »

Le dimanche, on se réunissait à trois heures, c'est-à-dire après vêpres; on se promenait, on dansait, on valsait, on ne rentrait qu'à minuit.

Puis il y avait les fêtes des villages voisins, — moins élégantes, moins fashionables, moins aristocratiques certainement que celles de Villers-Cotterets, — où on allait par troupes joyeuses, et desquelles on revenait par couples espacés et silencieux.

A l'une de ces fêtes, je rencontrai un jeune homme d'un an moins que moi.

Je demande la permission de parler de lui avec quelques détails, car il a eu une immense influence sur ma vie.

LII

Adolphe de Leuven. — Sa famille. — Détails inconnus sur la mort de Gustave III. — Le comte de Ribbing. — Les cordonniers au château de Villers-Hellon.

C'était à la fête d'un charmant village situé à une lieue de Villers-Cotterets, et nommé Corcy, perdu au milieu des grands bois, comme un nid l'est dans les hautes branches. J'avais, pour un instant, laissé mes compagnons dans le rond de danse, et je m'étais éloigné pour faire une visite à un fermier, vieil ami de mon père, dont la ferme était distante du village d'un quart de lieue, à peu près.

La route que je suivais pour me rendre chez lui était un joli sentier tracé au pied d'une colline, bordé, à droite et à gauche, d'une double haie d'épines blanches, et tout parsemé de ces petites pâquerettes à cœur d'or et à feuilles teintées de rose à leur extrémité.

Tout à coup, au coude du chemin, dans un rayon de soleil qui les baignait de lumière, je vis apparaître, venant à moi, trois personnes, dont deux m'étaient bien connues, mais dont la troisième m'était totalement étrangère.

Les deux personnes qui m'étaient connues étaient, l'une, Caroline Collard, devenue, comme je l'ai dit plus haut, baronne Capelle.

L'autre était sa fille, Marie Capelle, âgée de trois ans alors, et qui depuis, pour son malheur, fut madame Lafarge.

La troisième personne, celle qui m'était étrangère, et qui ressemblait, au premier aspect, à un étudiant allemand, était un jeune homme de seize à dix-sept ans, vêtu d'une veste grise, d'une casquette de toile cirée, d'un gilet chamois et d'un pantalon bleu clair, presque aussi collant que le mien, et qui n'offrait avec lui que cette différence, que, chez moi, c'étaient les bottes qui recouvraient le pantalon, tandis que chez lui, au contraire, c'était le pantalon qui recouvrait les bottes.

Ce jeune homme, grand, brun, sec, aux cheveux noirs, coupés en brosse, aux yeux admirables, au nez fortement accentué, aux dents blanches comme des perles, à la démarche nonchalante et aristocratique, était le vicomte Adolphe Ribbing de Leuven, futeur auteur de *Vert-Vert* et du *Postillon de Longjumeau*, et fils du comte Adolphe-Louis Ribbing de Leuven, l'un des trois seigneurs suédois inculpés dans le meurtre de Gustave III, roi de Suède.

C'était une vieille et noble famille que celle de ces comtes Ribbing de Leuven, habitués à soutenir les luttes royales, et à traiter de majesté à majesté avec les puissants de la terre.

Ce fut un Ribbing qui se leva en 1520 contre le tyran Christiern, qui avait fait égorger ses deux enfants.

Il y avait une triste et mélancolique légende dans la famille : c'était celle de ces deux enfants, décapités, l'un à douze ans, l'autre à trois ans.

Le bourreau venait de trancher la tête à l'aîné et s'emparait du second pour l'exécuter à son tour, lorsque le pauvre petit lui dit de sa douce voix :

— Oh! je t'en prie, ne salis pas ma collerette, comme tu viens de le faire à mon frère Axel, car maman me gronderait.

Le bourreau avait deux enfants, juste du même âge que ceux-là. Ému à ces paroles, il jeta son épée, et se sauva tout éperdu.

Christiern envoya à sa poursuite des soldats, qui le tuèrent.

Le père d'Adolphe, que j'ai beaucoup connu depuis, et qui m'aimait comme son second enfant, était alors un homme de cinquante ans, d'une distinction suprême, d'un esprit charmant, quoiqu'un peu railleur, d'un courage à toute épreuve.

Il avait été élevé à l'école militaire de Berlin, était venu très-jeune en France, en qualité de capitaine, dans un de ces régiments étrangers que le roi Louis XVI avait à sa solde, et qui lui firent d'autant plus de tort, qu'ils le défendirent plus loyalement. Il avait été présenté à Marie-Antoinette par le comte de Fersen, et, sous les auspices de l'illustre favori, il avait été admirablement reçu par la reine.

Il avait, au reste, gardé de la pauvre Marie-Antoinette un souvenir tout de respect et de vénération, et, trente ans après sa mort, je l'ai souvent entendu parler d'elle avec une voix pleine de larmes.

Il fut rappelé en Suède vers la moitié de l'année 1791. Fiancé à une de ses cousines qu'il adorait, il croyait revenir pour l'épouser, lorsque, à son arrivée à Stockholm, il apprit qu'un ordre du roi Gustave II avait disposé de sa main, et qu'elle était la femme du comte d'Essen.

Dans un premier mouvement de désespoir, le comte Ribbing provoqua le mari. Un duel s'ensuivit, et le comte d'Essen tomba, la poitrine traversée d'un coup d'épée qui le cloua pendant six mois sur son lit.

La Suède, à cette époque, était dans un grand trouble ; le roi venait de forcer la Diète d'accepter l'acte d'union et de sûreté. C'était à Geft que s'était accompli ce coup d'État, qui investissait le roi seul du droit de paix et de guerre.

Au reste, depuis longtemps, la lutte existait entre la royauté et l'aristocratie. Marié, en 1766, à Sophie-Madeleine de Danemark, le roi n'avait pas encore d'héritier de sa couronne en 1776. Or, la noblesse suédoise attribuait la stérilité de la reine aux mêmes causes que celle de Louise de Vaudemont, femme de Henri III. Comme le dernier des Valois, Gustave avait des favoris dont la familiarité faisait tenir sur le prince les propos les plus étranges. Les seigneurs décidèrent, en conséquence, un beau jour, qu'il serait fait au roi des remontrances sur la stérilité de la reine, et qu'il serait supplié de faire cesser cette stérilité par tous les moyens qu'il aurait en son pouvoir.

Gustave promit d'aviser.

Alors on dit qu'il se passa une chose étrange.

Le soir même du jour où il avait engagé sa parole aux seigneurs suédois, il prit son écuyer Monk, le conduisit au lit de la reine, et, là, devant la pauvre femme, toute rougissante, il lui exposa le service qu'il demandait de lui, et sortit en l'enfermant dans la chambre royale.

Quelque temps après, la grossesse fut proclamée, et la reine accoucha d'un prince, qui, après la mort de son père, régna sous le nom de Gustave IV.

On sait qu'en 1809, les états de Suède proclamèrent sa déchéance.

J'ai beaucoup connu son fils en Italie, où il voyageait sous le nom de comte de Wasa.

En 1770, Gustave III, alors âgé de vingt-quatre ans, était venu en France sous le nom de comte de Haga. Il avait visité une espèce de devineresse qui, dans des extases magnétiques, prédisait l'avenir ; à peine lui eut-elle touché la main, qu'elle l'invita à prendre garde à l'année 1792, lui annonçant que, dans le cours de cette année, il devait, par un coup d'arme à feu, courir danger de mort.

Gustave était brave ; il avait souvent payé de sa personne. Il raconta plus d'une fois la prédiction en riant, mais ne s'en inquiéta jamais.

A la suite de cette diète de 1792, pendant laquelle la noblesse avait perdu le reste de ses priviléges, une conjuration déjà entamée se renoua.

Les principaux conjurés furent Ankarstrœm, le comte Ribbing, le comte de Horn, le baron d'Erenswaerd et le colonel Lilienhorn.

Ankarstrœm et Ribbing, outre les griefs généraux qui aigrissaient la noblesse contre le roi, avaient des motifs particuliers de haine.

Ankarstrœm avait perdu, par l'intervention du roi, un procès qui avait entraîné avec lui la moitié de sa fortune.

Le comte de Ribbing, comme nous l'avons dit, avait à venger sur le roi une perte bien autrement douloureuse que celle d'un procès, la perte de sa fiancée.

Les autres faisaient, du meurtre projeté de Gustave, une affaire de caste, voilà tout.

On résolut d'exécuter ce meurtre au milieu d'un bal masqué, qui devait avoir lieu dans la salle de l'Opéra, pendant la nuit du 15 au 16 mars 1792.

La veille, le roi reçut une lettre anonyme qui lui donnait

avis du complot, et qui lui annonçait qu'il serait assassiné la nuit suivante.

— Ah! oui, dit Gustave, en effet, même chose a été prédite, il y a vingt-deux ans, au comte de Haga; mais il n'ajouta pas plus de foi alors à la prédiction que n'y en ajoute aujourd'hui le roi de Suède.

Et, haussant les épaules, il froissa le billet entre ses mains, et le jeta dans la cheminée.

Cependant on assure que, dans la nuit du 14 au 15, Gustave, déguisé, alla consulter la fameuse sibylle Arfredson, laquelle, confirmant la prédiction de la somnambule française et l'avis de la lettre anonyme, lui déclara qu'il devait être assassiné avant que trois jours fussent écoulés.

Soit courage réel, soit incrédulité, Gustave ne voulut rien changer aux projets arrêtés, ni prendre aucune précaution, et, le soir, à onze heures, il se rendit au bal masqué.

La veille, on avait tiré au sort pour arrêter lequel des conjurés devait tuer le roi, Gustave étant si fort détesté de la noblesse, que chacun réclamait le dangereux honneur de porter le coup mortel.

Le sort avait désigné Ankarström.

On assure qu'un des conjurés lui offrit alors une donation, non-seulement des biens qu'il possédait à cette époque, mais encore de ceux qui lui devaient revenir un jour, s'il voulait lui céder sa place. Ankarström refusa.

Le moment venu, comme plusieurs seigneurs étaient vêtus de costumes pareils à celui du roi, Ankarström pensa tout à coup qu'il pouvait se tromper, et tirer sur un autre que Gustave.

Mais le comte de Horn le rassura en lui disant :

— Tirez hardiment sur celui à qui je dirai : « Bonjour, beau masque. » Ce sera le roi.

Il était deux heures du matin; Gustave se promenait, appuyé au bras de ce même comte d'Essen qu'il avait marié à la fiancée de Ribbing, lorsque le comte de Horn, s'approchant, lui dit :

— *Bonjour, beau masque.*

Au même instant, une détonation sourde se fit entendre, Gustave chancela en disant :

— Je suis mort !

A part ceux qui entouraient le roi, personne ne s'était aperçu de l'événement; le pistolet était caché dans un manchon; au milieu du bruit des conversations et des accords de l'orchestre, la détonation s'était perdue.

Quant à la fumée, elle était restée ensevelie dans le manchon.

Cependant, au cri du roi, et en le voyant tomber faiblissant aux bras de d'Essen, chacun accourut; dans le mouvement qui se fit, il fut alors facile à Ankarström de s'éloigner du roi, et même de sortir de la salle; mais, dans le trajet, il avait laissé tomber un de ses pistolets.

Le pistolet fut ramassé, chaud et fumant encore.

Le lendemain, tous les armuriers de Stockholm furent interrogés, et l'un d'eux reconnut le pistolet pour l'avoir vendu à Ankarström.

Une heure après, Ankarström était arrêté chez lui, et une commission spéciale était nommée pour le juger.

Il avoua le crime, mais en le glorifiant. Quant à ses complices, quelque promesse qui lui fût faite, il refusa de les dénoncer.

Le procès fut mené lentement; on espérait toujours qu'Ankarström parlerait; enfin, le 29 avril 1792, c'est-à-dire quarante-quatre jours seulement après le meurtre, il fut condamné.

L'arrêt portait qu'il serait battu de verges pendant trois jours; puis, décapité.

Malgré la longueur et l'ignominie du supplice, Ankarström conserva sa fermeté jusqu'au dernier moment. Traîné au supplice dans une charrette, il étendit des regards parfaitement tranquilles sur ces milliers de spectateurs pressés autour de l'échafaud. Arrivé sur la plate-forme, il demanda quelques secondes pour se réconcilier avec Dieu. Le délai lui fut accordé. Il se mit à genoux, fit sa prière, et se livra aux exécuteurs.

Il n'avait pas encore trente-trois ans accomplis.

Ribbing, qui avait été arrêté en même temps qu'Ankarström, n'en avait, lui, que vingt et un ; il allait être condamné à mort comme Ankarström ; le duc de Sudermanie, régent du royaume pendant la minorité de Gustave IV, pressait l'instruction, lorsqu'un illuminé, disciple de Swedenborg, vint le trouver, et lui annonça que le *maître* lui était apparu, lui avait déclaré que non-seulement Ribbing était innocent, mais encore que chaque cheveu qui tomberait de sa tête coûterait un jour de vie au duc de Sudermanie. Le duc, swedenborgiste lui-même, s'effraya à cette idée, et Ribbing, au lieu de partager le sort d'Ankarström, fut condamné à un exil éternel.

Comme on ne pouvait faire, pour le comte de Horn et pour Lilienhorn, moins que l'on ne faisait pour Ribbing, tous deux obtinrent la même faveur.

La confiscation des biens suivait l'exil.

Heureusement, la confiscation de ces biens ne devait avoir lieu, pour le comte de Ribbing, qu'après la mort de sa mère, qui, lui vivant, héritait de lui, et sa mère était encore jeune.

Le comte partit pour la France, qui était en pleine révolution, et y arriva pour voir les 2 et 3 septembre et le 21 janvier. Son adoration pour la reine le fit éclater en reproches contre ces jours terribles. Il fut arrêté, et lui, régicide, allait être livré au tribunal révolutionnaire, comme trop sympathique aux malheurs d'un roi, lorsque Chaumette le fit mettre en liberté, lui donna un passe-port, et l'aida à sortir de Paris.

Le comte se rendit alors en Suisse : il était jeune, et si beau, qu'on ne l'appelait que le beau régicide. Il fut présenté à madame de Staël, qui lui accorda une grande part dans son amitié. Deux ou trois cents lettres de madame de Staël, que le comte de Ribbing reçut d'elle pendant tout le cours de la vie de l'illustre auteur de *Corinne*, prouvent que cette amitié ne fut point passagère.

Madame de Staël était entourée d'un cercle d'amis, dont quelques-uns avaient été ceux du comte de Ribbing. Cette petite cour, moitié politique, moitié littéraire, ne s'occupa alors que d'une chose, ce fut de secourir, de cacher, de protéger les émigrés contre les persécutions des magistrats des cantons helvétiques, qui avaient la main forcée par les exigences continuelles du gouvernement révolutionnaire de Paris.

Après le 9 thermidor, le comte de Ribbing put rentrer en France, où il acheta, à très-bas prix, trois ou quatre châteaux et deux ou trois abbayes. Au nombre des châteaux étaient Villers-Hellon, Brunoy et Quincy.

Le comte avait fait toutes ces acquisitions sur simples recommandations, soit de ses amis, soit de son notaire. Villers-Hellon, entre autres, lui était parfaitement inconnu. Un beau matin, il résolut d'aller visiter cette charmante propriété, qu'on lui avait beaucoup vantée. Malheureusement, le moment était mal choisi pour en apprécier tous les charmes : un arrêté de la commune de Villers-Hellon avait livré le château à une association de cordonniers, qui exécutaient des souliers pour l'armée ; les honorables disciples de saint Crépin s'étaient, en conséquence, emparés du domaine, avaient établi leurs ateliers dans les salons et dans les chambres, et, pour plus grande facilité de communication, ils avaient pratiqué des ouvertures dans les plafonds. Quand c'était une communication orale qu'ils avaient à faire, elle s'opérait de cette façon, par les judas, sans que celui qui avait à faire cette communication eût besoin de quitter sa place; quand c'était une visite à accomplir, de bas en haut ou de haut en bas, des échelles appliquées aux ouvertures économisaient les tours et détours que nécessite toujours un escalier.

On comprend que de pareils locataires nuisaient fort à l'aspect du château que venait d'acheter le comte. Aussi fut-il effrayé de la vue et surtout de l'odeur, et s'enfuit-il précipitamment à Paris.

Quelques jours après, il racontait, avec l'esprit qui lui était particulier, sa mésaventure devant M. Collard, alors attaché à la fourniture des armées. M. Collard, plus habitué que le noble proscrit à l'appréciation des choses matérielles, lui offrit alors de reprendre son marché. M. de Ribbing y consentit, et Villers-Hellon devint, à partir de ce moment, la propriété de M. Collard.

Heureusement, le comte de Ribbing avait encore deux ou

trois autres châteaux, où, à défaut de celui qu'il venait de vendre, il pouvait établir sa résidence.

Il choisit Brunoy, qu'il céda plus tard à son ami Talma, comme il avait cédé Villers-Hellon à son ami Collard, puis s'établit au château de Quincy.

Pendant tout le règne de Napoléon, le comte de Ribbing demeura fort tranquille, l'hiver à Paris, l'été à la campagne, se livrant à l'agriculture, pêchant ses étangs, dans lesquels on prit, un jour, un si énorme brochet, que, mis dans le plateau d'une balance, et Adolphe dans l'autre, le brochet eut l'honneur de l'emporter.

Plusieurs fois Napoléon offrit du service à M. de Ribbing; mais, dans cette prévision qu'avec les idées envahissantes du conquérant, il serait forcé un jour de porter les armes contre la Suède, il refusa.

Au second retour des Bourbons, les vengeances rétrospectives qui s'exercèrent allèrent chercher M. de Ribbing dans sa retraite. Forcé de s'exiler, il passa la frontière et, sous un nom supposé, se rendit à Bruxelles avec sa femme et son fils.

Mais l'incognito du comte de Ribbing devait bientôt être trahi, dans des circonstances qui donneront une idée de son caractère.

A Bruxelles, le comte se trouva à table d'hôte avec des officiers étrangers qui, tout enorgueillis de la victoire de Waterloo, maltraitaient fort la France et surtout les Français. Un colonel couvert de décorations se faisait surtout remarquer par l'exagération de ses attaques. La conversation avait lieu en allemand; mais, pour le comte de Ribbing, élevé à Berlin, l'allemand était presque une langue maternelle : il ne perdait donc pas un mot de la conversation, à laquelle il paraissait complétement étranger. Tout à coup il se leva, s'avança avec son calme habituel vers le colonel, lui donna une paire de soufflets, accompagna cette paire de soufflets de l'énumération de ses prénoms et qualité, et revint tranquillement s'asseoir à sa place.

Cauchois-Lemaire était à cette table, tout jeune homme encore, ainsi que le poëte Arnault, déjà vieux; tous deux, au risque de ce qui pouvait leur en arriver de mal, offrirent, comme témoins, leurs services au comte de Ribbing.

Par bonheur, ces services furent inutiles : le colonel ne se battit point.

La liste des *trente-huit* avait, aux dépens de la France, enrichi Bruxelles. — Arnault, Exelmans, Regnault de Saint-Jean d'Angély, Cambacérès, Harel, Cauchois-Lemaire étaient proscrits.

M. de Ribbing se lia avec eux, et avec eux fonda *le Nain jaune*, journal dont la réputation fut bientôt européenne.

A la suite d'un article publié par le comte dans ce journal, le gouvernement prussien demanda que l'auteur de cet article lui fût livré.

Il ne s'agissait pas moins que d'un emprisonnement à perpétuité dans une citadelle. La Prusse, on le sait, est encore le pays des citadelles, et a été longtemps celui des emprisonnements.

Cependant le roi Guillaume laissa au comte de Ribbing le choix d'être livré à la Prusse ou à la France, — à peu près comme le cuisinier laisse au poulet le choix d'être mis à la broche ou en fricassée. — M. de Ribbing opta pour la France.

Il fut pris, jeté dans une chaise de poste avec son fils, et conduit aux portes de Condé.

Là, il s'orienta, cherchant auquel de ses anciens amis il pouvait aller demander l'hospitalité.

Le plus proche de lui, c'était M. Collard.

Il s'achemina vers Villers-Hellon.

Il va sans dire qu'il fut reçu cœur et bras ouverts. Il habitait depuis trois jours ce charmant domaine, — si fort changé depuis le temps des cordonniers, qu'il ne voulait pas absolument le reconnaître, — quand je rencontrai son fils, Adolphe de Leuven, donnant le bras à madame Capelle, et la main à la petite Marie.

LIII

Le quatrain d'Adolphe. — La poule d'eau et le roi Guillaume. — Déjeuner au bois. — La poudre à gratter, les grenouilles et le coq. — Le spectre du docteur. — De Leuven, Hippolyte Leroy et moi, nous sommes exilés du salon. — Suites fatales d'une erreur géographique. — M. Paroisse.

Il y avait longtemps que je n'avais vu quelqu'un de la famille Collard. Madame Capelle, qui était parfaite pour moi, et qui, dans les ridicules que l'on me reprochait, — et que je possédais, je ne m'en cache pas, à un certain degré, — faisait la part de la jeunesse ; madame Capelle, en me présentant de Leuven comme un petit ami à moi, m'invita, pour faire plus ample connaissance, à un déjeuner qui devait avoir lieu le lendemain dans la forêt; et il fut convenu qu'à la suite du déjeuner, j'irais passer deux ou trois jours au château de Villers-Hellon.

On comprend que j'acceptai tout cela.

La fête de Corcy se passa comme toutes nos charmantes fêtes de village avaient l'habitude de se passer : c'est-à-dire avec force danses et force rires.

Je ne me rappelle rien de charmant comme ces retours à dix ou onze heures du soir sous la voûte épaisse et tremblante des grands arbres. Au milieu du silence majestueux de la nuit, on eût dit une vue de l'Élysée antique, avec ses ombres se promenant muettes dans l'obscurité; car les ombres qui se promenaient dans ces Élysées terrestres parlaient si bas, si bas, qu'on eût juré qu'elles étaient muettes.

J'avais été obligé de retourner à Villers-Cotterets pour reconduire Adèle, à laquelle il m'avait fallu faire comprendre, à force de diplomatie, la nécessité où j'étais de conserver des relations avec la famille Collard. C'était une si excellente personne, elle avait le cœur si bon, l'esprit si droit, qu'elle comprit cela, et que, le cœur un peu gros de me prêter à un pareil groupe de jeunes filles, belles et aristocratiques à faire mourir des princesses de jalousie, elle me donna un congé de trois jours.

A neuf heures du matin, je partis afin d'être à dix heures au lieu du rendez-vous. Tout le monde avait passé la nuit à Corcy, chez M. Leroy, où j'eusse passé la nuit comme les autres, si je n'eusse pas été impérieusement rappelé à Villers-Cotterets par la nécessité que j'ai dite. Mais qu'était-ce qu'une pareille course! J'avais de bonnes jambes, et, aux jambes, des bottes qui pouvaient défier celles de l'ogre du Petit-Poucet.

En moins de trois quarts d'heure, j'aperçus les premières maisons du village avec l'étang au fond de la vallée, tranquille et resplendissant comme un miroir; au bord de l'étang se promenait Adolphe de Leuven.

Je me doutai bien que personne n'était encore levé à la ferme, et j'allai à Adolphe. Il tenait à la main un crayon et des tablettes, et gesticulait, lui si flegmatique, d'une façon qui m'eût inquiété pour l'état de son esprit, si je n'eusse cru qu'il répétait une leçon d'armes.

En m'apercevant, il s'arrêta et rougit légèrement.

— Que diable faites-vous donc là? lui demandai-je.

— Mais, répondit-il avec quelque embarras, je faisais des vers.

Je le regardai en face comme un homme qui n'a pas bien compris.

— Des vers!... Vous faites donc des vers?

— Mais oui, quelquefois, dit-il en souriant.

— Et à qui faisiez-vous des vers?

— A Louise.

— A Louise Collard?

— Oui.

— Tiens! tiens! tiens!

L'idée qu'on pût faire des vers à Louise Collard, si adorable qu'elle fût, ne m'était jamais venue à l'esprit. Pour moi, Louise était toujours la charmante enfant portant des robes courtes et des pantalons festonnés, mais pas autre chose.

— Ah! vous faisiez des vers à Louise, repris-je, et à quel propos?

— Vous savez qu'elle va se marier.

— Louise? Non, je ne savais pas cela. Et à qui?

— A un Russe... Comprenez-vous, il faut empêcher ce mariage.

— Il faut empêcher ce mariage!

— Oui; il ne faut pas permettre qu'une si charmante personne quitte la France.

— Tiens, au fait, j'en serais fâché, moi, qu'elle quittât la France; je l'aime beaucoup; et vous?

— Moi? Je ne la connais que depuis trois jours.

— C'est bien d'empêcher qu'elle ne quitte la France; mais comment l'empêcherons-nous?

— Je lui ai fait des vers de mon côté, faites-lui-en du vôtre.

— Moi?

— Oui, vous; vous avez été élevé avec elle, cela lui fera plaisir.

— Mais, moi, je ne sais pas faire de vers. Je n'ai jamais fait que des bouts-rimés avec l'abbé Grégoire, et il m'a toujours dit qu'ils n'étaient pas bons.

— Ah! bah! quand vous serez amoureux, cela viendra tout seul.

— Non. Je suis amoureux, et cela ne vient pas : montrez-moi donc vos vers.

— Oh! c'est un simple quatrain.

— Montrez toujours.

Adolphe tira ses tablettes, et me lut ces quatre vers :

> Pourquoi dans *la froide Ibérie*,
> Louise, ensevelir de si charmants attraits?
> Les Russes, en quittant notre belle patrie,
> Nous juraient cependant une éternelle paix!

Je demeurai émerveillé. C'étaient de vrais vers, des vers dans le genre de Demoustier. J'avais donc devant moi un poëte; je fus tenté de saluer.

— Comment trouvez-vous mon quatrain? demanda de Leuven.

— Ma foi, très-beau !

— Tant mieux !

— Et vous allez le donner à Louise?

— Oh! non, je n'oserais pas. Je l'écrirai sur son album sans lui rien dire, et, en le feuilletant, elle trouvera mes vers.

— Bravo !

— Et vous, que ferez-vous?

— A propos de quoi?

— A propos de ce mariage.

— Oh! moi, comme je ne me sens point capable de faire un quatrain de la force du vôtre, je lui dirai : « Tu vas donc te marier avec un Russe, ma pauvre Louise? Tu as bien tort, va! »

— Je ne crois pas, dit Adolphe, que cela fasse l'effet de mon quatrain.

— Je ne crois pas non plus; mais enfin, que voulez-vous! chacun se sert de ses armes. Ah ! si le Russe voulait se battre avec moi au fusil, je suis bien sûr qu'il n'épouserait pas Louise.

— Vous êtes donc chasseur?

— Un peu. Comment voulez-vous qu'on ne soit pas chasseur au milieu d'une pareille forêt? Eh! tenez, une poule d'eau !

Et je lui montrai du doigt, en la mettant en joue avec ma canne, une poule d'eau qui nageait dans les roseaux de l'étang.

— Pan !

— C'est une poule d'eau, cela?

— Mais oui. D'où venez-vous donc, que vous ne connaissez pas une poule d'eau?

— Je viens de Bruxelles.

— Je vous croyais Parisien.

— Je suis né à Paris, en effet; mais, en 1815, nous avons quitté Paris, et nous avons été habiter Bruxelles, où nous étions depuis trois ans, quand on nous a forcés d'en sortir, mon père et moi.

— Et qui vous a forcés d'en sortir?

— Mais Guillaume !

— Qu'est-ce que cela, Guillaume?

— Qu'est-ce que Guillaume? C'est le roi des Pays-Bas. Vous ne saviez pas que le roi des Pays-Bas s'appelàt Guillaume?

— Ma foi, non.

— Eh bien, il doit vous sembler moins extraordinaire maintenant que je ne sache pas ce que c'est qu'une poule d'eau.

En effet, comme on le voit, nous avions chacun notre ignorance : seulement, la mienne était moins pardonnable que celle de Leuven.

Il grandit d'une seconde coudée dans mon esprit. Non-seulement il était poète, mais encore il avait dans le monde une si grande importance, que le roi Guillaume s'était inquiété de lui et de son père, au point de les mettre tous deux hors de ses États.

— Et maintenant, lui demandai-je, vous demeurez à Villers-Hellon?

— Oui. M. Collard est un ancien ami de mon père.

— Pour combien de temps y demeurez-vous?

— Pour tout le temps qu'il plaira aux Bourbons de nous laisser en France.

— Ah çà! mais vous avez donc quelque chose aussi à démêler avec les Bourbons?

— Nous avons, dit en souriant Adolphe, quelque chose à démêler avec tous les rois.

Cette phrase, jetée assez majestueusement, acheva de m'étourdir. Par bonheur, à ce moment parut sur le seuil de la ferme toute la nuée rose et blanche de nos belles convives. Deux ou trois chars à bancs attendaient pour les conduire au lieu désigné. Les hommes devaient aller à pied. Le rendez-vous était distant d'un quart de lieue à peine du village.

Une longue table de trente couverts était dressée sous une voûte de feuilles, à dix pas à peine d'une source claire, fraîche, murmurante, qu'on appelle la fontaine aux Princes.

Toutes ces jeunes filles, toutes ces jeunes mères, tous ces petits enfants semblaient des fleurs des bois s'ouvrant à l'air, plein de brises et d'aromes : les unes pâles, et cherchant l'ombre et la solitude; les autres aux vives couleurs, demandant du jour, du bruit, du soleil et des admirateurs.

Oh! mes beaux bois, mes vastes ombrages, mes solitudes chéries, je vous ai revus depuis; mais aucune ombre ne glissait plus sous vos arceaux verts et dans vos sombres allées... Qu'avez-vous fait de tout ce monde charmant, évanoui avec ma jeunesse? Pourquoi donc d'autres générations ne sont-elles pas venues, pâles ou roses, vives ou nonchalantes, bruyantes ou silencieuses, remplacer celles-là? Est-ce que cette efflorescence d'un instant a disparu à jamais? Est-ce elle qui manque réellement, ou sont-ce mes yeux qui ne voient plus?

Le soir, on partit pour Villers-Hellon. Tout était si bien distribué dans le délicieux petit château, que chacun avait sa chambre et son lit, et quelquefois nous nous y trouvions trente ou quarante.

J'ai raconté de quelles persécutions nocturnes le pauvre Hiraux avait été victime quand il venait nous visiter aux Fossés. Cette fois, c'était à notre tour de les subir.

Nos chambres avaient été machinées d'avance comme un théâtre de féerie.

Le machiniste en chef était le médecin de la maison, Manceau. Il avait remplacé un vieux médecin de Soissons, nommé M. Paroisse.

Je dirai tout à l'heure à quelle occasion il l'avait remplacé. Les aides machinistes étaient Louise, Cécile et Augustine.

Les victimes, désignées d'avance, étaient Hippolyte Leroy, de Leuven et moi.

Hippolyte Leroy était, à cette époque, un jeune homme de vingt-cinq à vingt-six ans, cousin de M. Leroy de Corcy.

Il sortait des gardes du corps, et était secrétaire de l'inspection de Villers-Cotterets.

Il devint plus tard mon cousin, en épousant Augustine Deviolaine.

Nos trois chambres communiquaient.

Nous montâmes dans nos chambres vers minuit et demi.

De Leuven se coucha le premier. A peine fut-il dans son lit, qu'il commença à se plaindre de démangeaisons insupportables : son lit était saupoudré de cette substance que vendent les charlatans, et qu'on appelle de la poudre à gratter.

Ceux qui ne connaissent point cette poudre peuvent se rappeler la fameuse scène de *Robert Macaire*, dans laquelle les deux héros de l'ouvrage trouvent une malle, et, dans cette malle, un nombre infini de petits paquets, contenant une substance inconnue, dont la propriété leur est révélée par le contact.

Au bout de cinq minutes, Adolphe de Leuven se grattait, à lui seul, comme Robert Macaire et Bertrand à la fois.

Nous accordâmes à de Leuven la somme de commisération qui lui était raisonnablement due.

Nous lui donnâmes le conseil de s'épiler de son mieux, de s'envelopper dans le rideau de son lit, et de s'endormir sur un canapé.

Puis nous regagnâmes nos lits à nous, bien convaincus que nous allions les trouver, en tout, pareils à celui d'Adolphe.

Mais nous les découvrîmes inutilement : ils nous apparurent purs de toute préparation du même genre.

Nous nous couchâmes. Au bout de cinq minutes, Hippolyte Leroy poussa des cris aigus.

En s'allongeant, il avait senti au bout de ses pieds un bout de ficelle; il avait tiré cette ficelle, et, en la tirant, avait dénoué un sac plein de grenouilles. Les grenouilles, rendues à la liberté, s'étaient hâtées de se répandre dans le lit, et c'était le contact de la peau animale avec la peau humaine qui avait fait pousser à Hippolyte le cri susmentionné.

Hippolyte jeta ses couvertures en l'air, et sauta à bas du lit.

Les grenouilles sautèrent après lui. On lui avait fait la mesure bonne; il y en avait bien deux douzaines.

Je me croyais le seul épargné, lorsque, dans une armoire contre laquelle la tête de mon lit était appuyée, il me sembla entendre un grand mouvement. Mes yeux se portèrent sur la serrure.

Il n'y avait pas de clef.

Cependant, cela ne faisait plus aucun doute pour moi, un

animal quelconque était enfermé dans cette armoire. Seulement, à quelle espèce appartenait cet animal ?

Je ne demeurai pas longtemps dans le doute : à une heure sonnante, un coq chanta à la tête de mon lit, et renouvela son chant à chaque heure qui nous séparait encore du jour.

Je ne reniai pas le Christ, comme saint Pierre, mais j'avouerai que je sacrai un peu Dieu.

A sept heures, nous dormions — de Leuven, malgré sa poudre à gratter, Hippolyte Leroy, malgré ses grenouilles, et moi, malgré mon coq, — lorsque Manceau entra dans notre chambre, et nous réveilla en nous annonçant qu'ayant appris par voie détournée que nous avions passé une assez mauvaise nuit, il venait mettre sa science à notre disposition.

Manceau se dénonçait lui-même.

Nous avions si mal dormi, pendant cette malheureuse nuit, que nous avions voué, par un serment terrible, aux divinités infernales notre persécuteur, quel qu'il fût.

Manceau, comme je l'ai dit, se dénonçait lui-même ; l'expiation devait suivre le crime : le serment prononcé devait s'accomplir.

Sur un signe, de Leuven ferma la porte : je me jetai sur Manceau, Hippolyte le bâillonna ; nous le déshabillâmes complétement, nous l'enveloppâmes dans le drap de lit d'Adolphe, nous le ficelâmes comme un saucisson, nous le descendîmes par un escalier dérobé, et nous allâmes le déposer à l'endroit le plus désert du parc, au beau milieu de la petite rivière, à un endroit où il avait pied, mais où, empêtré comme il l'était, il courait grand risque de le perdre au premier pas qu'il ferait.

Puis nous remontâmes tranquillement nous coucher, et reprîmes notre somme interrompu.

A dix heures, nous descendîmes pour déjeuner.

Notre arrivée était attendue avec impatience.

Tout le monde pouffait de rire en se regardant.

Ces demoiselles s'étaient partagé les rôles : les unes faisaient semblant de se gratter, les autres imitaient à demi-voix le coassement des grenouilles, les autres simulaient le chant du coq.

Nous restâmes impassibles; seulement, nous demandâmes indifféremment des nouvelles de Manceau.

Personne ne l'avait vu.

On se mit à table.

Le poulet était dur, disait Cécile; on eût dit d'un vieux coq qui aurait chanté toute la nuit.

Augustine réclamait les grenouilles qu'elle avait vues, disait-elle, la veille à la cuisine. Avait-on changé leur destination?... Les grenouilles étaient-elles perdues?... Il fallait que les grenouilles se retrouvassent.

Louise demandait à Adolphe s'il n'était pas atteint d'une maladie contagieuse : depuis qu'il lui avait donné le bras pour passer dans la salle à manger, elle se sentait d'effroyables démangeaisons.

— Si Manceau était là, dis-je à Louise, tu pourrais lui demander une ordonnance pour les faire passer.

— Mais, en effet, dit madame Collard, où donc est Manceau?

Même silence qu'à la première question.

La chose devenait grave, et l'on commençait à s'inquiéter du cher docteur. Cette absence n'était pas naturelle; son habitude n'était point de s'absenter aux heures des repas.

On fit demander au concierge si Manceau n'était point sorti pour aller visiter quelque malade dans le village.

Le concierge n'avait pas aperçu Manceau.

— Moi, dis-je, je crois qu'il est noyé... Pauvre garçon!

— Et pourquoi cela? demanda madame Collard.

— Parce que, hier au soir, il nous avait proposé une partie de bain; mais nous avons si bien dormi, que nous avons manqué au rendez-vous qu'il nous avait donné dans sa chambre. Ne nous voyant pas venir, il aura été au bain tout seul.

— Oh! mon Dieu! dit madame Capelle, le malheureux docteur! il ne sait pas nager.

Sur ces paroles, ce fut parmi ces dames un chœur de désolation, près duquel celui des Israélites exilés était bien peu de chose.

Il fut convenu qu'aussitôt après le déjeuner, on se mettrait à la recherche de Manceau.

— Bon! me dit tout bas de Leuven, je profiterai de l'absence de tout le monde pour écrire mes vers sur l'album de Louise.

— Et moi, répondis-je, je ferai sentinelle à la porte pour que vous ne soyez pas dérangé.

Chaque chose s'accomplit comme elle avait été projetée.

Toute cette ruche, qu'on appelait le château, essaima dans le jardin.

Les hommes graves, M. de Leuven le père, M. Collard, M. Méchin, demeurèrent au salon à lire les journaux.

Hippolyte fit une partie de billard avec Maurice.

De Leuven et moi, nous montâmes à la chambre de Louise, attenante à celle de M. Collard, et, tandis que je guettais sur le pallier, il écrivit ses quatre vers sur l'album.

A peine avait-il écrit le dernier, que nous entendîmes de grands cris, et qu'en nous approchant de la fenêtre, nous vîmes revenir tout courant au château Louise et Augustine.

Quant à Cécile, plus brave, elle était restée ferme à sa place, et regardait du côté de la rivière avec plus de curiosité que de frayeur.

— Bravo! dis-je à Adolphe, voilà Manceau qui fait son effet.

Nous descendîmes vivement.

— Un revenant! un revenant! criaient Louise et Augustine; un revenant dans la rivière!

— Oh! mon Dieu! demanda de Leuven, serait-ce déjà l'âme de ce pauvre Manceau qui s'ennuie là-bas?

Ce n'était pas son âme, mais c'était son corps. A force de lutter contre ses cordes, Manceau avait dégagé un bras, puis deux; ses deux bras dégagés, il avait ôté le mouchoir qui lui fermait la bouche; le mouchoir ôté, il avait crié pour qu'on vînt à son aide; malheureusement, le jardinier était au bout opposé du jardin. Il avait bien essayé de dénouer les cordes qui liaient ses jambes, comme il avait fait des cordes qui liaient ses mains; mais, pour arriver à cela, il lui fallait mettre sa tête sous l'eau; et, comme l'avait fait madame Capelle, le malheureux docteur, ne sachant point nager, s'était abstenu de toute tentative pareille, retenu qu'il était par la crainte de la suffocation. Enfin, ses cris avaient attiré les jeunes filles; mais, à la vue de cette figure enveloppée d'un drap et faisant des gestes désespérés, la peur s'était emparée d'elles, et, n'ayant aucune idée que Manceau pût se trouver au milieu de la rivière, affublé d'un pareil costume, elles avaient crié au spectre, et s'étaient enfuies.

On envoya au malheureux Manceau le jardinier tant réclamé.

Il demandait ses habits à cor et à cris. Il était resté dans la rivière depuis sept heures du matin jusqu'à midi, et, quoique nous fussions à la fin de juillet, ce bain, infiniment trop prolongé, l'avait quelque peu refroidi.

On lui bassina son lit, et on le coucha.

A partir de ce moment, Manceau fut l'objet de la pitié générale, et nous, nous fûmes celui de l'exécration universelle.

Car Manceau, Dieu lui fasse miséricorde! Manceau eut la lâcheté de nous dénoncer.

De Leuven eut beau invoquer ses mains, rouges comme des écrevisses, et offrir de montrer le reste de sa personne, bien autrement rouge que ses mains; Hippolyte eut beau réunir les grenouilles éparses dans sa chambre, et les apporter au milieu du salon; j'eus beau aller chercher à la basse-cour le coq avec lequel j'avais dialogué toute la nuit, rien ne toucha nos juges; nous fûmes déclarés bannis de la société, pour tentative d'homicide avec préméditation sur le docteur Manceau.

Aussi nous promîmes-nous, à la première occasion, de le noyer tout à fait.

Exilé de la société des dames, je me réfugiai dans la salle de billard, où je reçus, de Maurice, ma première leçon.

On verra que cette leçon me profita, et que, quatre ans après, dans une circonstance solennelle de ma vie, je tirai partie de l'art du doublé et du carambolage, dans lesquels j'avais fait quelques progrès.

La condamnation tint pendant toute la soirée, devenue pluvieuse, et que les jeunes filles passèrent dans la chambre de Louise.

Plusieurs fois, de Leuven essaya de s'introduire dans cette chambre, mais il fut constamment repoussé.

Il s'était fait en lui, depuis quatre heures de l'après-midi, un changement notable; à la suite d'une conversation qu'il avait eue avec son père, et dans laquelle celui-ci m'avait paru s'être singulièrement moqué de lui, Adolphe était devenu inquiet, presque soucieux, et, quoique repoussé avec obstination de la chambre de Louise, — où se tenait, comme je l'ai dit, la réunion, — il s'y représentait toujours avec acharnement.

— Ah! bon, dis-je en moi-même après avoir réfléchi, il veut avoir des nouvelles de son quatrain, et savoir s'il a réussi.

Et, comme la raison pour que de Leuven insistât me paraissait suffisante, je n'en cherchai point d'autre.

Seulement, je regrettai, à part moi, de n'avoir pas, pour me faire pardonner mes fautes, les moyens que la nature partiale avait mis à la disposition d'Adolphe.

Ce regret me poursuivait dans la chambre d'Hyppolyte, où nous nous étions retirés en nous demandant ce que pouvait être devenu de Leuven, disparu depuis une heure, lorsque tout à coup un grand bruit, au milieu duquel nous distinguions les cris *Au voleur!* retentit dans le château. Comme nous étions encore tout habillés, nous nous élançâmes hors de notre appartement, et descendîmes vivement l'escalier.

Au bas de l'escalier était M. Collard, en chemise, tenant Adolphe au collet.

Le spectacle était étrange.

M. Collard avait l'air très-furieux, et Adolphe fort contrit.

Sur ces entrefaites, M. de Leuven, qui n'était pas encore couché, arriva, calme comme toujours, les mains dans les goussets de son pantalon, et mâchant un cure-dent, selon son habitude.

Ce cure-dent était pour M. de Leuven une distraction obligée.

— Eh bien, qu'y a-t-il donc, Collard, et qu'avez-vous après ce garçon?

— Ce que j'ai? ce que j'ai? s'écriait M. Collard s'exaspérant de plus en plus. J'ai que cela ne peut pas se passer ainsi !

— Bah ! et qu'est-il donc arrivé ?

— Ce qui est arrivé ?... Je vais vous le dire !...

— Pardon, mon père, disait Adolphe, qui tenait à placer quelques mots de justification, pardon, mon père, mais c'est que M. Collard se trompe... Il croit...

— Veux-tu bien te taire, malheureux ! s'écriait M. Collard en frappant du pied.

Puis, se retournant vers le comte de Ribbing :

— Venez, mon cher de Leuven, lui dit-il ; je vais vous dire où j'ai trouvé monsieur votre fils.

— Mais puisque je vous proteste, cher monsieur Collard, que c'était purement et simplement pour...

— Tais-toi ! interrompit M. Collard. Viens avec nous ; tu te justifieras, si tu peux.

— Oh ! dit Adolphe, ce ne sera pas difficile.

— C'est ce que nous verrons !

Et, poussant le jeune homme devant lui, il fit signe au comte de Ribbing d'entrer dans sa chambre, y entra lui-même, et ferma la porte à double tour.

Nous nous retirâmes silencieusement, Hippolyte, moi et les autres spectateurs de cette scène curieuse.

Au bout d'un quart d'heure, Adolphe revint.

Il avait l'oreille si basse, que nous n'osâmes point lui demander de détails. Nous nous couchâmes, ignorant la cause de tout ce bruit.

Mais, quand Hippolyte fut endormi, de Leuven vint me trouver, et me raconta tout.

Voici ce qui était arrivé :

Adolphe, comme je l'ai raconté, avait, le matin, écrit le fameux quatrain sur l'album de Louise.

Le quatrain écrit, nous étions sortis, aussi vivement que possible, de la chambre de la jeune fille.

Vers quatre heures, Adolphe n'avait pas pu y tenir, et, tirant son père à part, il lui avait dit son quatrain.

M. de Ribbing avait gravement écouté jusqu'à la dernière syllabe du quatrième vers ; puis il avait dit :

— Répète-moi donc un peu cela.

Et Adolphe avait répété complaisamment :

> Pourquoi dans *la froide Ibérie,*
> Louise, ensevelir de si charmants attraits?
> Les Russes, en quittant notre belle patrie,
> Nous juraient cependant une éternelle paix !

— Il n'y a qu'un malheur, dit alors M. de Ribbing.
— Lequel? demanda Adolphe.
— Oh! presque rien... Tu as pris le Sud pour le Nord, l'Espagne pour la Russie.
— Ah! s'écria Adolphe désespéré, c'est ma foi vrai!... J'ai mis Ibérie pour *Sibérie.*
— Je comprends, dit le comte; cela fait mieux le vers, mais c'est moins exact.

Et, haussant les épaules, il s'éloigna en chantonnant un petit air, et en mâchant son cure-dent.

Adolphe était resté foudroyé. Il avait signé ce malheureux quatrain de toutes les lettres de son nom. Si l'album était ouvert, si le quatrain était lu, Adolphe était déshonoré!

Cette épée de Damoclès, suspendue sur la tête du pauvre poëte, l'avait rendu soucieux pendant toute la soirée.

C'était pour arriver jusqu'à l'album de Louise qu'il avait tenté tous les efforts que j'ai racontés.

Mais on a vu que ses efforts avaient été infructueux.

La nuit venue, Adolphe avait pris une résolution désespérée : celle de pénétrer dans la chambre de Louise pendant son sommeil, de s'emparer de l'album, et de détruire la page accusatrice.

Cette résolution, vers onze heures, il l'avait mise à exécution.

La porte ouverte, sans trop grincer, avait donné passage à Adolphe, qui, le plus légèrement possible, sur la pointe du pied, n'ayant d'autre but, d'autre désir, d'autre espérance que d'arriver vers l'album, avait fait invasion dans la chambre virginale de sa jeune amie.

Tout avait bien été jusqu'à l'album. L'album, pris sur la table, serré par Adolphe contre sa poitrine, allait restituer, bon gré mal gré, les quatre vers qui rendaient leur auteur si malheureux, quand tout à coup Adolphe accroche un guéridon, qui tombe, et qui, en tombant, réveille Louise. Louise, réveillée, crie : « Au voleur! » A ce cri : « Au voleur! M. Collard, dont la chambre touche à celle de sa fille, saute, en chemise, à bas de son lit, se heurte sur le palier contre de Leuven, l'empoigne au collet, et, comme nous l'avons vu, le soupçonnant, pauvre innocent Adolphe, d'un tout autre crime, le fait entrer dans sa chambre. Son père entre à son tour, et ferme la porte derrière lui.

Là, tout s'était expliqué, grâce à l'album, qu'Adolphe n'avait eu garde de lâcher. M. Collard s'était convaincu *de visu* de l'erreur géographique qu'Adolphe avait commise; il avait compris l'importance de cette erreur, et, rassuré sur l'intention, il l'avait été bientôt sur le fait.

Il en résulta que la réputation de Louise ni celle d'Adolphe ne reçurent aucune tache de cet événement.

Comme, le lendemain, on continuait à nous bouder, Hippolyte et moi, pour l'aventure de Manceau, nous quittâmes Villers-Hellon sans rien dire à personne, et nous prîmes le chemin de Villers-Cotterets.

Chose étrange! depuis ce jour, je ne suis jamais rentré à Villers-Hellon.

Cette bouderie de jeunes filles a duré trente ans.

Une seule fois, j'ai revu Hermine, devenue madame la baronne de Martens, — à la répétition de *Caligula*.

Une seule fois, j'ai revu Louise, devenue madame Garat, — à un dîner donné à la Banque.

Une seule fois, j'ai revu Marie Capelle, un mois avant qu'elle devînt madame Lafarge.

Je n'ai jamais revu ni madame Collard ni madame Capelle.

Toutes deux sont mortes.

Oh! mais, malgré ces trente ans d'absence, quand je ferme les yeux, morts ou vivants, je revois tout cela.

A propos, j'ai promis de raconter l'histoire de ce vieux médecin auquel Manceau avait succédé.

Ce serait faire tort à mes lecteurs que de ne pas leur tenir parole.

M. Paroisse habitait Soissons. Une clientèle fort clair-semée lui permettait de venir une fois par semaine dîner à Villers-Hellon, où il était toujours parfaitement reçu.

Cela durait depuis dix ans.

Un beau jour, M. Collard reçut un assez gros manuscrit, signé du digne docteur.

C'était la note de ses visites.

Il comptait chaque visite vingt francs, ce qui ne laissait pas que de faire une somme.

M. Collard paya, mais pria M. Paroisse de ne revenir désormais à Villers-Hellon que quand il y serait appelé.

C'est à la suite de cet événement que Manceau avait été installé à demeure au château comme médecin ordinaire de la famille.

J'ignore ce qu'est devenu Manceau... Je crois que le pauvre diable est mort.

Heureusement, ce n'est pas des suites du bain que nous lui avons fait prendre.

LIV

Amédée de la Ponce. — Il m'apprend ce que c'est que le travail. — M. Arnault et ses deux fils. — Voyage en diligence. — Un monsieur confit en douceurs. — J'apprends à quel péril j'ai échappé.

Après le jugement injuste porté contre nous à Villers-Hellon, j'étais retourné à Villers-Cotterets, et, las de mon séjour dans les régions aristocratiques, d'où je venais d'être précipité, je m'étais revu avec bonheur dans le monde que j'avais préféré à celui-là, et où je trouvais la satisfaction complète de tous mes désirs de cœur et de tous mes besoins d'orgueil.

Adèle m'avait d'abord assez mal reçu, mais j'en avais été quitte pour une bouderie de quelques heures. Au bout de ce temps, son joli visage s'était éclairci peu à peu, et avait fini par me sourire avec le parfum et la fraîcheur d'une fleur qui s'ouvre.

On pourrait dire de cette charmante enfant qu'elle avait le sourire rose.

En même temps que se développaient ces jeunes amours, — qui devaient, hélas! avoir la durée éphémère des amours de seize ans, — des amitiés qui devaient durer toute la vie, prenaient racine dans mon cœur.

J'ai déjà parlé d'Adolphe de Leuven, arrivé tout à coup pour prendre, en dehors de mes amitiés d'enfance, une place importante dans ma vie. Qu'on me permette de dire un mot d'un autre ami à moi, qui devait achever, en m'ouvrant certains horizons, l'œuvre d'avenir commencé par le fils du comte de Ribbing.

Un jour, on vit passer dans les rues de Villers-Cotterets un jeune homme de vingt-six ou vingt-sept ans, portant, avec une rare élégance, l'uniforme d'officier de hussards.

Il était impossible d'être à la fois plus beau et plus distingué que ce jeune homme. Peut-être même eût-on reproché à son visage quelque chose de trop féminin, si un magnifique coup de sabre qui, sans rien gâter à la régularité de ses traits, commençait au côté gauche du front et finissait à l'angle droit de la lèvre supérieure, n'eût mis sur cette douce physionomie le cachet du courage et de la virilité.

On le nommait Amédée de la Ponce.

Quel hasard, quel caprice, quel besoin l'amenait à Villers-Cotterets? Je n'en sais rien... Venait-il, en touriste désœuvré, dépenser là ses cinq ou six mille francs de rente? C'est probable. Ce pays lui plut, il s'y arrêta, et, au bout d'un an de séjour, il devint le mari d'une charmante et douce jeune fille, amie de ma sœur, et que l'on nommait Louise Moreau.

Il en résulta une belle enfant blonde, que je voudrais bien revoir aujourd'hui, et qu'alors nous baptisâmes, à cause de sa douceur, de la blancheur de sa peau et de ses cheveux de lin, du nom de *Mouton*.

Depuis bien longtemps, je vous ai perdu de vue, mon cher

de la Ponce! Quelque part que vous soyez, si vous lisez ces lignes, retrouvez-y le témoignage toujours vivant, toujours réel, de mon éternelle amitié.

Car vous avez fait beaucoup pour moi, mon ami. Vous m'avez dit : « Croyez-moi, mon cher enfant, il y a autre chose dans la vie que le plaisir, que l'amour, que la chasse, que la danse et que les folles aspirations de la jeunesse! Il y a le travail. Apprenez à travailler... c'est apprendre à être heureux. »

Et vous aviez raison, mon ami. Pourquoi, à part la mort de mon père, la mort de ma mère et la mort du duc d'Orléans, pourquoi n'ai-je jamais eu une douleur que je n'aie fait plier sous moi, un chagrin que je n'aie surmonté? C'est que vous m'aviez fait faire la connaissance du seul ami qui console le jour, qui console la nuit, que l'on a sans cesse près de soi, accourant au premier soupir, vous versant ce baume à la première larme : vous m'avez fait faire la connaisance du *travail*.

O bon et cher Travail, qui emportes dans tes bras puissants ce lourd fardeau de l'humanité qu'on appelle la douleur! divinité au visage toujours souriant, à la main toujours ouverte et étendue!... ô bon et cher Travail, toi qui ne m'as jamais donné l'ombre d'une déception!... Travail, je te remercie!

De la Ponce parlait, comme sa langue maternelle, l'italien et l'allemand; il offrit de m'apprendre, dans mes moments perdus, — et Dieu sait si à cette époque j'avais des moments perdus, — il offrit de m'apprendre l'allemand et l'italien.

Nous commençâmes par l'italien. C'était la langue facile; c'était ce miel dont parle Horace, et dont on dore, pour l'enfant malade, les bords de la tasse au breuvage amer.

Un des livres dans lesquels j'appris l'italien était le beau roman d'Ugo Foscolo, que j'ai traduit depuis sous le titre de *Dernières lettres de Jacopo Ortis*.

Ce livre me donna une idée, un aperçu, une intuition de la littérature romanesque, qui m'était tout à fait inconnue.

Au bout de deux mois, je parlais assez correctement l'italien, et je commençais à traduire la poésie.

Je préférais de beaucoup cela à mes ventes, à mes contrats

de mariage et à mes obligations et transports de chez maître Mennesson.

Au reste, il s'était fait dans l'étude un changement tout à l'avantage de mon éducation littéraire, s'il était au désavantage de mon éducation notariale. Niguet, ce fameux maître clerc qui avait dénoncé à M. Mennesson tous mes désappointements amoureux, avait acheté, dans une petite ville voisine de la nôtre, une étude que Lafarge, je crois, avait été obligé de revendre, n'ayant pas trouvé de femme qui la lui payât; et Paillet, un de mes amis, plus âgé que moi de six ou huit ans, avait succédé à Niguet, en qualité de maître-clerc.

Paillet était riche; Paillet avait une charmante propriété à deux lieues de Villers-Cotterets; Paillet avait des goûts de luxe; par conséquent, il me pardonnait bien plus facilement que Niguet, vieux basochien sans caprices et tout entier à son affaire, le seul luxe que je pusse me donner : celui de la chasse, de la danse et de l'amour.

Il en résultait qu'au lieu de m'encourager dans la voie étroite et ardue du notariat de province, Paillet me permettait d'ouvrir mes yeux vers tous les horizons, comprenant instinctivement, sans doute, que celui qu'on me faisait n'était pas le mien.

On verra, de son côté, — à part l'influence morale de la Ponce et de Leuven, — quelle influence matérielle Paillet eut sur ma destinée.

J'étais donc parfaitement heureux de l'amour de ma mère, d'un amour plus jeune et plus doux, naissant à côté de celui-là sans lui nuire, de l'amitié de la Ponce et de Paillet, quand de Leuven vint compléter ce bien-être, auquel ne manquait que cette médiocrité dorée dont parle Horace, pour ne me laisser à peu près rien à désirer.

On apprit tout à coup que M. Deviolaine se retirait avec sa famille dans sa propriété de Saint-Remy, et louait sa maison de Villers-Cotterets au comte de Ribbing.

Ainsi, cette maison dans laquelle j'avais été élevé, cette maison peuplée pour moi d'un monde de souvenirs, passait des mains d'un parent aux mains d'un ami.

Ce qui avait surtout séduit M. de Leuven, c'était ce beau jardin, dans lequel il allait reprendre ses exercices de jardinage, interrompus par les ventes successives de Brunoy et de Quincy.

Au reste, le comte de Ribbing n'avait pas éprouvé la moindre persécution, et, soit que Louis XVIII ignorât son séjour en France, soit qu'il fermât les yeux sur ce séjour, il n'était aucunement inquiété.

De Leuven et son père vinrent donc s'établir à Villers-Cotterets, où madame de Leuven les rejoignit au bout de quinze jours.

De son côté, de la Ponce loua une maison située à l'extrémité de la rue de Largny, ayant un grand jardin et une grande cour, et qui était la première à gauche, en venant de Paris.

Il y eut bientôt trois parts de mon temps faites : une pour mes amitiés, l'autre pour mes amours, et la troisième pour mon travail de notariat.

Ma mère était peut-être un peu oubliée dans tout cela, me dira-t-on.

Est-ce qu'une mère est oubliée ? est-ce qu'elle n'est pas toujours là, présente ou absente ? est-ce que je ne rentrais pas dix fois, vingt fois par jour à la maison ? est-ce que, chaque fois que je rentrais, je n'embrassais pas ma mère ?

Tous les jours, nous nous réunissions, de Leuven, de la Ponce et moi. C'était, en général, chez de la Ponce le rendez-vous ; nous avions transformé en tir au pistolet la cour dont j'ai dit un mot, et, chaque jour, nous usions chacun vingt ou trente balles.

De Leuven avait d'excellents pistolets allemands, des *Kukenreiter*. Ces pistolets étaient d'une justesse merveilleuse, et nous étions arrivés tous trois à tirer avec une telle précision, que, lorsqu'on doutait de notre adresse, chacun de nous tenait la carte qui servait de but, tandis que l'autre tirait.

Jamais l'un de nous ne fit à l'autre une égratignure.

Je me souviens qu'après un jour de grande pluie, nous trouvâmes, je ne sais comment, cette cour sombre et humide pleine de grenouilles. C'était un nouveau but tout trouvé; nous exterminâmes les grenouilles à coups de pistolet.

De temps en temps, de Leuven nous lisait ou une fable ou une élégie de sa façon; seulement, guéri de ses erreurs géographiques par l'événement nocturne de Villers-Hellon, il ne prenait plus le Midi pour le Nord, l'Espagne pour la Sibérie.

Un matin, une grande nouvelle se répandit dans la ville.

Trois étrangers venaient d'arriver chez M. de Leuven : M. Arnault et ses deux fils, Telleville et Louis Arnault.

M. Arnault, l'auteur de *Germanicus* et de *Marius à Minturnes*, était, à cette époque, un magnifique vieillard d'une soixantaine d'années, encore plein de verdeur sous les boucles blanches de ses cheveux, fins comme de la soie. Il était impossible d'avoir plus d'esprit que lui, esprit de riposte surtout, frappant aussi rapidement à son but que le fait, après la parade et par un coup droit, le maître le plus exercé.

Le seul défaut qu'on pût adresser à cet esprit, c'était sa mordante incisivité; mais, comme les blessures faites par de belles dents, les morsures du poëte ne portaient jamais de venin avec elles.

M. Arnault avait fait connaissance avec le comte de Ribbing à cette fameuse table d'hôte où ce dernier avait donné un soufflet à un colonel étranger.

Depuis ce jour, M. de Leuven, si Français par le cœur, et M. Arnault, si Français par l'esprit, s'étaient voué une amitié que rompit la mort, mais en la léguant des pères aux enfants.

Telleville Arnault était un jeune officier d'une jolie figure, d'un esprit charmant, d'une bravoure éprouvée. Un duel qu'il venait d'avoir avec Martainville avait fait grand bruit dans le monde littéraire.

Ce duel avait eu lieu à propos de *Germanicus*.

Louis était encore un enfant de notre âge, à peu près.

Je me privai, par discrétion, d'aller chez Adolphe pendant tout le temps qu'y demeurèrent M. Arnault et ses fils; mais, M. Deviolaine les ayant invités à une chasse au lapin, au bois du Tillet, je fus de cette chasse, et la connaissance, commencée par raccroc dans les promenades au parc, s'acheva le fusil à la main.

Telleville avait un petit fusil de Prélat, avec lequel il fit des miracles. Ce fusil, qui n'avait pas quatorze pouces de canon, faisait mon admiration, à moi qui croyais encore à la longueur du canon, et qui chassais avec des fusils de siège.

En quittant Villers-Cotterets, M. Arnault emmena de Leuven.

Ce fut un profond crève-cœur pour moi que de voir partir Adolphe. J'avais deux souvenirs de Paris, l'un pris en 1806, l'autre pris en 1814. Ces deux souvenirs suffisaient à me faire envier ardemment le sort de tout élu partant pour Paris.

Je restai avec de la Ponce, et je redoublai d'ardeur dans mon étude de l'italien. Bientôt je fus assez fort sur la langue de Dante et de l'Arioste pour passer à celle de Schiller et de Gœthe ; mais, là, ce fut autre chose.

Après trois ou quatre mois de travail, de la Ponce me mit à même d'un roman d'Auguste Lafontaine ; la tâche était trop difficile, je m'y brisai.

L'allemand fut abandonné sans que j'aie jamais eu le courage de m'y remettre.

La première impression dramatique que j'éprouvai d'une façon sérieuse remonte à cette époque.

Je ne sais quel nabab était venu passer un acte chez maître Mennesson, et, dans sa générosité inouïe, avait laissé cent cinquante francs pour l'étude.

La répartition avait été faite par M. Mennesson de cette façon : Soixante et quinze francs à Paillet ; trente sept francs cinquante à chacun de nous deux, Ronsin et moi.

C'était la première fois que je me trouvais en possession d'une si forte somme.

Je me demandais ce que j'en pourrais faire.

Une des quatre grandes fêtes de l'année allait nous donner un dimanche et un lundi de congé. Paillet nous proposa de réunir nos trente-sept francs cinquante chacun aux soixante et quinze francs qu'il possédait à lui tout seul, et d'aller enfouir cette somme fabuleuse de cinquante écus dans les délices que pouvait nous offrir Soissons en qualité de sous-préfecture.

La proposition fut acceptée avec joie. Paillet fut nommé caissier, et nous prîmes bravement la diligence de Paris, qui passait à Villers-Cotterets à trois heures et demie du matin, et qui arrivait à Soissons à six.

Paillet et Ronsin prirent chacun une place dans le coupé, où il y en avait déjà une de prise, et, moi, je montai dans l'intérieur, occupé par quatre personnes, dont trois descendaient à la Vertefeuille, poste distante de trois lieues de Villers-Cotterets, et dont la quatrième continuait sa route pour Soissons.

De la Vertefeuille à Soissons, je devais donc rester seul avec cette personne, qui était un homme de quarante ans, à peu près, assez mince de corps, au visage pâle, aux cheveux châtains, et à la toilette recherchée.

Il avait mis une grande insistance à me faire asseoir près de lui, et s'était, pour me laisser le plus de place possible, rangé du mieux qu'il avait pu dans l'angle de la voiture.

J'avais été très-sensible à cette attention, et j'éprouvais une vive sympathie pour ce monsieur, qui daignait me traiter avec tant de déférence.

Je dormais bien et partout, à cette époque. Aussi, en sortant de la ville, m'étais-je endormi, pour ne me réveiller qu'au relais, et encore ne me serais-je pas éveillé, bien certainement, si les trois voyageurs qui nous abandonnaient ne m'avaient pas, en se retirant, marché sur les pieds, avec l'insistance que mettent d'ordinaire à cette opération les voyageurs qui quittent une voiture, à l'endroit des voyageurs qui y restent.

En me voyant éveillé, le voyageur entama la conversation, s'informa, d'un ton plein d'un bienveillant intérêt, de mon nom, de mon âge et de mes occupations.

Je m'empressai de le mettre au courant de ces particularités, auxquelles il paraissait tenir essentiellement. Je lui racontai le but de notre voyage à Soissons ; et, comme je toussais, tout en me livrant à ce récit, il m'offrit, avec une obligeance que j'avais déjà remarquée en lui, deux pâtes de différentes sortes contre le rhume.

Je pris de l'une et de l'autre, et, pour les rendre plus efficaces, je les combinai l'une avec l'autre ; puis, trouvant que, si agréable que fût la conversation de ce monsieur, si séduisantes que fussent ses manières, il y avait encore quelque chose de plus séduisant que ses manières, quelque chose de plus agréable que sa conversation, et ce quelque chose était le sommeil, je lui souhaitai une bonne nuit, et, riche de toute la place dont je venais d'hériter, je m'établis dans le coin parallèle au sien, le derrière sur une banquette et les pieds sur l'autre.

Je ne sais combien de temps j'avais dormi, lorsque je me sentis réveillé de la plus étrange manière du monde. Mon compagnon de voiture était passé du marivaudage à une expression plus vive de ses sentiments pour moi, et me serrait entre ses bras. Comme je n'avais aucune idée du but de cette embrassade, je crus qu'il avait le cauchemar, et j'essayai de le réveiller ; mais, voyant que, plus il avait le sommeil obstiné, plus il avait les gestes inquiétants, je commençai à frapper tout de bon, et, comme mes coups ne suffisaient pas, je me mis à crier de toutes mes forces.

Malheureusement, on descendait la montagne de Vaubuin, et l'on ne pouvait arrêter la voiture ; la lutte dura donc dix minutes, à peu près, et, sans savoir le moins du monde contre quel danger je m'étais si bien défendu, je venais de mettre enfin mon adversaire hors de combat, en le tenant renversé sous mon genou, lorsque la portière s'ouvrit, et que le conducteur parut pour me donner secours.

Paillet et Ronsin dormaient comme j'eusse dormi, si cet aimable monsieur ne m'eût pas réveillé par sa trop vive amabilité.

Je racontai au conducteur ce qui venait de se passer, lui reprochant de m'avoir mis avec un somnambule ou avec un fou, et le priant de me placer dans tel autre coin de sa voiture qu'il lui conviendrait, quand, à mon suprême étonnement, il apostropha avec la plus grande dureté le voyageur, qui, sans se plaindre le moins du monde de moi, rajustait sa toilette fort endommagée ; le fit descendre de la voiture et lui déclara que, comme il n'y avait plus que trois quarts de lieue de l'endroit où nous nous trouvions à l'hôtel des *Trois-Pucelles*, où s'arrêtait la voiture, il aurait l'obligeance de faire cette route à pied, à moins qu'il ne consentît à monter sur l'impériale, où il ne réveillerait personne.

Le monsieur châtain se hissa sur l'impériale sans souffler le mot, et la voiture partit.

Quoique je me trouvasse seul, et par conséquent plus qu'à mon aise dans l'intérieur de la voiture, j'étais trop vivement surexcité par la lutte que je venais de soutenir pour songer à me rendormir. Je pus donc entendre le conducteur qui, dans le cabriolet, racontait mon histoire à mes deux compagnons de route, et qui la leur présentait, selon toute probabilité, sous un aspect plus gai que je ne l'avais envisagée moi-même, car ils éclataient de rire.

Je me demandais ce qu'il y avait de risible dans l'échange de coups de poing auquel je venais de me livrer avec un maniaque, et, comme je ne pouvais me rien répondre de bien satisfaisant, je me promis de m'en faire instruire, aussitôt notre arrivée, par mes compagnons de voyage.

Un quart d'heure après l'installation du monsieur sur l'impériale, et ma réintégration complète dans la voiture, j'entendis, au bruit sourd que faisaient les roues de la voiture, que nous passions sur le pont-levis.

Nous étions arrivés.

Cinq minutes après être descendus de voiture, Paillet et Ronsin m'avaient donné l'explication de leurs éclats de rire : cette explication me parut si outrageante pour moi, qu'à peine l'eus-je reçue, je me mis à la recherche de mon monsieur aux pâtes pectorales; mais j'eus beau fouiller l'impériale dans tous ses coins et recoins, le monsieur avait disparu.

L'aventure produisit un si grand effet sur moi, que j'en demeurai abruti pendant toute la journée.

LV

*Mes premières impressions dramatiques. — L'*Hamlet* de Ducis à Villers-Cotterets. — Un pamphlet antibourbonien. — Poésie de notaire.*

Au nombre des plaisirs qui nous étaient promis par la seconde capitale du département de l'Aisne, nous avions mis au premier rang le spectacle.

Une troupe d'élèves du Conservatoire, courant la province, jouait ce soir-là, *par extraordinaire*, l'*Hamlet* de Ducis.

J'ignorais complétement ce que c'était qu'*Hamlet*; je dirai plus, j'ignorais complétement ce que c'était que Ducis.

Il était difficile d'être plus ignorant que je ne l'étais.

Ma pauvre mère avait voulu me faire lire les tragédies de Corneille et de Racine ; mais, je dois l'avouer à ma honte, cette lecture m'avait prodigieusement ennuyé. J'ignorais, à cette époque, ce que c'était que le style, ce que c'était que la forme, ce que c'était que le fond ; j'étais l'enfant de la nature dans toute la force du terme : ce qui m'amusait était bon, ce qui m'ennuyait était mauvais.

Je lus donc avec un certain effroi sur l'affiche le mot *tragédie*.

Mais, au bout du compte, comme cette tragédie était encore ce que Soissons nous offrait de mieux pour nous faire passer la soirée, nous nous mîmes à la queue en temps utile, et, malgré la grande affluence, nous parvînmes à nous placer au parterre.

Il y a quelque chose comme trente-deux ans que cette soirée est écoulée ; eh bien, elle produisit une telle impression sur mon esprit, que les moindres détails en sont encore présents à ma mémoire.

Le jeune homme qui jouait le rôle d'Hamlet était un grand garçon pâle et brun, nommé Cudot ; il avait de beaux yeux, une voix puissante, et de tels souvenirs de Talma, que, lorsque je vis Talma jouer le même rôle, je fus tenté de croire qu'il imitait Cudot.

J'ai dit que, pour moi, la question littéraire était complètement absente. J'ignorais même qu'il existât, de par le monde, un auteur nommé Shakspeare, et, lorsque, à mon retour, instruit par Paillet qu'*Hamlet* n'était qu'une imitation, je prononçai devant ma sœur, qui connaissait l'anglais, le nom de l'auteur de *Roméo* et de *Macbeth*, je le prononçai comme je l'avais vu écrit, ce qui me valut une de ces longues railleries que ma sœur ne m'épargnait jamais à l'occasion.

Il va sans dire que cette occasion, je la lui fournissais à lui faire plaisir.

En somme, comme l'*Hamlet* de Ducis ne pouvait pas perdre dans mon esprit par la comparaison, puisque je n'avais jamais entendu parler de celui de Shakspeare, l'*Hamlet* de Ducis, avec son entrée fantastique, son apparition visible à lui seul, sa lutte contre sa mère, son urne, son monologue, le sombre interrogatoire adressé par le doute à la mort; l'*Hamlet* de Ducis me parut un chef-d'œuvre, et me produisit un effet prodigieux.

Aussi, en revenant à Villers-Cotterets, la première chose que je fis fut-elle de réunir les quelques francs échappés au voyage de Soissons, et d'écrire à Fourcade — qui avait cédé sa place à ce même Camusat dont j'ai parlé à propos du père Hiraux, et qui était retourné à Paris, — de m'envoyer la tragédie d'*Hamlet*.

Fourcade, je ne sais pourquoi, tarda cinq ou six jours à me l'envoyer; mon impatience était si grande, que je lui écrivis une seconde lettre, pleine des plus vifs reproches sur son défaut de complaisance et d'amitié.

Fourcade, qui n'aurait jamais pu croire qu'on accusât un homme d'être un mauvais ami, parce qu'il ne se hâtait pas d'envoyer *Hamlet*, me répondit une lettre charmante, mais dont je ne pus comprendre l'esprit que lorsqu'une étude plus approfondie du bon et du mauvais m'eut mis à même de classer l'œuvre de Ducis au rang qui lui était dû.

Quoi qu'il en soit, je devins fou; je demandais à chacun :

— Connaissez-vous *Hamlet?* Connaissez-vous Ducis?

La tragédie arriva de Paris. Au bout de trois jours, je savais par cœur le rôle d'Hamlet, et, qui pis est, j'ai une si fatale mémoire, que je n'ai jamais pu l'oublier.

Quoi qu'il en soit, *Hamlet* fut la première œuvre dramatique qui produisit une impression sur moi ; impression profonde, pleine de sensations inexplicables, de désirs sans but, de mystérieuses lueurs, aux clartés desquelles je ne voyais encore que le chaos.

J'ai retrouvé plus tard, à Paris, le pauvre Cudot, qui jouait Hamlet. Hélas! ce grand talent, qui m'avait si fort séduit, n'avait pu trouver nulle part la moindre place, et je crois que, depuis longtemps, il a renoncé même à l'espérance, — cette fille de l'orgueil qui meurt si difficilement chez l'artiste, — à l'espérance de se faire une position au théâtre.

Or, — comme si le démon de la poésie, une fois éveillé en moi, avait juré de ne pas se rendormir, et, employant tous les moyens pour arriver à ce but, était parvenu à faire maître Mennesson lui-même son complice, — à peine de retour de Soissons, au lieu d'une vente à expédier, d'une obligation à grossoyer, ou d'une course à faire, maître Mennesson me donna une pièce de vers à copier en triple expédition.

Cette pièce de vers était intitulée *les Bourbons en* 1815.

Je l'ai dit, M. Mennesson était républicain ; républicain je l'ai retrouvé en 1830 ; républicain je l'ai revu en 1848.

De plus, en tout temps et sous tous les régimes, c'est une justice à lui rendre, il disait tout haut son opinion ; si haut, que ses amis s'en effrayaient, et lui faisaient tout bas leurs observations.

Mais lui haussait les épaules.

— Que diable voulez-vous qu'ils me fassent? disait-il. Mon étude est payée, mon répertoire au courant ; je les défie de trouver une nullité dans un seul de mes actes ; avec cela, on se moque des rois et des calotins!

Il avait raison, ledit maître Mennesson, car, malgré toutes ces démonstrations, taxées d'imprudentes par les esprits timorés, son étude était la meilleure de Villers-Cotterets, et allait se bonifiant tous les jours.

Cette fois, il était à l'apogée de la satisfaction.

Il avait attrapé, je ne sais pas où, une pièce de vers manuscrite contre les Bourbons. Il l'avait lue à toute la ville, et, après l'avoir lue à toute la ville, il venait, comme je l'ai dit, à mon retour de Soissons, de me donner l'ordre d'en faire deux ou trois copies pour deux de ses amis qui seraient, comme lui, curieux de posséder ce poétique pamphlet.

Je ne l'ai jamais vu imprimé, je ne l'ai jamais relu, depuis le jour où j'en fis trois copies, et cependant ma mémoire est telle, que je pourrais le dire d'un bout à l'autre.

Mais que le lecteur se rassure, je me contenterai d'en citer quelques vers.

Voici quel était le début :

> Où suis-je? qu'ai-je vu? Les voilà donc, ces princes
> Qu'un sénat insensé rendit à nos provinces ;
> Qui devaient, abjurant les préjugés des rois,
> Citoyens couronnés, régner au nom des lois ;
> Qui venaient, disaient-ils, désarmant la victoire,
> Consoler les Français de vingt-cinq ans de gloire !
> Ils entrent ! avec eux, la vengeance et l'orgueil
> Ont du Louvre indigné franchi l'antique seuil !
> Ce n'est plus le sénat, c'est Dieu, c'est leur naissance,
> C'est le glaive étranger qui leur soumet la France ;
> Ils nous osent d'un roi reprocher l'*échafaud :*
> Ah ! si ce roi, sortant de la nuit du *tombeau,*
> Armé d'un fer vengeur venait punir le crime,
> Nous les verrions pâlir aux yeux de leur victime !

Abandonnant les considérations générales pour la peinture particulière des individus, l'auteur s'écriait, — à cette époque, on s'écriait toujours, — l'auteur s'écriait, passant en revue la famille royale :

> C'est d'Artois, des galants imbécile doyen,
> Incapable de mal, incapable de bien ;
> Au pied des saints autels abjurant ses faiblesses,
> Et par des favoris remplaçant ses maîtresses ;
> D'Artois, dont rien n'a pu réveiller la vertu,
> Qui fuit à Quiberon sans avoir combattu,

> Et qui, s'il était roi, montrerait à la France
> Des enfants de Clovis la stupide indolence !
> C'est Berry, que l'armée appelait à grands cris,
> Et qui lui prodigua l'insulte et le mépris ;
> Qui, dès ses jeunes ans, puisa dans les tavernes
> Ces mœurs, ce ton grossier, qu'ignorent nos casernes.
> C'est son frère, avec art sous un masque imposteur,
> Cachant de ses projets l'ambitieuse horreur !
> Qui, nourri par son oncle aux discordes civiles,
> En rallume les feux en parcourant nos villes ;
> Ce Thersite royal, qui ne sut, à propos,
> Ni combattre ni fuir, et se croit un héros !
> C'est, plus perfide encor, son épouse hautaine,
> Cette femme qui vit de vengeance et de haine,
> Qui pleure, non des siens le funeste trépas,
> Mais le sang qu'à grands flots elle ne verse pas !
> Ce sont ces courtisans, ces nobles et ces prêtres,
> Qui, tour à tour flatteurs et tyrans de leurs maîtres,
> Voudraient nous ramener au temps où nos aïeux
> Ne voyaient, ne pensaient, n'agissaient que par eux !

Enfin, terminant le discours par une péroraison digne du sujet, l'auteur s'écriait encore, dans son enthousiasme libéral :

> Ne balançons donc plus, levons-nous ! et, semblables
> Au fleuve impétueux qui rejette les sables,
> La fange et le limon qui fatiguaient son cours,
> De notre sol sacré rejetons pour toujours
> Ces tyrans sans vertu, ces courtisans perfides,
> Ces chevaliers sans gloire et ces prêtres avides,
> Qui, jusqu'à nos exploits ne pouvant se hausser,
> Jusques à leur néant voudraient nous abaisser !

Douze ans après, on chassait les Bourbons de France.

Ce ne sont pas les boulets des révolutions qui renversent les trônes ; ce n'est pas la guillotine qui tue les rois : boulets et guillotine ne sont que des instruments inertes au service des idées.

C'est cette haine sourde, c'est cette lutte souterraine, qui, tant qu'elle n'est que l'expression des désirs de quelques-uns, échoue et se brise, mais qui, du moment qu'elle devient l'expression de l'intérêt général, engloutit trônes et races, rois et royautés.

Il est facile de comprendre comment les *Messéniennes* de Casimir Delavigne, qui paraissaient imprimées concurremment avec ces pamphlets manuscrits, semblaient pâles et décolorées. C'est que Casimir Delavigne était un de ces hommes qui chantent parfois les révolutions accomplies, mais qui n'aident pas aux révolutions à faire.

Le pendant de la pièce de vers dont je viens de citer des fragments fut le procès Maubreuil; mystérieuse et sombre affaire où les noms, sinon les plus illustres, au moins les plus connus de l'époque, étaient mêlés à un vol accompli et à un assassinat médité.

Je suis peut-être le seul en France qui pense encore aujourd'hui à cette affaire Maubreuil. Peut-être suis-je aussi le seul qui ait conservé une relation sténographiée des séances de ce terrible procès, où l'on essaya, par l'horreur du cachot, par la rigueur du secret, de rendre fou un homme que l'on n'osait pas faire disparaître, et qu'on ne savait comment démentir.

A cette époque, je copiai sur le manuscrit, d'une main étrangère et inconnue, le compte rendu de ces séances. Depuis, j'ai lu, écrite de la main même de l'illustre princesse de Wurtemberg, la relation qu'elle en fit, d'abord pour son mari, le maréchal Jérôme Bonaparte, ensuite pour des mémoires encore inédits, qui sont aux mains de sa famille.

LVI

Retour à 1814. — Marmont, duc de Raguse. — M. Dudon. — Maubreuil et Roux-Laborie chez M. de Talleyrand. — Le *Journal des Débats* et le *Journal de Paris*. — Lyrisme bonapartiste et enthousiasme bourbonien. — Complot contre la vie de l'empereur. — Vol de l'argent et des diamants de la reine de Westphalie.

Remuons encore un peu le fumier de 1814. — Dieu, en prédisant la perte de Jérusalem, disait à Ezéchiel : « Je te ferai manger ton pain cuit sous de la fiente de bœuf. » Mon Dieu ! Seigneur ! vous avez été plus sévère pour nous que pour le prophète, et vous nous avez fait manger parfois bien pis que cela !

Napoléon était à Fontainebleau ; l'impératrice, à Blois ; un gouvernement provisoire, occulte et inconnu, fonctionnait dans l'entre-sol de l'hôtel de la rue Saint-Florentin.

Est-il utile de dire que l'hôtel de la rue Saint-Florentin appartenait à M. de Talleyrand ?

Le 16 mars, Napoléon avait écrit de Reims :

« Mon frère,

» Conformément aux instructions verbales que je vous ai données, et à l'esprit de toutes mes lettres, vous ne devez permettre, en aucun cas, que l'impératrice et le roi de Rome tombent entre les mains de l'ennemi. Vous serez plusieurs jours sans nouvelles de moi. Si l'ennemi s'avance sur Paris avec des forces telles, que vous jugiez toute résistance inutile, faites partir dans la direction de la Loire la régente, mon fils, les grands dignitaires, les ministres, les officiers du sénat, les présidents du conseil d'État, les grands officiers de la couronne, le baron de la Bouillerie et le trésor. Ne quittez pas mon fils, et rappelez-vous que je préférerais le savoir dans la Seine plutôt qu'entre les mains des ennemis de la France. Le sort d'Astyanax, prisonnier des Grecs, m'a toujours paru le sort le plus malheureux de l'histoire.

» NAPOLÉON. »

Cette lettre était adressée à Joseph.

Ce trésor dont parlait Napoléon était, bien entendu, son trésor particulier.

Le 28 mars, le départ de l'impératrice fut mis en délibération. MM. de Talleyrand, Boulay (de la Meurthe), le duc de Cadore et M. de Fermon, étaient d'avis que l'impératrice restât. Joseph, la lettre de l'empereur à la main, insista pour le départ. Ce départ fut résolu pour le lendemain à neuf heures du matin.

Plus tard, on fit un reproche à M. de Talleyrand d'avoir insisté pour que Marie-Louise restât à Paris. Un pâle et froid sourire dessina ce rictus qui servait de bouche au diplomate.

— Je savais que l'impératrice se défiait de moi, et que, si je conseillais le départ, elle resterait. J'ai été pour qu'elle restât, afin qu'elle partît.

O monseigneur l'évêque d'Autun ! c'est Harel qui vous a fait, dans *le Nain jaune*, ce fameux mot : « La parole a été donnée à l'homme pour déguiser sa pensée. » Mais, monseigneur, que vous étiez bien digne de le faire vous-même !

Le 29 mars au matin, à travers les fenêtres ouvertes des Tuileries, on pouvait voir, aux douteuses lueurs du jour naissant, aux lueurs plus douteuses encore des lampes et des bougies mourantes, les femmes de l'impératrice courant pâles de fatigue et de crainte, après une nuit tout entière passée dans les préparatifs du voyage.

Le départ, nous l'avons dit, était fixé à neuf heures.

A dix heures, l'impératrice n'avait pas encore quitté ses appartements. Elle espérait toujours qu'un contre-ordre arriverait, soit de l'empereur, soit de Joseph.

A dix heures et demie, le roi de Rome, tout en larmes, se cramponnait aux rideaux de ce palais des Tuileries, que lui aussi, pauvre enfant, ne voulait pas quitter.

Hélas ! à dix-sept ans de distance l'un de l'autre, trois enfants, subissant tour à tour les fautes de leurs pères, devaient inutilement se cramponner ainsi aux rideaux de ces Tuileries, qui, depuis soixante ans, ne sont plus qu'une hôtellerie royale où logent en passant les dynasties qui s'en vont.

A onze heures moins un quart, l'impératrice, vêtue d'une amazone de couleur brune, montait avec le roi de Rome dans une voiture qu'entourait un fort détachement de la garde impériale.

Le même jour et à la même heure, l'empereur partait de Troyes pour Paris avec les escadrons de service.

On sait comment l'empereur fut arrêté à Fromenteau. Mais, ce que l'on ne sait pas, ou ce que l'on sait mal, c'est ce que nous allons raconter.

Un autre jour, dans un autre moment, — à propos de la révolution de juillet probablement, — nous reviendrons sur un de ces hommes que le destin, on ne sait pourquoi, marque d'un sceau fatal.

Nous voulons parler de Marmont.

Nous le montrerons, non pas tel qu'on l'a fait, mais tel qu'il a été : magnifique, pendant cette retraite, dans laquelle il ne laissa ni un canon ni un prisonnier aux mains de l'ennemi; magnifique, quand — lion acculé aux murs d'octroi de Paris, enveloppé de Russes et de Prussiens, dans la grande rue de Belleville; le bras droit encore en écharpe, depuis la bataille des Arapiles; tenant son épée de la main gauche, mutilée à Leipzig; ses habits troués de balles; enjambant par-dessus les morts et les blessés qui tombaient tout autour de lui ; à la tête de quarante grenadiers seulement, — il se faisait jour jusqu'à la barrière, où il abandonnait, criblé de blessures, le cinquième cheval qui mourait sous lui depuis le commencement de la campagne.

Hélas! pourquoi ne traversa-t-il point Paris, de la barrière de Belleville à la barrière de Fontainebleau? pourquoi s'arrêta-t-il à son hôtel de la rue Paradis-Poissonnière? pourquoi ne se présenta-t-il point à Napoléon, avec sa redingote en lambeaux et son visage noir de poudre? Quelle opposition dans sa destinée! quelle différence dans le jugement de l'avenir!

Mais nous qui arrivons parmi les derniers, nous, spectateur presque désintéressé de tous ces grands événements, nous que notre caractère a fait sans haine privée, nous que notre position a fait sans haines politiques, c'est à nous, éclaireur de la postérité, placé sur la limite du monde aristocratique qui tombe, et du monde démocratique qui s'élève, de chercher la vérité partout où elle est ensevelie, et de la glorifier partout où nous la trouverons.

Et maintenant, ceci posé, revenons à Napoléon et à Marie-Louise.

Enjambons par-dessus quelques journées; laissons derrière nous les grandes trahisons et les grandes hontes; malheureusement, nous ne sommes pas au bout.

Passons du 29 mars au 7 avril.

Voici ce qui s'est passé pendant ces huit jours:

Le 30 mars, Paris a capitulé.

Le 31, les alliés sont entrés dans la capitale.

Le 1er avril, le sénat a nommé un gouvernement provisoire.

Le 2, le sénat a déclaré Napoléon déchu du trône.

Le 3, le Corps législatif a adhéré à la déchéance.

Le 4, Napoléon a abdiqué en faveur de son fils.

Le 5, Marmont a traité avec l'ennemi.

Le 6, le sénat a proposé un plan de constitution.

Le 7, les troupes du duc de Raguse s'insurgent et refusent d'obéir à ses ordres. De son côté, Napoléon fait ses dispositions pour se retirer derrière la Loire.

Le gouvernement de la rue Saint-Florentin a été vite en besogne, comme on voit.

L'impératrice est restée à Blois; là, elle a successivement appris: la déclaration de déchéance du sénat; la première abdication de l'empereur, et la défection du duc de Raguse.

Le 7 au matin, elle apprend le rappel des Bourbons.

Jusque-là, comme un nuage couvre encore l'avenir, l'égoïsme, qui veille et qui attend, n'a pas trop osé se manifester autour d'elle; mais, à la nouvelle du retour des Bourbons, chacun songe à faire son pacte avec les nouveaux venus.

Ce qui est arrivé à Napoléon arrive à Marie-Louise.

C'est à qui la quittera le plus promptement et le plus publiquement ; c'est une course à l'ingratitude, c'est un *steeple-chase* à la trahison.

Huit jours auparavant, elle a quitté Paris, fille d'empereur, femme d'empereur, mère de roi! Orléans l'a saluée, en passant, du branle de ses cloches et du bruit de son artillerie. Elle a autour d'elle une cour, sous sa main un trésor ; en France et en Italie, un double peuple, quelque chose comme quarante millions de sujets.

En huit jours, elle a perdu rang, puissance, hérédité, royaume ; en une heure, elle se trouve seule avec un pauvre enfant abandonné, et un trésor qu'on ne tardera pas à lui venir prendre.

Dieu me garde de m'apitoyer sur le sort de cette femme, qui n'avait qu'à rester veuve pour être sublime. Mais ceux-là qui la trahissaient, ceux-là qui l'abandonnaient, n'avaient pas l'excuse d'un avenir couvert encore du voile de l'inconnu.

Le 7, nous l'avons dit, toute la cour a fui.

Le 8 au matin, les deux rois Jérôme et Joseph l'ont quittée à leur tour. Le 8 au soir, le général Schouvalof, chargé par les souverains de la conduire de Blois à Orléans, et d'Orléans à Rambouillet, est arrivé auprès d'elle.

Enfin, le 9 au matin, on a pu lire dans *le Moniteur* :

« Le gouvernement provisoire, informé que, d'après les ordres du souverain dont la déchéance a été prononcée solennellement le 3 avril, des fonds considérables ont été enlevés de Paris, dans les jours qui ont précédé l'occupation de cette ville par les troupes alliées,

» Arrête :

» Que ces fonds seront saisis partout où ils se trouveront, en quelques mains qu'ils se trouvent, et que le dépôt en sera immédiatement opéré dans la caisse la plus voisine. »

L'ordre était élastique : il ne faisait pas de différence entre le trésor public de la nation et le trésor privé de l'empereur.

Il fallait, au reste, confier l'exécution de cet ordre à un

homme que sa haine pour ce qui venait de tomber poussât naturellement aux suprêmes violences.

On choisit M. Dudon.

Qu'était-ce que M. Dudon? Je suis heureusement trop jeune pour savoir cela ; je le demande, en conséquence, à un homme qui a eu le mérite de la fidélité, au duc de Rovigo.

Voici ce qu'il me répond :

« M. Dudon avait été enfermé à Vincennes, pour avoir déserté son poste, abandonné l'armée d'Espagne, et répandu la terreur dont il était saisi, sur toute la route qu'il avait parcourue. »

Cependant, M. Dudon hésite ; il lui faut un intermédiaire ; il n'ose pas mettre directement la main sur cet or, dont on a si grand besoin pour payer les trahisons passées et les défections à venir.

Voyons, monsieur le duc de Rovigo, à qui s'adresse-t-il? Dites ! Soyez la bouche de bronze de la Vérité ; j'écris sous votre dictée.

« On eut recours à un officier de gendarmerie d'élite, M. Janin de Chambéry, aujourd'hui officier général, qui était commis à l'escorte de cet argent. Ce jeune homme, voyant un moyen de faire sa fortune, se donna à M. Dudon. Il rassembla son régiment, fit enlever d'autorité les caissons qui contenaient le trésor de l'empereur Napoléon, car on ne les avait pas encore déchargés, et se mit en route pour Paris, où il arriva sans coup férir. »

Mais tout cela, ce n'est point assez; on a volé l'impératrice, il faut tuer l'empereur.

« Il n'y a que les morts qui ne reviennent pas, » a dit l'homme qu'on a délicatement surnommé l'Anacréon de la guillotine.

On prête tant de mots à M. de Talleyrand, qu'il peut bien emprunter une maxime à Barère.

D'ailleurs, on en conviendra, le 31 mars, Napoléon était bien embarrassant. Il ne faut donc pas trop en vouloir aux gens qui voulaient s'en débarrasser.

Quels étaient ces gens-là? Maubreuil les nommera lui-même.

Il y avait conférence dans l'hôtel de la rue Saint-Florentin.

— Oui, disait le président à quelqu'un qui n'avait pas encore ouvert la bouche ; oui, vous avez raison ; il faudrait nous débarrasser de cet homme !

— Oui, répondirent en chœur les assistants.

— Eh bien, c'est convenu, on s'en débarrassera.

— Il ne manque plus qu'une chose, dit un des membres du conciliabule.

— Laquelle?

— La principale! l'homme qui frappera le coup.

— J'ai l'homme, dit une voix.

— Un homme sûr?

— Un homme ruiné, un homme ambitieux, un homme tombé de haut, et qui fera tout pour de l'argent et une position.

— Son nom?

— Maubreuil.

Cela se passait le 31 mars, au soir.

Le même jour, Marie-Armand de Guerry, comte de Maubreuil, marquis d'Orvault, avait attaché la croix de la Légion d'honneur, qu'il avait bravement gagnée en Espagne, à la queue de son cheval, et s'était fait voir ainsi sur les boulevards et sur la place Louis XV.

Il est vrai qu'à la place Vendôme, il avait fait mieux encore : il avait passé une corde au cou de la statue de l'empereur, et il avait tiré de toutes ses forces, avec une douzaine d'autres honnêtes gens de son espèce ; mais, voyant que ses forces ne suffisaient point, il avait attelé son cheval à cette corde. Cela n'avait pas suffi encore. Alors, on avait été demander un renfort de chevaux au grand-duc Constantin, qui avait refusé en disant :

— Cela ne me regarde pas.

Maintenant, qui avait été chercher ce renfort? qui s'était fait le commissionnaire de Maubreuil? Un très-grand seigneur, ma foi, un très-beau nom historique! Il est vrai que le très-grand seigneur, porteur de ce beau nom, avait une chose à faire oublier : c'est qu'il devait tout à l'empereur.

Son nom, demandez-vous?

Ah! ma foi, cherchez; j'ai bien cherché, moi.

Maubreuil était en effet tombé de haut, comme l'avait dit son protecteur Roux-Laborie.

Bon! je m'aperçois que je nomme son protecteur, moi qui ne voulais nommer personne.

N'importe! continuons.

Maubreuil était tombé de haut, car il était d'une excellente famille. Son père, marié en secondes noces à une sœur de MM. de la Rochejaquelein, était mort dans les guerres de la Vendée, avec une trentaine d'autres personnes de sa famille.

Roux-Laborie, secrétaire du gouvernement provisoire, avait donc répondu de Maubreuil.

Il avait fait plus: il avait dit à M. de Talleyrand...—Allons! voilà que, sans m'en douter, j'arrache encore un masque; ma foi, tant pis! puisque ce visage blême est à découvert, qu'il y reste! — Il avait donc fait plus: il avait dit à M. de Talleyrand:

— Je vous l'amènerai.

Mais, toujours prudent, M. de Talleyrand s'était écrié:

— Y pensez-vous, mon cher monsieur? amener M. de Maubreuil à moi! Et pourquoi faire? C'est chez Anglès qu'il faut le conduire! c'est chez Anglès qu'il faut aller! Vous savez bien que c'est Anglès qui mène tout cela.

— Eh bien, soit; je l'y conduirai, avait répondu le secrétaire du gouvernement provisoire.

— Quand cela?

— Ce soir même.

— Mon cher, vous êtes un homme impayable.

— Retenez le mot, monseigneur.

Et Roux-Laborie salue, sort et court chez Maubreuil.

Maubreuil n'était pas chez lui.

Quand Maubreuil n'était pas chez lui, on savait où il était. Il était au jeu. Mais à quel jeu? Il y a tant de tripots à Paris!

Roux-Laborie court toute la nuit sans le trouver, revient chez Maubreuil, et, comme Maubreuil n'était pas encore rentré, il laisse un mot à son domestique.

Dans ce mot, il lui donne rendez-vous chez lui, pour le lendemain, 1er avril. Il l'attendra toute la journée.

La journée se passe, et, le soir, Maubreuil n'a pas paru.

C'est terrible pour un homme d'honneur, de manquer à sa parole. Que pensera M. de Talleyrand d'un homme qui a tant promis, et qui tient si peu?

Deux fois dans la journée, il a écrit à Maubreuil; le temps presse; aussi le second billet est pressant.

Voyez plutôt :

« Pourquoi n'êtes-vous pas venu? Je vous ai attendu toute la journée. Vous me désespérez! »

Maubreuil rentre à six heures du soir pour changer de linge. Il trouve le billet; il court chez Roux-Laborie.

— Qu'y a-t-il?
— Votre fortune à faire.
— Me voici!
— Suivez-moi.

On monte en voiture, on va chez M. Anglès; M. Anglès est à l'hôtel de la rue Saint-Florentin.

On court à l'hôtel de la rue Saint-Florentin; M. Anglès vient d'en sortir.

On demande le prince.

Impossible! le prince est très-occupé : il trahit.

Il est vrai qu'il trahit en bonne société; il trahit avec le sénat.

Le lendemain, Maubreuil et Roux-Laborie reviennent.

Le prince n'est pas plus visible que la veille; le prince est au Luxembourg.

Mais n'importe, on les introduira tout à l'heure dans son cabinet, qui *est occupé en ce moment*. D'ailleurs, peut-être reviendra-t-il.

— Attendons! dit Roux-Laborie.

Et ils attendent un instant dans le salon vert, — vous savez, dans ce salon vert devenu historique, — ils attendent en lisant les journaux.

Les journaux étaient bien amusants.

Le *Journal des Débats* et le *Journal de Paris* rivalisaient surtout de verve et d'esprit.

« Aujourd'hui, disait l'ancien *Journal de l'Empire*, qui venait, depuis la veille, de se faire faire une casaque neuve, et qui s'appelait *Journal des Débats*, aujourd'hui *Sa Majesté* passa devant la colonne Vendôme... »

Pardon, si je m'arrête une seconde; je tiens à ce que l'on ne fasse pas confusion.

Sa Majesté! vous pourriez croire que c'est l'empereur Napoléon, sur lequel, huit jours auparavant, le *Journal de l'Empire* publiait ces beaux vers :

I

« Ciel ennemi, ciel, rends-nous la lumière !
Disait Ajax, et combats contre nous ! »
Seul contre tous, malgré le ciel jaloux,
De notre Ajax voici la voix guerrière :
« Que les cités s'unissent aux soldats ;
Rallions-nous pour les derniers combats !
Français, la Paix est aux champs de la gloire,
La douce paix, fille de la Victoire. »

II

Il a parlé, le monarque, le père ;
Qui serait sourd à sa puissante voix ?
Patrie, honneur ! c'est pour vos saintes lois,
Nous marchons tous sous la même bannière.
Rallions-nous, citoyens et soldats,
Rallions-nous pour les derniers combats !
Français, la Paix est au champ de la gloire,
La douce Paix, fille de la Victoire.

III

Napoléon, roi d'un peuple fidèle,
Tu veux borner la course de ton char ;

> Tu nous montras *Alexandre* et *César;*
> Oui, nous verrons *Trajan* et *Marc-Aurèle!*
> Nous sommes tous *tes enfants, tes soldats,*
> Nous volons tous à ces derniers combats!
> Elle est conquise aux nobles champs de gloire,
> La douce Paix, fille de la Victoire.

Car, enfin, on peut bien appeler Majesté, cinq jours avant son abdication, un *monarque*, un *père*, qu'on vient d'appeler *Ajax, Alexandre, César, Trajan* et *Marc-Aurèle.*

Détrompez-vous! Aujourd'hui, Sa Majesté, c'est l'empereur Alexandre; quant à l'autre empereur, — l'empereur Napoléon, — nous verrons, ou plutôt nous avons déjà vu, au retour de l'île d'Elbe, ce qu'il est devenu.

Après avoir été un *monarque*, un *père, Ajax, Alexandre, César, Trajan* et *Marc-Aurèle*, il est devenu TEUTATÈS.

Fi, la vilaine chute!

Reprenons, car nous n'en finirions pas, et nous avons eu plus de peine à franchir ce mot *Majesté*, que César n'en eut à franchir le Rubicon.

« Aujourd'hui, Sa Majesté passa devant la colonne de la place Vendôme, et, regardant la statue, elle dit aux seigneurs qui l'entouraient :

» — Si j'étais placé si haut, je craindrais d'en être étourdi.

» Ce mot, si philosophique, est digne d'un Marc-Aurèle. »

Pardon, monsieur Bertin, de quel Marc-Aurèle? Est-ce de celui auquel vous compariez tout à l'heure Napoléon, ou de quelque autre Marc-Aurèle que nous ne connaissons pas?

Ah! monsieur, vous êtes comme Titus, vous; vous n'avez pas perdu votre journée, ou plutôt votre nuit!

Nous dirons tout à l'heure ce qui s'était passé dans cette nuit, que n'avait pas perdue M. Bertin, et dans le cours de laquelle le serpent avait changé sa peau tricolore contre une peau blanche, et, de *Journal de l'Empire*, était devenu *Journal des Débats.*

Il est vrai que, dans la nuit du 20 au 21 mars 1815, vous reprendrez votre vieille peau tricolore que vous avez vendue, monsieur Bertin, mais que vous n'avez pas livrée.

Passons au *Journal de Paris :*

« Il est bon de savoir, disait le *Journal de Paris*, que Bonaparte ne s'appelait pas *Napoléon,* mais *Nicolas.* »

En vérité, monsieur le directeur, vous faites au pauvre empereur d'hier une trop sublime apothéose ; au lieu d'être bassement ingrat, comme votre confrère, vous êtes audacieusement flatteur. Bonaparte n'avait que la prétention de se prénommer *Napoléon*, c'est-à-dire le *lion du désert*, et voilà que vous en faites *Nicolas*, c'est-à-dire le *vainqueur des peuples*.

Ah ! monsieur le rédacteur du *Journal de Paris*, si votre journal eût été un journal littéraire comme le *Journal des Débats,* vous eussiez su le grec comme votre confrère, c'està-dire comme un véritable Grec, et vous n'eussiez pas fait de pareilles bévues.

Mais vous ne saviez pas le grec. Voyons au moins si vous saviez le français.

Complétons la phrase :

« Il est bon de savoir que Bonaparte ne s'appelait point *Napoléon*, mais *Nicolas* ; ni Bonaparte, mais *Buonaparté* ; il avait retranché l'u pour se rattacher à une famille illustre de ce nom. »

— Vous savez que les Balzac d'Entraigues prétendent que vous n'êtes point de leur famille, disait-on à M. Honoré de Balzac, auteur du *Père Goriot* et des *Parents pauvres*.

— Si je ne suis point de leur famille, répondit M. Honoré de Balzac, tant pis pour eux !

Revenons au *Journal de Paris*. C'est toujours lui qui parle :

« Plusieurs personnes se sont amusées à faire différentes anagrammes du nom de *Buonaparté*, en ôtant l'u de ce nom.

Celle qui nous paraît mieux peindre le personnage est celle-ci : NABOT PARÉ. »

Quel malheur, monsieur le rédacteur, que vous ayez été obligé, pour arriver à cet adorable résultat, de faire comme le tyran, de sacrifier votre u!

Maintenant, pour faire un pendant aux vers du *Journal des Débats*, citons les vers du *Journal de Paris*; ils n'ont qu'une strophe, mais à elle seule, pour les amateurs de poésie, celle-là en vaut bien trois. Ces vers étaient de circonstance, d'ailleurs; M. de Maubreuil venait justement là pour faire du dernier une prophétie.

TESTAMENT DE BONAPARTE.

Je lègue aux enfers mon génie,
Mes exploits aux aventuriers,
A mes partisans l'infamie,
Le grand-livre à mes créanciers,
Aux Français l'horreur de mes crimes,
Mon exemple à tous les tyrans,
La France à ses rois légitimes,
Et l'hôpital à mes parents.

Maintenant, et pour clore notre série de citations, nous avons promis de revenir encore une fois au *Journal des Débats*.

C'est un registre en partie double, avec son *doit* et *avoir*, que nous mettons sous les yeux du lecteur.

Il y a quatorze jours d'intervalle seulement entre les deux articles, comme on pourra voir par les dates.

JOURNAL DES DÉBATS.

(*Peau blanche.*)

Paris, 6 mars 1815.

Buonaparte s'est évadé de l'île d'Elbe, où l'imprudente magnanimité des souverains alliés lui avait donné une souveraineté, pour prix de la désolation qu'il avait portée dans leurs États.

Cet homme, qui, en abdiquant le pouvoir, n'a jamais abdiqué son ambition et ses fureurs, cet homme, *tout couvert du sang des générations*, vient, au bout d'un an, essayer de disputer, au nom de l'usurpation, la légitime autorité du roi de France.

A la tête de quelques centaines d'Italiens et de Polonais, *il ose mettre le pied sur une terre qui le repoussa pour jamais.*

Quelques pratiques ténébreuses, quelques manœuvres dans l'Italie, excitée par son aveugle beau-frère, ont enflé l'orgueil du LACHE GUERRIER de Fontainebleau.

Il s'expose à mourir de la mort des héros : Dieu permettra qu'il meure de la mort des traîtres.

La terre de France l'a rejeté. Il y revient, la terre de France le dévorera.

Ah! toutes les classes le repoussent, tous les Français le repoussent avec horreur, et se réfugient dans le sein d'un roi qui nous a apporté la miséricorde, l'amour et l'oubli du passé.

JOURNAL DE L'EMPIRE.

(*Peau tricolore.*)

Paris, 20 mars 1815.

La famille des Bourbons est partie cette nuit... Paris offre l'aspect *de la sécurité et de la joie;* les boulevards sont couverts d'une foule immense, impatiente de voir l'armée et LE HÉROS *qui lui est rendu*. Le petit nombre de troupes qu'on avait eu l'espoir *insensé* de lui opposer s'est rallié *aux aigles*, et toute la milice française, devenue nationale, marche sous les drapeaux *de la gloire et de la patrie*. SA MAJESTÉ L'EMPEREUR a traversé deux cents lieues de pays avec la rapidité de l'éclair, au milieu d'une population *saisie d'admiration* et de respect, pleine du bonheur présent et de la certitude du bonheur à venir.

Ici, des propriétaires se félicitant de la garantie réelle que leur assure ce retour miraculeux; là, des hommes bénissant l'événement inespéré qui fixe irrévocablement la liberté des cultes; plus loin, de braves militaires pleurant de joie de revoir leur ancien général; des plébéiens, convaincus que l'honneur et les vertus seront redevenus le premier titre de la noblesse, et qu'on acquerra, dans toutes les carrières, la splendeur et la gloire pour les services rendus à la patrie.

Tel est le tableau qu'offrait cette marche ou plutôt cette course triomphale, dans laquelle L'EMPEREUR

Cet *insensé* ne pouvait donc trouver en France de partisans que parmi les artisans éternels de troubles et de révolutions.

Mais nous ne voulons ni de troubles ni de révolutions. Ils désigneront vainement des victimes pour leur TEUTATÈS.

Un seul cri sera le cri de toute la France :

MORT AU TYRAN! VIVE LE ROI!

Cet homme, qui débarqua à Fréjus contre tout espoir, nous semblait alors appelé de Dieu pour rétablir en France la monarchie légitime ; cet homme, entraîné par sa *noire destinée*, et comme pour mettre le dernier sceau à la Restauration, revient aujourd'hui pour peser comme un rebelle sur cette même terre où il fut reçu, il y a quinze ans, par un peuple abusé, et détrompé depuis par douze ans de tyrannie.

n'a trouvé d'autre ennemi que les *misérables libelles* qu'on s'est vainement plu à répandre sur son passage, contraste bien étrange avec les sentiments d'enthousiasme qui éclataient à son approche. Ces sentiments, justifiés par la lassitude des onze mois qui viennent de s'écouler, ne le sont pas moins par les garanties que donnent à tous les rangs les proclamations de SA MAJESTÉ, et qui sont lues avec une extrême avidité. Elles respirent la modération qui accompagne aujourd'hui la force, et qui est toujours inséparable de la véritable grandeur.

P.-S. Huit heures du soir.

L'empereur est arrivé ce soir au palais des Tuileries, *au milieu des plus vives acclamations*. Au moment où nous écrivons, les rues, les places, les boulevards, les quais, sont couverts d'une foule immense, et les cris de VIVE L'EMPEREUR! retentissent de toutes parts, depuis Fontainebleau jusqu'à Paris. Toute la population des campagnes, ivre de joie, s'est portée sur la route de Sa Majesté, que cet empressement a forcée d'aller au pas.

N'est-ce pas que MM. de Maubreuil et Roux-Laborie ne devaient pas s'ennuyer avec une pareille galerie sous les yeux ? Aussi, quoiqu'ils fussent dans le salon vert depuis près d'une heure, à peine croyaient-ils y être depuis dix minutes, lorsque la porte du cabinet du prince de Talleyrand s'ouvrit.

Ils entrèrent.

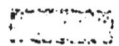

Maintenant, n'allez pas croire que ce soit du roman que nous faisons ici. C'est je ne dirai pas de la belle et bonne histoire, mais de la laide et triste histoire.

Si vous en doutiez, faites-vous représenter le rapport que MM. Thouret et Brière de Valigny, substituts du procureur *impérial*, faisaient au mois de juin 1815, sur toute cette affaire, à une des chambres du tribunal de première instance de la Seine.

Quand Napoléon ne serait revenu que pour nous ramener avec lui cette pièce officielle, ce serait presque assez pour excuser son retour.

On introduisit M. de Maubreuil dans le cabinet de M. de Talleyrand. Roux-Laborie le fit alors asseoir dans le propre fauteuil du prince et lui dit :

— Vous êtes impatient de retrouver votre position, de refaire votre fortune perdue ; il dépend de vous d'obtenir encore au delà de ce que vous pouvez désirer.

— Que me faut-il faire ? demanda Maubreuil.

— Vous avez du courage, de la résolution : débarrassez-nous de l'empereur. Lui mort, la France, l'armée, tout est à nous, et l'on vous donne deux cent mille livres de rente; on vous fait duc, lieutenant général et gouverneur d'une province (1).

— Je ne vois pas trop comment je pourrais réussir.

— Rien de plus facile.

— Voyons.

— Écoutez.

— J'écoute.

— Il est impossible que, d'ici à deux jours, il n'y ait pas une grande bataille. Prenez cent hommes déterminés à qui vous donnerez des uniformes de la garde, mêlez-vous avec eux aux troupes de Fontainebleau, et il vous sera facile, soit

---

(1) Quand on écrit de pareilles choses, mieux valent deux autorités qu'une seule. Outre le rapport de MM. Thouret et Brière de Valigny, voyez Vaulabelle, *Histoire des deux Restaurations*, t. II, p. 15.

avant, soit pendant, soit après la bataille, de nous rendre le service que je suis chargé de vous demander.

Maubreuil secoua la tête.

— Refusez-vous? demanda vivement Roux-Laborie.

— Non pas. Je songeais seulement que cent hommes, c'est difficile à trouver ; heureusement, il n'est pas besoin de cent hommes : douze suffiront. Je les trouverai peut-être dans l'armée; mais il me faudrait alors la faculté de les faire avancer de deux ou trois grades, et de leur accorder des récompenses pécuniaires, en harmonie avec le service qu'ils auront rendu.

— Vous aurez tout ce que vous voudrez. Que nous importent dix ou douze colonels de plus ou de moins!

— C'est bien.

— Vous acceptez alors?

— Probablement... Cependant je demande jusqu'à demain pour réfléchir.

Et Maubreuil sortit, suivi de Roux-Laborie, très-inquiet du sursis demandé. Mais Maubreuil le rassura, en prenant l'engagement de lui donner une réponse positive le lendemain.

On comprend l'hésitation de Maubreuil ; il avait été introduit dans le cabinet du prince, il s'était assis dans le fauteuil du prince, mais, au bout du compte, il n'avait pas vu le prince.

Or, quand on joue sa tête pour un autre, on aime assez à voir celui pour lequel on tient les cartes.

Le lendemain, on revient à l'hôtel.

Maubreuil accepte.

Roux-Laborie respire.

— Mais, ajoute Maubreuil, à une condition.

— Laquelle?

— Je ne me regarde pas comme suffisamment autorisé par votre seule parole. J'ai besoin que les promesses que vous me faites soient solidement garanties. Je veux voir M. de Talleyrand lui-même, et recevoir de lui ma mission.

— Mais, mon cher Maubreuil, vous comprenez combien il est difficile...

— Je ne dis pas non; mais ce sera ainsi, ou ce ne sera point.

— Ainsi, vous voulez voir M. de Talleyrand?

— Je veux voir M. de Talleyrand, et recevoir de lui *directement* ma mission.

— Oh! oh! dit l'avocat en frappant sur la poitrine de son ami, on dirait que vous avez peur?

— Je n'ai pas peur, mais je veux voir M. de Talleyrand.

— Eh bien, soit, dit Roux-Laborie, vous le verrez, et, puisque vous voulez absolument sa garantie, vous allez être satisfait. Attendez quelques instants dans ce salon.

Et il entra chez M. de Talleyrand.

Un instant après, il sortit.

— M. de Talleyrand va passer, M. de Talleyrand va vous faire un geste de la main, M. de Talleyrand va vous sourire. Cela vous suffira-t-il?

— Hum! fit Maubreuil; n'importe! nous verrons.

M. de Talleyrand passa, fit le geste convenu, et sourit gracieusement à Maubreuil.

Tout cela, bien entendu, c'est Maubreuil qui le dit.

Le geste séduit Maubreuil, le sourire le transporte; seulement, Maubreuil veut encore quelque chose : il veut deux cent mille francs.

On marchande, on lésine, on n'a pas d'argent : il y a tant de trahisons à payer!

Mais, grâce à l'arrêté du 9, il rentre treize millions : c'est le trésor privé de Napoléon. On a fait la chose en conscience, on n'a rien laissé à Marie-Louise, ni argent ni argenterie; c'est à ce point qu'elle a été obligée d'emprunter, à l'évêque chez lequel elle était logée, un peu de faïence et d'argenterie.

On a donc treize millions, — sans compter les dix millions en or laissés dans les caves des Tuileries, et sur lesquels on a déjà fait main basse.

C'est vingt-trois millions qu'on a déjà empruntés à Napoléon.

Que diable! on peut bien prendre là-dessus deux cent mille francs pour le faire assassiner!

On prend donc deux cent mille francs, et on les donne à Maubreuil.

Maubreuil court au jeu, et perd cent mille francs dans la nuit.

Assassinera-t-il Napoléon pour cent mille francs? En vérité, non!... Ce n'est point assez.

Il a recours à M. A***.

M. A*** est un homme d'imagination. Il lui vient une idée :

— La reine de Westphalie suit la même route que Napoléon...

— Oui.

— Nous supposons que la reine de Westphalie emporte les diamants de la couronne.

— Oui.

— Eh bien, emparez-vous de ce qu'elle possède, et ce sera de bonne prise.

— Oui; mais je veux un ordre.

— Comment, un ordre?...

— Un ordre écrit.

— Signé de qui?...

— Signé de vous.

— Qu'à cela ne tienne!

Et M. A*** prend une plume, et signe l'ordre suivant...

— Permettez, nous dira-t-on, qu'est-ce que M. A***?

Pardieu! lisez; la signature est au bas de l'ordre :

Ministère de la police.

« Il est ordonné à toutes les autorités chargées de la police générale de France, aux préfets, commissaires généraux, spéciaux et autres, *d'obéir aux ordres* que M. de Maubreuil leur donnera; *de faire et d'exécuter à l'instant même tout ce qu'il prescrira,* M. de Maubreuil *étant chargé* d'une *mission secrète* de la *plus haute importance.*

» ANGLÈS. »

Ce n'est pas tout. Maubreuil veut un autre ordre pareil,

signé du ministre de la guerre : il dispose de la force civile, il faut qu'il dispose de la force militaire.

Il va trouver le ministre de la guerre. Il obtient un ordre pareil à celui que nous venons de citer.

Le ministre de la guerre est le général Dupont.

Il y a des signatures qui ont une fatale destinée!

Le 22 juillet 1808, cette signature est au bas de la capitulation de Baylen ; le 16 avril 1814, elle est au bas de la commission Maubreuil!

L'une, sans combat, livre la liberté de quatorze mille hommes à l'ennemi ; l'autre livre à un voleur et à un assassin l'or et la vie d'une reine!

Comme on est fier, en face de pareilles *erreurs*, de n'avoir jamais mis son nom qu'au haut d'un drame, bon ou mauvais, qu'au bas d'un livre, mauvais ou bon!

Outre ces deux ordres, Maubreuil s'en fait donner encore trois autres dans les mêmes termes :

Un de Bourrienne, directeur provisoire des postes... De Bourrienne, comprenez-vous ? — Mais ce n'est pas ce même Bourrienne qui fut secrétaire de l'empereur?... — Pardonnez, c'est bien le même !... Où serait l'infamie, sans cela ? Il met les postes à la disposition de M. de Maubreuil.

Un du général Sacken, gouverneur de Paris.

Un du général Brokenhausen.

Grâce à ces deux derniers ordres, Maubreuil, qui dispose déjà de la police par Anglès, de l'armée par Dupont, des postes par Bourrienne, disposera aussi des troupes alliées par le général russe et par le général prussien.

Il est vrai que, le 3 avril, le lendemain du jour où le *Journal des Débats* et le *Journal de Paris* ont publié les spirituels articles que vous connaissez, on chantait à l'Opéra les deux charmants couplets que vous allez connaître, le tout sur l'air de *Vive Henri IV!* air national, s'il en fut :

> Vive Alexandre!
> Vive ce roi des rois!
> Sans rien prétendre,
> Sans nous dicter des lois,

> Ce prince auguste
> A le triple renom,
> De héros, de juste,
> De nous rendre un Bourbon.

> Vive Guillaume !
> Et ses guerriers vaillants !
> De ce royaume,
> Il sauva les enfants ;
> Par sa victoire,
> Il nous donne la paix,
> Et compte sa gloire
> Par ses nombreux bienfaits.

En vérité, il y a une certaine fierté à se dire que ces vers sont presque aussi mauvais que la prose du *Journal des Débats* et du *Journal de Paris !*

Maubreuil avait donc ses cinq ordres, bien en règle, dans sa poche. Avec cela, il pouvait agir, non pas contre Napoléon, — c'était trop chanceux, — mais contre la reine de Westphalie.

En effet, n'était-ce pas bien joué que de faire payer le prix de l'assassinat de Napoléon, et de ne pas l'assassiner ?

C'est ce que Maubreuil va essayer de faire.

D'abord, il s'associe un nommé d'Asies, qu'en vertu de ses pleins pouvoirs, il nomme *commissaire royal*.

Puis il se met à l'affût au coin de la rue du Mont-Blanc et de la rue Saint-Lazare.

La reine de Westphalie logeait à l'hôtel du cardinal Fesch.

Son départ était fixé au 18.

Les ordres sont signés du 16 et du 17.

Maubreuil était bien renseigné. Le 18, à trois heures du matin, la princesse Catherine de Wurtemberg, ex-reine de Westphalie, montait en voiture, et prenait la route d'Orléans.

La princesse Catherine était cousine de l'empereur de Russie, et voyageait avec un passe-port signé de lui et de l'empereur d'Autriche.

Maubreuil a pris les devants. A Pithiviers, il apprend, par le maître de poste, — vous voyez bien que la recommandation de M. de Bourrienne était bonne à quelque chose; — à Pithiviers, il apprend, par le maître de poste, que la princesse continuera son chemin par la Bourgogne.

Alors, il s'embusque à Fossard, maison de poste à une demi-lieue de Montereau.

Au reste, il n'y a pas de danger que Maubreuil se trompe, il connaît bien la princesse : il a été son écuyer.

Le 21, à sept heures du matin, la voiture de la princesse paraît sur la route. Maubreuil s'élance à la tête d'une douzaine de cavaliers, arrête la voiture, force l'ex-reine à entrer dans une espèce d'écurie, où tous les bagages sont successivement transportés.

Il y avait onze malles ou caisses.

Maubreuil en demande les clefs.

La princesse n'avait aucun moyen de faire résistance : elle les lui donne; tout cela sans faire semblant de le reconnaître, sans daigner lui adresser la parole. Ce que voyant Maubreuil, il se met tranquillement à déjeuner, avec d'Asies, dans une chambre au rez-de-chaussée de l'auberge, en attendant un détachement de troupes qu'en vertu de ses ordres, il a envoyé chercher à Fontainebleau.

Cependant il faut rendre justice à Maubreuil. Comme le temps est mauvais, comme il pleut, comme il fait froid, il a offert à son ancienne souveraine d'entrer dans l'auberge; mais, comme elle serait obligée de rester dans la même chambre que lui, elle préfère rester dans la cour.

Une femme qui a pitié de cette autre femme lui apporte une chaise, et elle s'assied.

Maubreuil achevait de déjeuner, quand un lieutenant arrive de Montereau avec une douzaine d'hommes, mamelouks et chasseurs.

Il faut donner une raison à cet officier et à ces soldats; si impudent que l'on soit, on ne dit jamais : « Tel que vous me voyez, je suis un voleur. »

Non, ce sera la princesse Catherine qui sera une voleuse.

La princesse Catherine est arrêtée par Maubreuil, parce qu'elle emporte les diamants de la couronne.

Quatre factionnaires sont placés pour empêcher les voyageurs d'approcher... à moins que les voyageurs qui viendraient n'aient une voiture; auquel cas, bon gré, mal gré, on utilisera la voiture.

Des marchands arrivent de Sens, conduisant une patache. La patache et les deux chevaux qui la conduisent sont confisqués par Maubreuil.

On charge sur cette patache les coffres de la princesse.

C'est alors seulement qu'elle daigne adresser la parole à Maubreuil, qui s'excuse auprès d'elle sur *sa mission*.

— Fi! monsieur, dit-elle, quand on a mangé le pain des gens, on ne se charge pas, à leur détriment, d'une pareille mission... Ce que vous faites là est abominable!

— Madame, répond Maubreuil, je ne suis que le commandant de la force armée. Parlez au commissaire, je ferai tout ce qu'il ordonnera.

Le commissaire était d'Asies, on s'en souvient.

Robert Macaire renvoyait à Bertrand.

Mais elle ne savait pas cela, la digne princesse : elle prenait d'Asies pour un vrai commissaire.

— Monsieur, dit-elle, vous me dépouillez de tout ce qui m'appartient. Le roi n'a jamais donné de pareils ordres... Je vous jure, sur mon honneur, et foi de reine, que je n'ai rien à la couronne de France!

D'Asies se redresse.

— Nous prenez-vous pour des voleurs, madame? dit-il. Je vais vous montrer que nous avons des ordres. Toutes ces caisses vont partir.

En disant cela, d'Asies aperçoit une petite caisse carrée, entourée de rubans de fil.

Il porte la main dessus. La petite caisse est très-lourde.

— Ah! ah! dit-il.

— Monsieur, dit la princesse, cette petite caisse renferme mon or.

D'Asies et Maubreuil échangent un coup d'œil qui veut dire:

« Votre or, princesse, c'est justement ce que nous cherchons.»

Ils se retirent, et font semblant de délibérer.

Puis, se rapprochant après la délibération, ils ordonnent au commandant des mamelouks d'emporter cette caisse avec les autres.

La princesse doute encore de ce qu'elle voit, de ce qu'elle entend.

— Mais, s'écrie-t-elle, il n'est pas possible que vous preniez aussi mes bijoux et mon argent! que vous m'exposiez à rester avec ma suite au milieu d'un grand chemin!

Alors la force lui manque, à cette noble créature, fille de roi, femme de roi, cousine d'empereur. Les larmes lui viennent aux yeux; elle demande à parler à Maubreuil. Maubreuil s'approche.

— Mais, monsieur, lui dit-elle, que voulez-vous donc que je devienne? Rendez-moi au moins cet or, qui m'est nécessaire pour continuer mon chemin.

— Madame, répondit Maubreuil, je ne suis que l'exécuteur des ordres du gouvernement; je dois rendre vos caisses intactes à Paris. Tout ce que je puis faire pour vous, c'est de vous donner ma ceinture : elle renferme cent napoléons de vingt francs.

La princesse voit, dans cette offre, le dernier dévouement d'un homme qui a été à son service; elle accepte, sur le conseil que lui donne le comte de Furstenstein.

D'ailleurs, elle croit qu'il va lui être permis de revenir à Paris, et, à Paris, elle retrouvera de l'argent.

Mais il n'en est pas ainsi : on la force à remonter en voiture. La princesse continuera son chemin vers Villeneuve-la-Guyare, sous l'escorte de deux chasseurs, tandis que ses caisses, son or, ses diamants, chargés sur la patache, vont retourner à Paris.

Si la princesse résiste, les deux chasseurs ont ordre d'employer la violence pour la forcer de continuer sa route.

Elle demande alors à faire au moins escorter ses caisses par une personne à elle. Mais, comme cette demande est exorbitante, elle est repoussée.

La voiture de la princesse continue donc sa route vers Villeneuve-la-Guyare. La conscience de Maubreuil et de d'Asies est tranquille : la princesse n'a-t-elle pas cent napoléons pour subvenir à ses besoins?

A la poste suivante, on ouvre la ceinture de Maubreuil pour payer. On n'y trouve que quarante-quatre napoléons. On dépose aussitôt la ceinture et les quarante-quatre napoléons entre les mains du juge de paix de Pont-sur-Yonne.

En quittant Fossard, Maubreuil défend au maître de poste de donner des chevaux à qui que ce soit avant trois heures.

On est payé. Maintenant, on peut s'occuper de la seconde partie de la mission, de la moins importante pour Maubreuil, de tuer l'empereur.

On est au 21 avril.

Le 19, l'empereur, abandonné de tout le monde, est resté avec un seul valet de chambre.

Le moment était bon; malheureusement, on l'a laissé passer. On guettait la princesse rue Saint-Lazare; on ne peut pas être partout à la fois.

Le 20, c'est-à-dire la veille, l'empereur a fait ses adieux à sa garde. Ce n'est pas au milieu de tous ces brigands-là qu'on pouvait l'aller attaquer.

Le 21, comme nous l'avons vu, on était bien occupé.

Et voilà que justement l'empereur a profité de ce moment pour partir de Fontainebleau, avec les commissaires des quatre puissances.

Bah! si l'on ne tuait pas l'empereur?... Puisqu'on a volé la reine de Westphalie, puisqu'on tient son or et ses diamants, cela reviendrait au même!

On ne tuera pas l'empereur.

On revient à Paris, où l'on passe la nuit au jeu. Une partie des quatre-vingt-quatre mille francs de la princesse s'engloutit là. — Il y avait *quatre-vingt-quatre mille francs en or* dans la petite cassette que vous savez.

Le lendemain, Maubreuil se présente chez M. Anglès. Il est au désespoir: d'abord, d'avoir perdu une partie de son or; ensuite, d'avoir manqué Napoléon.

M. Anglès n'est pas au désespoir : il est furieux! — furieux, parce que l'empereur Alexandre sait tout, et que l'empereur Alexandre est fort irrité.

L'empereur Alexandre a juré qu'il vengerait sa cousine.

Le *Journal de Paris* ne sait pas que *Nicolas* veut dire *vainqueur des peuples;* mais M. Anglès, qui est ministre de la police, doit savoir qu'Alexandre veut dire *qui moud les hommes.*

M. Anglès ne veut pas être moulu.

Il conseille donc à Maubreuil de fuir.

— Fuir! dit Maubreuil. Et la police?

— Bah! est-ce que je ne suis pas là?

Cette assurance ne tranquillise pas Maubreuil le moins du monde.

Il court chez M. de Talleyrand.

M. de Talleyrand le fait jeter à la porte. Est-ce que M. de Talleyrand connaît un voleur de grand chemin? Fi donc!

Maubreuil se sauve. Il n'a pas fait trois lieues, qu'il est *empoigné*, comme on disait sous la Restauration, jeté dans un cachot, d'où il sort au retour de l'empereur, et où il rentre au retour de Louis XVIII.

Après deux nouvelles mises en liberté, et deux arrestations nouvelles, Maubreuil, qui n'a jamais cru qu'on oserait le juger, Maubreuil comparaît enfin devant la cour royale de Douai, chambre de police correctionnelle.

L'affaire faisait grand scandale, comme on s'en doute bien. M. de Talleyrand niait, M. Anglès niait, Roux-Laborie niait; tout le monde niait, — excepté Maubreuil.

Maubreuil non-seulement avouait tout, lui, mais, d'accusé, il s'était fait accusateur.

Il va sans dire que défense expresse était faite aux journaux de rendre compte des séances.

Mais maître Mennesson avait un ami qui assistait à ces séances. Cet ami, sténographe sans doute, notait, écrivait, constatait, et lui envoyait ses comptes rendus.

C'était cela que je copiais à deux, trois, quatre exemplaires, que je distribuais, au nom de notre notaire républicain, plein de foi, plein d'ardeur, plein de confiance.

Or, voilà que j'ai gardé une copie de ce compte rendu.

Je ne sache pas que cette pièce ait été mise dans aucune histoire.

Elle est curieuse, la voici :

LVII

Compte rendu du procès relatif à l'enlèvement des diamants de la reine de Westphalie par le sieur de Maubreuil.

TRIBUNAL DE POLICE CORRECTIONNELLE.
Audience du 17 avril 1817.

« Le sieur de Maubreuil est introduit.

» Placé sur le banc des accusés, il regarde fixement M. de Vatimesnil, procureur du roi, et lui adresse la parole :

» — Monsieur le procureur du roi, dit-il, vous m'avez qualifié d'employé du trésor, c'est faux. Je n'ai jamais été un employé du trésor. Les gazetiers ont profité de votre dernier discours pour répandre sur mon procès un jour odieux ; mais je suis au-dessus de leurs atteintes.

» On essaye d'imposer silence au sieur de Maubreuil ; mais il continue avec plus de force :

» — Vous tous, Français, qui êtes ici présents, je mets mon honneur sous votre sauvegarde. Je puis être empoisonné, assassiné demain.

» Les gendarmes mettent la main sur M. de Maubreuil ; mais il se débarrasse d'eux, et continue :

» — Oui, je dois m'y attendre. On peut me tirer un coup de pistolet dans ma prison ; la police peut m'enlever, me faire disparaître, comme mon cousin, M. de Brosse, qui, au mois de février, avait remis une pétition à la Chambre en ma faveur ; mais je lègue mon honneur aux Français qui sont ici présents. Écoutez ce que je vais vous dire.

» Ici l'accusé élève la voix.

» — J'ai accepté la mission de tuer l'empereur ; mais je ne l'ai acceptée que pour sauver la vie à lui et à sa famille. Oui,

Français, je ne suis pas un misérable voleur, comme on veut vous le faire croire. Français! je vous appelle tous à mon secours. Non, je ne suis pas un voleur! non, je ne suis pas un assassin! J'ai accepté, au contraire, une mission pour sauver la vie à Napoléon et à sa famille. Il est vrai que, dans la première exaltation de mon enthousiasme royaliste, j'ai, le 31 mars, attaché avec beaucoup d'autres la corde au cou de la statue de Napoléon pour la faire descendre de la colonne sur la place Vendôme; mais, je le reconnais ici publiquement, je servais une cause ingrate. Si j'ai fait du mal en effigie à Napoléon, je lui ai fait du bien en réalité. Non, je ne suis pas un assassin! Français, c'est mon honneur que je vous lègue. Vous ne serez pas insensibles à mes invocations.

» On essaye de nouveau de faire taire M. de Maubreuil; mais plus on essaye de le faire taire, plus il élève la voix.

» — J'ai accepté, continue-t-il, une mission pour sauver la vie à Napoléon, à sa famille et à son fils; il est vrai encore que, séduit, égaré, engagé à le faire, j'ai été assez malheureux pour attacher la croix de la Légion d'honneur à la queue de mon cheval; je m'en repens amèrement. Je la reprends aujourd'hui, cette croix des braves: la voici à ma boutonnière; je l'ai bien gagnée; je l'ai méritée en Espagne.

» Ici, le sieur Maubreuil succombe aux efforts qu'on fait pour éteindre sa voix. Pendant tout le temps qu'a duré son discours, le président et les juges lui ont vainement imposé silence; vainement le président a crié :

» — Qu'on l'emmène, gendarmes, qu'on l'emmène! Gendarmes, faites votre devoir!

» Maubreuil s'est débattu, Maubreuil s'est cramponné à la balustrade, et, presque étouffé par les gendarmes, il criait encore :

» — Monsieur le président, je vous respecte infiniment; mais vous avez beau dire, vous avez beau faire, on voulait assassiner l'empereur, et je n'ai accepté la mission qui me conduit ici que pour le sauver!

» Le bruit, les rumeurs, le scandale étaient grands dans l'auditoire. Beaucoup de Vendéens, parents et amis de l'accusé, qui est allié à la famille la Rochejaquelein, étaient présents. Avant l'introduction de l'accusé, ils avaient cherché à disposer le public en sa faveur, en parlant du mystère qui enveloppait sa mission, et en citant la pureté de son dévouement à la cause royale. Qu'on se figure donc leur désappointement quand ils virent le mode de défense adopté par lui; leur embarras, en entendant leur client parler d'une manière si opposée aux promesses faites par eux; leur étourdissement au nom de Napoléon, prononcé avec un certain respect par l'accusé, à une époque où l'on n'appelle plus le vainqueur des Pyramides et de Marengo que Buonaparte; à ce titre d'empereur, donné à un homme que le roi Louis XVIII, en datant son règne de 1795, déclare n'avoir jamais régné !

» La parole fut donnée à maître Couture, avocat de M. de Maubreuil. Nous ne rapporterons pas son discours, qui fut très-long. Il plaida plutôt sur la forme du procès que sur le fond de l'affaire. Il établissait d'abord l'injustice de ce que Maubreuil seul fût encore détenu, tandis que ceux qui avaient agi de concert avec lui, d'Asies, Cotteville et autres, étaient en pleine liberté.

» Il ajoutait que, les caisses ayant été déposées sans vérification chez M. de Vanteaux, il n'a pu être constaté par qui la soustraction des quatre-vingt-quatre mille francs en or a été commise. Il parle de la manière miraculeuse dont une partie des diamants, jetés dans la Seine, — par qui? on n'en sait rien, — a été retrouvée par un nommé Huet, ex-employé de la police, qui, en pêchant à la ligne, a retiré deux peignes de diamants, attachés à son amorce.

» Maître Couture établit encore que l'accusé, auquel on a confié une mission de la plus haute importance, n'est point justiciable des cours ordinaires, et, à cette occasion, maître Couture fait lecture de cinq ordres différents, qui autorisaient M. de Maubreuil à requérir toutes les autorités du royaume.

» Voici la teneur de ces ordres :

» Le premier signé par le général Dupont, ministre de la guerre, ordonne à la force armée de prêter assistance à M. de Maubreuil, de faire droit à toutes ses demandes, et prescrit aux autorités de lui fournir toutes les troupes qu'il demandera, chargé qu'il est d'une mission de la plus haute importance.

» Le second, signé Anglès, ministre de la police, prescrit, à toutes les autorités de police du royaume de France, d'assister M. de Maubreuil dans cette même mission.

» Le troisième, signé Bourrienne, directeur général des postes, ordonne aux maîtres de poste de lui fournir les chevaux qu'il leur demandera, et les rend personnellement responsables du plus léger retard qu'ils lui feraient éprouver.

» Le quatrième, signé du général Sacken, gouverneur de Paris, enjoint aux troupes alliées d'assister M. de Maubreuil.

» Enfin, le cinquième, en langue russe, est adressé aux officiers qui n'entendraient pas la langue française, et qui, par conséquent, ne pourraient obéir aux ordres précédents.

» De là, maître Couture déduit que le conseil du roi peut seul avoir connaissance de la mission de M. de Maubreuil, et doit seul statuer dans la cause.

» Après avoir répondu au plaidoyer de maître Couture, M. le procureur du roi prend de son côté des conclusions tendantes à établir l'incompétence du tribunal correctionnel, attendu que les faits dont le sieur Maubreuil est accusé constituent un crime, et non pas un simple délit; qu'il s'agit d'un vol commis à main armée sur la grande route, et non pas d'un simple abus de confiance.

» Car en vain, » dit-il, « voudra-t-on alléguer le pouvoir illi-
» mité dont l'accusé était revêtu ; aucun pouvoir ne peut au-
» toriser un citoyen à intervertir les lois existantes ; car, si
» une telle assertion était soutenable, elle le serait naturelle-
» ment jusqu'au bout, et, dans ce cas, il serait excusable
» d'avoir commis un assassinat, ou incendié un village.

» Tout au contraire, à notre avis, » continue M. de Vatimesnil, « Maubreuil, agissant comme envoyé du gouvernement, as-
» sume par ce seul titre une plus grande responsabilité sur
» sa tête, et les lois doivent se revêtir pour lui d'une double
» sévérité. Aucune mission ne peut l'excuser d'avoir mal-
» traité, sur une grande route, une personne voyageant avec

» un passe-port, et son crime devient encore plus grave
» quand cette personne est une princesse auguste, sortant
» d'un sang illustre, alliée de toutes les têtes couronnées de
» l'Europe, et voyageant sous l'égide du passe-port de son
» illustre cousin l'empereur de Russie, princesse doublement
» respectable, et par son rang, et par les revers de fortune
» qu'elle venait d'éprouver.

» Et de quelle indignation ne devons-nous pas être saisis, » s'écrie M. le procureur du roi, « quand nous entendons le
» prévenu débiter une fable séditieuse pour se soustraire à
» l'action de la justice! Quelle est cette portion de Français à
» laquelle il s'adresse dans ses invocations, et qu'il appelle à
» son secours? Quelle foi peut-on ajouter à une pareille in-
» vraisemblance, d'avoir reçu une mission contre une per-
» sonne voyageant sous la sauvegarde des traités les plus so-
» lennels, signés par tous les souverains alliés? et, s'il avait
» accepté cette mission, n'est-il pas doublement lâche d'avoir
» reçu l'argent, et trompé ceux qu'il prétend la lui avoir
» donnée? Ne faut-il pas l'assimiler, dès lors, à ces êtres vils
» que nous avons vus de nos jours, sous le poids d'une accu-
» sation quelconque, inventer des conspirations, et dénoncer
» leurs concitoyens inconnus, dans le seul but d'arrêter ou
» d'égarer la justice? »

» Le sieur Maubreuil a écouté tout ce réquisitoire avec une vive impatience, et son avocat n'a pu le calmer qu'en lui passant une plume et du papier qu'il demandait.

» Le discours de M. de Vatimesnil achevé, Maubreuil fait passer au président ce qu'il vient d'écrire, puis se lève et dit :

» — Monsieur le président, comme un homme qui s'attend à être assassiné d'un moment à l'autre, je dépose ce testament politique entre vos mains. Français, ici présents, c'est mon honneur que je vous lègue. Comme un homme prêt à paraître devant Dieu, je jure que, par l'intermédiaire de M. Laborie, M. de Talleyrand m'a fait venir ; que, comme j'étais très-ému, on m'a fait prendre un bouillon ; que le prince m'a fait asseoir dans son propre fauteuil ; qu'il m'a offert deux cent mille livres de rente et le titre de duc, si je remplissais bien ma mission (1); bien plus, l'empereur Alexandre m'a offert ses propres chevaux ; mais, je le répète, si j'ai accepté la mission qu'on me reproche, c'était pour sauver l'empereur et sa famille.

» Ici, on force de nouveau Maubreuil à se taire, et les gendarmes, en pesant sur ses épaules, le forcent de se rasseoir sur son banc.

» Alors, maître Couture, son avocat, se lève, adresse de nouveau la parole au procureur du roi, et lui demande en grâce de ne pas faire attention aux paroles insensées de son client.

» — Hélas ! s'écrie-t-il, l'homme que vous voyez devant vous, monsieur, ce n'est plus M. de Maubreuil, ce sont les restes, c'est l'ombre de M. de Maubreuil. Une détention de *trois ans*, pendant lesquels trois cent quatre-vingt-dix jours au secret, sans communiquer avec personne, *pas même avec son conseil*, a dérangé sa raison. Ce n'est plus qu'un homme en ruine. Par humanité, ne lui tenez pas compte d'un discours qui peut le perdre !

» Les juges, très-embarrassés de ce qu'ils venaient d'entendre, quoiqu'ils n'eussent à résoudre que les simples questions de compétence ou de non-compétence de leur tribunal, renvoient le jugement à mardi prochain, 22 avril.

» Ce délai est peut-être pris, assure-t-on dans l'audience, pour recevoir les instructions du château, et agir conformément à ces instructions. »

Audience du 22 avril.

« Maubreuil est amené. A peine sur les bancs des accusés, il repousse violemment les gendarmes en s'écriant :

» — Gendarmes, vous n'avez pas le droit de me maltraiter ;

---

(1) Comme on le voit, selon Maubreuil, ce serait à M. de Talleyrand lui-même qu'il aurait eu affaire. Nous n'avons pas voulu adopter l'accusation tout entière, et, dans notre récit, nous avons accepté l'intermédiaire de Roux-Laborie.

vous m'avez fait assez souffrir depuis trois ans que je suis en prison. C'est une scélératesse! Nous sommes ici devant la justice, et non devant la police! Qu'on me fusille plutôt sur l'heure, que de me livrer plus longtemps aux tortures auxquelles je suis en butte depuis trois ans! Non, jamais on n'a vu pareille scélératesse dans les forteresses de la Prusse, dans les cachots de l'inquisition, sous les plombs de Venise! On m'isole du monde; on étouffe mes plaintes; on défend à mon avocat de faire imprimer et de distribuer ma défense. Je lui témoigne ici, devant vous, toute ma reconnaissance pour son zèle et son dévouement; seulement, je suis désespéré qu'il n'ait pas voulu baser sa défense sur les moyens que je lui ai donnés, mais il n'a pas osé le faire.

» Ici, on impose de nouveau silence à l'accusé. Alors, le président lit le jugement, par lequel le tribunal de police correctionnelle déclare son incompétence, et renvoie l'accusé devant les assises, attendu que les faits dont il est prévenu, s'ils sont prouvés, constituent un crime, et non pas un simple délit.

» En entendant prononcer le jugement d'incompétence, l'accusé pousse de profonds soupirs; sa physionomie, altérée par une longue captivité, exprime l'abattement et le désespoir.

» Cependant, il ranime ses forces, et s'écrie :

» — Les Bourbons ont eu le sang de vingt-neuf de mes parents morts pour eux en Vendée et à Quiberon! Moi aussi, je dois leur être sacrifié à mon tour! On veut me perdre, on veut étouffer mes gémissements, on veut dire que je suis fou! Ruse infernale! Non; je ne suis pas fou; non, je n'étais pas fou, alors qu'ils ont eu besoin de moi! Français, je vous répète ce que je vous ai dit à la dernière audience : c'est le sang de Napoléon qu'on m'a demandé! Écrivez-le à Vienne, à Munich, à Pétersbourg. Oui, oui, — repoussant les gendarmes, qui veulent le forcer à se taire, — oui, c'est le sang de Napoléon qu'on m'a demandé!... Monsieur le président, on me fait violence! monsieur le président, on va me maltraiter! monsieur le président, on va me mettre des fers aux pieds! Mais n'importe, jusqu'au dernier moment je crierai : On m'a demandé le sang de Napoléon! les Bourbons sont des assassins!...

» Ces paroles sont prononcées par l'accusé, tout en se débattant avec les gendarmes; qui l'emmènent de force. »

Ici s'arrête le récit du sténographe, récit auquel je n'ai pas changé un mot, récit que j'ai là sous les yeux, certifié conforme.

Le 18 décembre suivant, Maubreuil comparaissait devant la cour d'assises de Douai, et parvenait à s'échapper avant le jugement.

Le 6 mai 1818, un arrêt le condamnait, par contumace, à cinq ans de prison, et à cinq cents francs d'amende, comme dépositaire infidèle.

Maubreuil, réfugié en Angleterre, rentra tout exprès pour donner à M. de Talleyrand, sur les marches de l'église de Saint-Denis, pendant la cérémonie funèbre de Louis XVIII, ce terrible soufflet qui le renversa.

— Ah! quel coup de poing! s'écria le prince en se relevant.

Qu'on nie maintenant la présence d'esprit de M. de Talleyrand!

M. Dupin n'aurait pas dit mieux.

Cette affaire Maubreuil, si obscure, si étrange, si mystérieuse, fit le plus grand tort aux Bourbons de la Restauration.

Elle fut, pour M. le comte d'Artois et M. de Talleyrand, ce que l'affaire du collier fut pour Marie-Antoinette et le cardinal de Rohan, c'est-à-dire une de ces sources cachées où les révolutions puisent des armes pour l'avenir; armes d'autant plus dangereuses, d'autant plus terribles, d'autant plus mortelles, que, la plupart du temps, elles sont trempées au poison de la calomnie.

LVIII

Le dernier coup de fusil de Waterloo. — Esprit des provinces en 1817, 1818 et 1819. — Les *Messéniennes*. — *Les Vêpres siciliennes*. — *Louis IX*. — Appréciation de ces deux tragédies. — Un vers de Térence. — Quelle part j'ai droit de prendre à ce vers. — Trois heures du matin. — Topographie amoureuse. — *Valeat res ludicra*.

Je ne sais qui a dit — peut-être est-ce moi — que la révolution de 1830 était le dernier coup de fusil de Waterloo.

C'est une grande vérité.

A part ceux qui avaient un intérêt de race, de position, ou de fortune, ressortant de la royauté bourbonienne, il est impossible de se faire une idée du sentiment d'opposition, toujours croissante, qui se manifestait en province; c'était au point que, sans savoir pourquoi, malgré tous les motifs que nous avions de maudire Napoléon, ma mère et moi, nous en étions arrivés à haïr bien davantage encore les Bourbons, qui ne nous avaient jamais rien fait, ou qui même nous avaient plutôt fait du bien que du mal.

C'est qu'aussi tout concourait à cette dépopularisation de la branche régnante : l'envahissement du territoire français par l'ennemi; la honte des traités de 1815; l'occupation de trois ans qui avait suivi la seconde rentrée des Bourbons; les réactions du Midi; Ramel assassiné à Toulouse; Brune massacré à Avignon; Murat, toujours populaire, malgré son ineptie et sa trahison, fusillé au Pizzo; les proscriptions de 1816; les défections, les hontes, les marchés infâmes révélés chaque jour; les chansons d'Émile Debraux, les chants de Béranger, les *Messéniennes* de Casimir Delavigne, les tabatières à la Charte, les Voltaire-Touquet, les Rousseau de tous les formats, les vers inédits dans le genre de ceux que j'ai cités; les anecdotes vraies ou fausses attribuées au duc de Berry, et dans lesquelles les vieilles gloires de l'Empire étaient toujours sacrifiées à quelque jeune ambition aristocratique; tout, jusqu'à ce roi avec ses guêtres noires, son habit bleu à boutons d'or, ses épaulettes de général et sa petite queue, tout, dis-je, tendait ou à la dépréciation, ou, ce qui est bien pis, au ridicule.

Les Vêpres siciliennes avaient été jouées à l'Odéon, le 23 novembre 1819, avec un succès foudroyant. Pourquoi? Il eût été difficile de le dire, à quelqu'un qui eût lu la pièce en se plaçant en dehors de toutes les passions. Pourquoi faisait-on queue, dès trois heures, à la porte de l'Odéon? pourquoi s'entassait-on à étouffer dans cette magnifique salle, où, dès cette époque, on était d'ordinaire si fort à l'aise? Pour entendre quatre vers, dans lesquels on voyait une allusion aux empiétements politiques que se permettait, disait-on, le ministre favori du roi.

Voici ces quatre vers. Ils étaient pourtant bien innocents, on en conviendra :

> De quel droit un ministre, avec impunité,
> Ose-t-il attenter à notre liberté?
> Se reposant sur vous des droits du diadème,
> Le roi vous a-t-il fait plus roi qu'il n'est lui-même?

Eh bien, ces quatre vers soulevaient des tonnerres d'applaudissements, des salves de bravos!

Et puis il fallait entendre le concert d'admiration entonné par toutes les feuilles libérales, en l'honneur du jeune poëte national. Le parti tout entier le caressait, l'adulait, l'exaltait.

Quelques temps après *les Vêpres siciliennes* jouées à l'Odéon, le Théâtre-Français, le 5 novembre 1819, avait représenté *Louis IX*.

C'était un pendant royaliste donné par le premier théâtre à la tragédie libérale de l'Odéon.

Certes, il y avait une valeur à peu près égale, à cette époque, entre Ancelot et Casimir Delavigne, et *Louis IX*, aux yeux des juges impartiaux, valait bien *les Vêpres siciliennes*.

Bah! tout le bruit, tous les applaudissements, tout le triomphe fut pour le poëte libéral.

C'est qu'il y avait dans la nation un souffle puissant, respiration interrompue de 93, et qui poussait l'esprit public vers la liberté.

Je me rappelle qu'au bruit que firent ces deux ouvrages, moi qui me sentais caresser des premières brises de la poésie, je voulus lire ces objets de controverse qui occupaient le monde littéraire tout entier. J'écrivis à de Leuven, qui m'envoya l'œuvre libérale et l'œuvre royaliste.

L'œuvre libérale à la main, car c'était celle qui était la plus vantée, je courus annoncer la bonne fortune qui nous tombait de Paris à nos jeunes amies Adèle, Albine et Louise. Il fut décidé que, le soir même, on lirait le chef-d'œuvre, et, comme c'était moi qui possédais l'ouvrage, je fus naturellement promu au grade de lecteur.

Hélas! nous, pauvres enfants sans parti pris, jeunes gens naïfs, qui voulions nous amuser pour battre des mains, être remués au cœur pour admirer, nous fûmes bien surpris à la fin du premier acte, plus surpris encore à la fin du second, qu'il se fit tant de bruit, tant de rumeurs, tant de louanges autour d'une œuvre estimable sans doute, mais qui ne faisait vibrer aucun sentiment, aucun souvenir, aucune passion.

C'est que nous ignorions encore que la passion politique est la plus partiale de toutes, et que celle-là vibrait au fond du cœur ulcéré de la patrie.

Interrompue au deuxième acte, la lecture des *Vêpres siciliennes* ne fut jamais finie, en société du moins.

Notre auditoire avait naïvement avoué que Montfort, Lorédan et Procida l'ennuyaient à mourir, et qu'il leur préférait de beaucoup le Petit-Poucet, le Chat botté, et l'Oiseau bleu, couleur du temps.

Mais l'épreuve ne me suffisait pas. Rentré chez ma mère, je lus non-seulement *les Vêpres siciliennes*, mais encore *Louis IX*.

Eh bien, c'est avec un sentiment de profonde satisfaction que, dès cette époque, je constate en moi cette impartiale appréciation des œuvres contemporaines; appréciation puisée dans mes sensations bien plutôt que dans mon jugement, appréciation qui fait que ni opinion politique, ni haine littéraire n'ont jamais pu influer, dans mon esprit, sur l'œuvre de mes confrères, que cette œuvre fût celle d'un ami ou d'un ennemi, d'un familier ou d'un inconnu.

Au reste, je n'ai pas besoin de dire que ni *les Vêpres siciliennes*, ni *Louis IX*, n'appartenant à cet ordre de littérature dont je devais être appelé un jour à sentir, à comprendre et à essayer de reproduire les beautés, je restai parfaitement froid devant ces deux tragédies, en accordant cependant une certaine préférence à *Louis IX*.

Je ne les ai jamais relues depuis, et probablement jamais je ne les relirai; mais je suis certain que, si je les relisais, mon opinion sur elles serait aujourd'hui la même qu'à cette époque.

Quelle différence de cette sensation terne et monotone que je venais de ressentir, à cette ardente émotion que m'avait fait éprouver *Hamlet*, tout amoindri, tout désossé, tout énervé qu'il est par Ducis!

J'avais en moi l'instinct du vrai et la haine du convenu; le vers de Térence : « Je suis homme, et rien de ce qui touche à l'humanité ne m'est étranger, » m'a toujours paru un des plus beaux vers qui aient été faits.

Du reste, j'allais pouvoir réclamer ma part de ce vers. Tous les jours, je devenais un peu plus homme; ma mère seule continuait à me regarder comme un enfant. Aussi fut-elle bien étonnée, un soir, que l'heure à laquelle j'étais habitué de rentrer se passât sans que j'eusse reparu au logis; et quand enfin, vers le jour, à trois heures du matin, je me glissai, tout joyeux, le cœur encore bondissant, dans ma chambre, que, depuis trois mois, dans la prévoyance de cet événement, j'étais parvenu à séparer de la sienne, trouvai-je ma mère en larmes, assise à ma fenêtre, d'où elle avait guetté mon retour, et prête à me faire toute la morale que méritait une rentrée si tardive ou plutôt si matinale!

Au bout de plus d'une année de soins, d'attentions, d'amour, de petites faveurs accordées, refusées, prises de force, la porte inexorable qui se fermait en me poussant dehors à onze heures s'était doucement rouverte à onze heures et demie, et, derrière cette porte, j'avais trouvé deux lèvres frémissantes, deux bras caressants, un cœur battant contre mon cœur, d'ardents soupirs et de longues larmes.

Adèle avait obtenu, comme moi, d'avoir une chambre séparée de celle de sa mère.

Cette chambre était mieux qu'une chambre : c'était un petit pavillon faisant saillie dans un long jardin fermé de haies seulement.

Une allée, passant entre l'appartement occupé par son frère et l'appartement occupé par sa mère, conduisait à ce jardin, et par conséquent à ce pavillon, qui n'était séparé de cette allée que par un escalier montant au premier.

C'était la porte de cette allée, donnant d'un côté sur la rue, et de l'autre, comme je l'ai dit, sur ce jardin, qui s'était rouverte devant moi, à onze heures et demie du soir, et ne s'était refermée derrière moi qu'à trois heures du matin, cette nuit où ma mère, debout, inquiète, prête à me venir chercher dans les six cents maisons de la ville, m'avait attendu, tout éplorée, à la fenêtre de ma chambre.

Mais ce qui tourmentait le plus ma mère, — et je m'en aperçus bientôt, — c'est que, sans qu'elle mît en doute le motif de ce dérangement, elle ne pouvait pas deviner la personne qui l'avait causé.

En effet, elle ne m'avait pas vu venir du côté par où elle m'attendait.

Et c'était bien simple.

C'était une si chaste, si pure et si honnête enfant que celle qui, après plus d'un an de lutte, se donnait à moi, que, quoique mon orgueil et mon amour fussent intéressés à la divulgation, ma conscience exigeait de moi, de mon honneur, de ma délicatesse, le secret le plus absolu.

Il en résultait que, pour qu'on ne me vît point à une pareille heure, soit aux environs de sa maison, soit dans la rue qui y conduisait, en sortant à trois heures de l'allée bénie qui m'avait donné passage, j'avais pris ma course, et, par une ruelle, gagné les champs. Des champs, j'étais entré dans le parc, en sautant par-dessus un fossé pareil à celui qui m'avait, dans une circonstance bien différente, permis de donner, le jour de la Pentecôte, une preuve de ma légèreté à mademoiselle Laurence. Enfin, du parc, j'avais gagné ce qu'on appelle chez nous le Manége, et j'étais rentré dans la ville par la rue du Château.

Il en résultait que ma mère, qui regardait du côté opposé, ne m'avait pas vu rentrer, et ne se doutant point de la ruse employée par moi pour dérouter, le cas échéant, les propos si prompts et si cruels des petites villes, il en résultait, dis-je, que ma mère se donnait au diable pour savoir d'où je venais.

Cette ignorance de ma mère, les soupçons qu'elle fit plus tard naître dans son esprit au sujet d'une autre personne, eurent sur ma destinée une influence assez sérieuse pour que j'y appuie un instant; ces détails ne sont pas aussi puérils qu'ils le paraissent au premier abord.

D'ailleurs, tout n'est-il pas puéril aux yeux de certaines personnes, tandis que, pour d'autres, — et j'ai bien peur que celles-là ne soient les vrais penseurs et les vrais philosophes, — tandis que, pour d'autres qui veulent suivre aux mains de la Providence le fil qui mène l'homme de la naissance à la mort, c'est-à-dire de l'inconnu au doute, tout détail a son importance, parce que le plus petit prend sa part dans l'ensemble de ce grand tout qu'on appelle la vie?

J'étais donc grondé par ma mère, qui ne me gronda pas longtemps, car je l'embrassais pendant qu'elle me grondait; d'ailleurs, elle n'était plus inquiète, et, avec cet œil de mère, et peut-être plus encore de femme, qui lit jusqu'au fond des cœurs, elle me voyait profondément heureux.

La joie est un abime comme la douleur; l'extrême joie touche de si près à la souffrance, que, comme la souffrance, elle a ses larmes.

Ma mère me quitta pour s'aller coucher, non point parce qu'elle était fatiguée, pauvre mère! mais parce qu'elle sentait que j'avais besoin d'être seul avec moi-même, seul avec mes souvenirs si récents, que je les tenais encore enfermés tout palpitants dans mon cœur, comme on tient dans sa poitrine toute une nichée d'oiseaux qui cherchent à s'envoler.

Oh! comme l'étude de maître Mennesson fut abandonnée, ce jour-là! comme le parc me parut beau! comme les grands bois, avec leurs feuilles murmurantes, avec leurs oiseaux chanteurs sur ma tête, et leurs chevreuils effarouchés à l'horizon, étaient bien le cadre qu'il fallait à l'espace dans lequel ma pensée souriait et dansait comme une nymphe joyeuse! Amour, premier amour, sève de la jeunesse, comme tu fais éclore la vie en nous! comme tu la fais circuler par les canaux les plus secrets jusqu'aux extrémités de nos sens, vaste domaine où chaque homme renfermé dans ce monde enferme à son tour en lui le monde entier!

LIX

Retour d'Adolphe de Leuven. — Il me montre un coin du monde artistique et littéraire. — La Mort d'Holbein et la Mort d'Orcagna. — Les entrées dans les coulisses. — La *Lénore* de Bürger. — Premier sentiment de ma vocation.

Sur ces entrefaites, après cinq ou six mois d'absence, de Leuven revint à Villers-Cotterets. Ce retour allait ouvrir un nouveau champ à mes désirs, désirs que cependant je croyais comblés.

Jetez une pierre au milieu d'un lac si large qu'il soit, et le premier cercle qu'elle dessinera autour d'elle en s'abîmant ira s'élargissant et se multipliant, comme nos jours et comme nos désirs, jusqu'à ce que le dernier touche la rive, c'est-à-dire l'éternité.

Adolphe était revenu, et avait ramené avec lui Lafarge.

Pauvre Lafarge! Vous vous le rappelez, n'est-ce pas, ce maître clerc si brillant qui revenait au pays natal dans un élégant cabriolet, attelé d'un cheval fringant? Eh bien, il avait acheté une étude, mais là s'était arrêté le cours de sa fortune ascendante. Par une de ces incroyables fatalités, quoiqu'il fût jeune, beau garçon, spirituel, peut-être même parce qu'il était tout cela, ce qui est parfaitement inutile à un notaire, il n'avait pas trouvé de femme pour payer cette étude; il avait, en conséquence, été obligé de la revendre, et, dégoûté du notariat, il s'était jeté dans la littérature.

De Leuven, qui l'avait aperçu à Villers-Cotterets, l'avait retrouvé à Paris, et était revenu avec lui.

Il restait encore au pauvre garçon quelque chose de son ancienne splendeur. Cependant, au milieu de ses nouveaux plans d'avenir, on cherchait vainement une conviction réelle; à peine y voyait-on passer l'espérance à l'état de nuage flottant!

Pendant son voyage à Paris, un grand changement s'était opéré dans l'esprit d'Adolphe, changement qui allait réagir sur moi.

Chez M. Arnault, dont il était devenu l'hôte, Adolphe avait vu de près un monde entrevu déjà par lui chez Talma, le monde littéraire.

Là, il avait connu Scribe, déjà à l'apogée de sa gloire. Là, il avait connu mademoiselle Duchesnois, maîtresse de Telleville, à cette époque, et qui répétait *Marie Stuart*. Là, il avait connu M. de Jouy, qui achevait son *Sylla;* Lucien Arnault, qui commençait son *Régulus;* Pichat, qui, en exécutant *Brennus*, et en rêvant *Léonidas* et *Guillaume Tell*, embrassait un avenir où, sa première couronne sur la tête, sa première palme à la main, l'attendait la mort.

De ces hauteurs splendides de l'art, il était ensuite descendu aux régions secondaires. Il avait fait connaissance avec Soulié, qui publiait à cette époque, des poésies dans *le Mercure;* avec Rousseau, ce Pylade de Romieu, que son Oreste a laissé, un jour, à l'embranchement du chemin qui le conduisait à sa sous-préfecture; avec Ferdinand Langlé, amant passager de la pauvre petite Fleuriet, sur laquelle, dit-on, un empoisonneur célèbre fit l'essai de la poudre mortelle avec laquelle il devait tuer plus tard son ami; avec Théaulon, esprit charmant, travailleur infatigable, qui ne travaillait que dans l'espoir d'arriver un jour à la paresse, qui n'eut jamais le temps d'être paresseux, et qui, bercé parfois un moment aux bras de l'Amour, ne se reposa réellement que sur le sein de la

Mort. — Aussi avait-il écrit sur la porte de son cabinet de travail, ce pauvre épicurien, qui, à force d'imagination, voyait en rose une vie pour lui toute tendue de noir, aussi avait-il écrit ces quatre vers, où respiraient tout ensemble sa molle insouciance et sa douce philosophie :

> Loin du sot, du fat et du traître,
> Ici ma constance attendra :
> Et l'Amour qui viendra peut-être,
> Et la Mort qui du moins viendra !

La Mort est venue, pauvre Théaulon ! venue avant l'heure, pour toi comme pour Pichat, comme pour Soulié, comme pour Balzac ; car il y a deux Morts chargées par le Seigneur de pousser les hommes dans l'éternité : l'une sourde, froide, impassible, obéissant aux tristes lois de la destruction : la Mort d'Holbein, la Mort du cimetière de Bâle, la Mort incessamment mêlée à la vie, cachant sous les masques les plus capricieux sa face de squelette, voilant son corps osseux sous le manteau du roi, sous les habits dorés de la courtisane, sous les haillons fangeux du mendiant, marchant côte à côte avec nous ; spectre invisible, mais toujours présent ; hôte sombre, compagnon funèbre, suprême amie qui nous reçoit dans ses bras quand nous trébuchons aux limites de la vie, et qui, doucement et pour toujours, nous couche sous la froide et humide pierre du tombeau ; — l'autre, sœur de celle-là, fille, comme elle, de l'Érèbe et de la Nuit ; l'autre, inattendue, haineuse, embusquée à l'angle du bonheur, au tournant des prospérités, prête, comme le vautour et comme la panthère, à fondre ou à bondir sur sa proie ; celle-là, c'est la Mort d'Orcagna, la Mort du campo-santo de Pise ; la Mort vivante, envieuse, qui, le teint terreux, les cheveux au vent, l'œil étincelant comme celui du lynx, vient prendre Pétrarque au milieu de son triomphe, Raphaël au milieu de ses amours ; à qui toute joie, toute gloire, toute richesse fait ombrage, et qui, passant, rapide, insoucieuse et sourde, au-dessus des malheureux qui l'invoquent, va frapper au milieu des fleurs, des verres et des parfums, le beau jeune homme couronné de myrte, la belle jeune fille couronnée de roses, le beau poëte couronné de lauriers, et les entraîne brutalement au tombeau, les yeux ouverts, le cœur palpitant, et les bras encore étendus vers la lumière, vers le jour, vers le soleil.

O Orcagna! Orcagna, grand sculpteur, grand peintre, et surtout grand poëte, combien de fois, en serrant la main de l'enfant que j'aime, ou en baisant le front de la maîtresse qui me rend heureux, combien de fois ai-je tressailli! car je voyais, avec les yeux de l'âme, passer à l'horizon cette Mort du campo-santo de Pise, sombre et menaçante comme un nuage ailé; puis, le lendemain, j'entendais dire : « Il est mort! » ou : « Elle est morte! » et c'était presque toujours un jeune génie qui s'était éteint, une jeune âme qui était remontée à Dieu.

Voilà donc le monde que de Leuven avait vu pendant son voyage à Paris, et il m'apportait à moi, pauvre provincial, perdu dans les profondeurs d'une petite ville, un reflet de ce monde resplendissant et inconnu.

De Leuven avait fait plus que voir : il était entré dans le tabernacle, il avait touché l'arche! Il avait été admis à l'honneur d'une lecture devant M. Poirson, grand prêtre du Gymnase, et devant M. Dormeuil, son sacristain. Il va sans dire que la pièce lue avait été refusée; mais, — comme au caillou qui s'approche de la rose, et à qui il reste le parfum de la reine des fleurs, — de sa pièce refusée, il était resté à de Leuven des entrées dans les coulisses.

Oh! les entrées dans les coulisses, la chose la plus ennuyeuse qu'il y ait au monde pour ceux qui les ont, la chose la plus ambitionnée sur la terre par ceux qui ne les ont pas!

Mais Adolphe les avait eues si peu de temps, que l'ennui n'avait pas eu le loisir de naître, et qu'il ne lui en était resté que l'éblouissement.

Cet éblouissement, il me l'apportait. A cette époque, Perlet était dans tout son talent, Fleuriet dans toute sa beauté, Léontine Fay dans toute sa vogue.

La pauvre enfant, — nous parlons de cette dernière, — on

lui faisait faire, à huit ou neuf ans, un métier auquel eût succombé une grande personne ; mais, bah ! on se consolait d'avance de tout, même de sa mort ; car on avait déjà gagné tant d'argent avec elle, qu'on pourrait, si elle venait à mourir, aller à son enterrement en carrosse.

Ce retour d'Adolphe, c'était donc pour moi un grand événement ; comme don Cléophas, je me pendais au manteau de mon excellent diable boiteux, et, enlevant pour moi la toiture des théâtres qu'il avait vus, il me faisait voir en me racontant.

Quelles longues promenades fîmes-nous ainsi ! combien de fois je l'arrêtai, passant d'un artiste à l'autre, en disant, après avoir épuisé les célébrités du Gymnase :

— Et Talma ? et mademoiselle Mars ? et mademoiselle Duchesnois ?

Et lui complaisamment s'étendait sur le génie, le talent, la bonhomie de ces artistes éminents, posant la main sur des touches inconnues du clavier de mon imagination, lesquelles faisaient vibrer des cordes sonores et ambitieuses, endormies jusqu'alors en moi, et que j'étais étonné de sentir s'éveiller dans mon cœur.

Alors, pauvre Adolphe, il lui vint peu à peu une singulière idée, c'était de me faire partager, pour mon compte, les espérances qu'il avait conçues pour le sien ; c'était de faire naître en moi le désir de devenir, sinon un Scribe, un Alexandre Duval, un Ancelot, un Jouy, un Arnault ou un Casimir Delavigne, — tout au moins un Fulgence, un Mazère ou un Vulpian.

Et, il faut le dire, c'était déjà bien ambitieux ; car, je le répète, je n'avais reçu aucune éducation, je ne savais rien, et ce ne fut que bien tard, en 1833 ou 1834, lors de la publication de mes premières *Impressions de voyage*, que quelques personnes commencèrent à s'apercevoir que j'avais de l'esprit.

En 1820, je dois l'avouer, je n'en avais pas l'ombre.

Huit jours avant le retour d'Adolphe, admettant pour moi cette vie de province à l'horizon restreint et muré, qu'un premier reflet du ciel venait de vivifier, j'avais posé, comme terme à mon ambition, une perception de province, aux appointements de quinze ou dix-huit cents francs, car, être notaire, il n'y fallait pas songer; d'abord, la vocation me manquait, et, depuis trois ans que je copiais des ventes, des obligations et des contrats de mariage, chez maître Mennesson, je n'étais guère plus fort en droit que je ne l'étais en musique, après trois ans de solfége chez le père Hiraux.

Il était donc évident que le notariat n'était pas plus ma vocation que la musique, et que je ne jouerais jamais mieux du code que du violon.

Cela désolait fort ma mère, à qui toutes ses bonnes amies disaient :

— Ma chère, écoutez bien ce que je vous prédis : votre fils est un grand paresseux, qui ne fera jamais rien.

Et ma mère poussait un soupir, et me disait en m'embrassant :

— Est-ce que c'est vrai, mon pauvre enfant, ce qu'on me dit de toi ?

Et, naïvement, je lui répondais :

— Dame! je ne sais pas, moi, ma mère!

Que pouvais-je répondre? Je ne voyais pas au delà des dernières maisons de ma ville natale, et, si je trouvais dans son enceinte quelque chose qui répondît à mon cœur, j'y cherchais vainement quelque chose qui satisfît mon esprit et mon imagination.

De Leuven fit une brèche à cette muraille qui m'enveloppait, et, à travers cette brèche, je commençai d'apercevoir comme un but sans formes dans un horizon infini.

Pendant ce temps, de la Ponce opérait sur moi de son côté.

Je traduisais avec lui, comme je l'ai dit déjà, le beau roman italien, ou plutôt la belle diatribe italienne d'*Ugo Foscolo*, — cette imitation du *Werther* de Gœthe, dont l'auteur du poëme des *Sépulcres* est arrivé, à force de patriotisme et de talent, à faire une œuvre nationale.

En outre, de la Ponce, qui voulait m'inspirer le regret d'avoir abandonné l'étude de la langue allemande, m'avait traduit la belle ballade de Bürger, *Lénore*.

La lecture de cette œuvre, appartenant à une littérature

qui m'était complétement inconnue, produisit sur moi une profonde impression : c'était comme un de ces paysages qu'on voit en rêve, et dans lesquels on n'ose se hasarder à entrer, tant ils vous semblent différents des horizons ordinaires. Ce terrible refrain, que répète sans cesse, à la fiancée qu'il emporte frémissante sur son cheval-spectre, le cavalier funèbre : « Hourra ! — fantôme, les morts vont vite ? » ressemblait si peu aux concetti de Demoustier, aux rimes amoureuses de Parny ou aux élégies du chevalier Bertin, que ce fut toute une révolution qui se fit dans mon esprit quand je commençai de lire la sombre ballade allemande.

Dès le même soir, j'essayai de la mettre en vers ; mais, comme on comprend bien, la tâche était au-dessus de mes forces. J'y brisai les premiers élans de ma pauvre muse, et je commençai ma carrière littéraire comme j'avais commencé ma carrière amoureuse, par une défaite d'autant plus terrible qu'elle était secrète, mais incontestable à mes propres yeux.

N'importe, ce n'en étaient pas moins les premiers pas essayés vers l'avenir que Dieu me destinait, pas inexpérimentés et chancelants comme ceux de l'enfant qui commence à marcher, qui trébuche et tombe dès qu'il s'arrache aux lisières de sa nourrice, mais qui, tout en se relevant, endolori de chaque chute, continue d'avancer, poussé par l'espérance, dont la voix lui dit tout bas : « Marche ! marche, enfant ! c'est par la douleur qu'on devient homme, c'est par la constance qu'on devient grand ! »

LX

Le cerbère de la rue de Largny. — Je l'apprivoise. — Le guet-apens. — Madame Lebègue. — Une confession.

Six mois s'écoulèrent entre ces premières amours et ces premiers travaux. Outre nos réunions chez Louise Brézette, réunions qui avaient lieu tous les soirs, nous nous voyions,

Adèle et moi, deux ou trois fois par semaine, dans le pavillon où sa mère lui avait, à notre grande joie à tous deux, permis d'établir son nouveau domicile.

Cette obligation pour elle de me venir ouvrir la porte de l'allée, cette obligation pour moi de passer devant la porte à coucher de sa mère, présentaient de telles difficultés, que j'avais rêvé longtemps à un autre moyen de parvenir jusqu'à elle.

Ce moyen, à force d'y rêver, je l'avais trouvé.

En examinant bien la topographie des environs, j'avais avisé, à trois portes de la maison d'Adèle, une porte d'allée donnant sur une espèce de passage, lequel donnait lui-même dans une espèce de jardin. Un mur et deux haies séparaient ce jardin de celui d'Adèle.

De son jardin, où j'avais libre entrée, le jour, j'étudiai soigneusement les localités, et je vis que toute la difficulté était d'ouvrir la porte de la rue, de traverser le passage, de pénétrer dans le jardin, de franchir le mur et d'enjamber les deux haies.

Après quoi, je venais frapper au contrevent; Adèle m'ouvrait, et tout était dit.

Mais, comme je l'ai fait remarquer, il s'agissait d'ouvrir la porte, et de traverser le passage.

La porte fermait à clef, et le passage était, la nuit, gardé par un chien moins dangereux par sa taille, et par la lutte qu'il pouvait livrer, que par le bruit qu'il pouvait faire.

Tout cela fut l'affaire de huit nuits: une nuit, pour m'assurer, au milieu des aboiements de Muphti, — le chien s'appelait Muphti, — une nuit, dis-je, pour m'assurer, au milieu de ces aboiements, que la serrure ne fermant qu'à un tour, je pouvais ouvrir cette porte avec la pointe de mon couteau; sept autres, pour faire connaissance avec Muphti, que je séduisis peu à peu, en lui passant par-dessous la porte des croûtes de pain et des os de poulet.

Les deux ou trois dernières nuits, Muphti, habitué à l'aubaine que je lui réservais, impatient de mon arrivée, m'attendait longtemps d'avance, me sentant venir à vingt pas, et, à mon approche, grattant de ses deux pattes la porte, et se plaignant tendrement que cet obstacle nous séparât.

Le huitième jour, ou plutôt la huitième nuit, convaincu que j'avais dans Muphti, non plus un adversaire, mais un complice, j'ouvris la porte, et, selon mes prévisions, Muphti, tout joyeux de se trouver en rapport plus direct avec un homme qui lui transmettait de si succulents reliefs, Muphti sauta après moi en me donnant les signes d'une amitié à laquelle je ne pouvais faire qu'un reproche, c'était de se manifester d'une façon trop bruyante.

Cependant, comme tout enthousiasme se calme, l'enthousiasme de Muphti se calma, et, passant aux témoignages d'une affection plus douce, me permit de me hasarder plus avant.

J'avais choisi, pour cette première tentative d'effraction et d'escalade, une de ces sombres nuits d'automne dont la lune est complétement absente; j'avais le pied léger, l'oreille active ; j'avançai sans faire crier un seul grain de sable sous mes pieds.

Derrière moi, il me sembla qu'on ouvrait une porte; je précipitai le pas, je gagnai un grand carré de haricots à rames, dans lequel je me précipitai comme Gulliver dans son champ de blé, et, là, Muphti caché entre mes jambes, son cou maintenu entre mes deux mains, afin d'avoir la faculté d'intercepter le moindre cri qu'il lui prendrait l'envie de pousser, j'attendis.

C'était en effet un des habitants du passage; il avait entendu du bruit. Pour savoir qui avait causé ce bruit, il fit un tour dans le jardin, passa à deux pas de moi sans me voir, toussa en homme qui commence à s'enrhumer, et rentra chez lui.

Je lâchai Muphti; je m'élançai aux espaliers, je sautai de l'autre côté du mur, je franchis les deux haies, et je courus au contrevent.

Mais je n'eus pas besoin de frapper. Avant de l'atteindre, j'entendis un souffle, je vis une ombre, je sentis deux bras étendus qui m'enlacèrent tout tremblants, et m'entraînèrent dans le pavillon, dont la porte se referma sur nous.

Oh! si j'eusse été poëte à cette époque, les adorables vers

que j'eusse faits en l'honneur de ces premières fleurs nourries dans le jardin de nos amours. Mais, hélas! je n'étais pas poëte encore pour mon compte, et je me contentais de dire à Adèle les élégies de Parny et de Bertin; ce qui, je crois, l'ennuyait.

J'ai déjà fait remarquer, à propos des *Vêpres siciliennes*, combien cette chère enfant avait l'esprit juste.

Je la quittai, selon l'habitude, vers deux ou trois heures du matin. Selon l'habitude encore, je pris par le parc, et je revins à la maison en faisant un grand détour.

J'ai dit le chemin que je suivais, et comment j'étais obligé de sauter par-dessus un grand fossé, pour passer de la plaine dans le parc. Afin de n'être pas obligé de faire le même saut trois ou quatre fois par semaine, ce qui, dans les nuits sombres, ne laissait pas que de devenir assez périlleux, j'avais fait à l'un des angles du fossé, un assez fort amas de pierres, de sorte que je n'avais qu'à me laisser glisser dans cet angle, ce qui me permettait de sauter en deux fois.

Cette nuit-là, en sautant dans le fossé, j'aperçus à quatre pas de moi une ombre qui me parut un peu moins caressante que celle qui m'attendait dans le jardin, et m'avait attiré dans le pavillon.

Cette ombre tenait à la main, non pas l'ombre d'un bâton, mais un bel et bon bâton, dans toute sa noueuse réalité.

Du moment où j'ai été homme, et où un danger s'est présenté à moi, de jour ou de nuit, je puis le dire hautement, j'ai toujours marché droit à ce danger.

Je marchai droit à l'homme et au bâton.

Le bâton se leva et retomba dans ma main.

Alors se passa, dans ce fossé sombre, une des luttes les plus acharnées que j'ai soutenues de ma vie.

C'était bien moi qui étais attendu, c'était bien à moi qu'on en voulait.

L'homme qui m'attendait avait le visage noirci; par conséquent, je ne pouvais le reconnaître; mais, sans le reconnaître, je l'avais deviné.

C'était un jeune homme de vingt-quatre ou vingt-cinq ans;

j'en avais dix-huit à peine, mais j'étais fort rompu à tous les exercices du corps, à la lutte surtout.

Je parvins à le prendre à bras-le-corps, et à le renverser sous moi. Sa tête porta sur une pierre, et résonna sourdement.

Tout cela se passait sans qu'il y eût une parole proférée de part ni d'autre ; cependant il devait être blessé.

Je sentis qu'il fouillait à sa poche, et je compris qu'il y cherchait son couteau.

Je lui saisis la main au-dessus du poignet, et parvins à la lui tordre de telle façon, que les doigts s'ouvrirent, et que le couteau tomba.

Par un mouvement rapide, je m'emparai du couteau.

Un moment j'eus cette terrible tentation, et c'était bien mon droit, d'ouvrir le couteau, et de l'enfoncer dans la poitrine de mon antagoniste.

La vie d'un homme tint en ce moment à un fil : si ma colère eût rompu ce fil, cet homme était mort !

J'eus sur moi la puissance de me relever. Je tenais déjà le couteau d'une main, je pris le bâton de l'autre, et, fort de ces deux armes, je laissai mon adversaire se relever à son tour.

Il fit un pas en arrière, et se baissa pour ramasser cette même pierre contre laquelle s'était heurtée sa tête ; mais, au moment où il se redressait, la pointe du bâton le frappait au milieu de la poitrine, et il sautait à dix pas.

Cette fois, il était évanoui, sans doute, car il ne se releva point. Je remontai le talus du fossé, et m'éloignai à reculons ; j'avais senti une telle haine dans cette agression inattendue, que je craignais quelque traîtrise.

Personne ne reparut, et je regagnai la maison, fort ému, je l'avoue, de cet incident.

Je venais, certainement, d'échapper à l'un des dangers les plus réels que j'aie jamais courus.

Cet événement eut, pour une personne qui y était étrangère, des suites assez graves, et m'amena à commettre la seule action mauvaise que j'aie à me reprocher dans le cours de ma vie.

Le reproche est d'autant plus grand que cette action mauvaise, je la commis vis-à-vis d'une femme.

Au moins, de ma part, n'y eut-il aucune préméditation.

Je regagnai la maison, comme je l'ai dit, fort content d'en être quitte pour quelques contusions, et tout fier, au bout du compte, d'avoir laissé mon adversaire sur le carreau.

Le lendemain matin, j'allai chez de la Ponce. Comme pareille agression pouvait se renouveler, avec des combinaisons plus dangereuses encore pour moi que celles auxquelles j'avais échappé, je voulais lui emprunter des pistolets de poche que j'avais vus chez lui.

Il était difficile de lui faire cet emprunt sans lui en dire la cause.

Je la lui dis. Seulement, comme lui faire connaître le théâtre de la lutte, c'était lui dénoncer, ou à peu près, la maison d'où je sortais, je lui indiquai une autre localité.

Cette localité, que j'avais prise au hasard, c'était un endroit du Manége, où, dans une ruelle assez étroite, venaient aboutir les issues de trois maisons.

Ces trois maisons étaient habitées, l'une par Hippolyte Leroy, cet ancien garde du corps dont j'ai déjà parlé à propos de nos mésaventures chez M. Collard, et qui devait bientôt devenir mon cousin en épousant Augustine; l'autre, par la famille de Leuven; l'autre, enfin, par le notaire à qui maître Mennesson avait raconté mes désastres amoureux, et qui, ainsi que je l'ai dit déjà, avait épousé Éléonore, la seconde fille du premier mariage de M. Deviolaine.

J'ai dit, en parlant de M. Lebègue, combien la grâce charmante et l'esprit un peu mondain de sa femme lui avaient suscité d'inimitiés, dans une petite ville, où toute supériorité est un motif de jalousie.

Or, j'avais raconté à d'autres que de la Ponce l'attaque nocturne dont j'avais failli être victime; et aux autres, comme à de la Ponce, pour dérouter les soupçons, j'avais indiqué cet endroit du Manége dont je viens de faire la topographie.

D'où pouvais-je sortir, à deux heures du matin, lorsque j'avais été attaqué à cet endroit du Manége?

Ce ne pouvait être de chez Hippolyte Leroy; ce ne pouvait être de chez Adolphe de Leuven.

J'eusse appelé à mon aide, et l'on fût venu.

C'était donc de chez M. Lebègue, — ou plutôt de chez madame Lebègue.

Au reste, ce mauvais propos, tout mensonger qu'il était, pouvait être motivé sur quelques apparences.

Si facile que je fusse à être raillé, peut-être même parce que je prêtais aux coups de la raillerie un flanc trop mal cuirassé, madame Lebègue m'épargnait plus que ne le faisaient ses sœurs. Madame Lebègue était jolie, spirituelle, coquette; elle faisait de loin à ses amis, avec une main charmante, les gestes les plus gracieux du monde ; de près, elle laissait regarder, admirer, baiser même cette main, avec le laisser aller aristocratique des femmes qui ont une jolie main. Hélas! c'était là tout son crime.

Le crime était grand, car la main était jolie.

J'aimais beaucoup madame Lebègue; je l'aimais même, je puis le dire aujourd'hui, d'une amitié qui eût été plus que de l'amitié, si elle y eût consenti ; mais, outre qu'elle ne m'avait jamais donné le moindre encouragement, à peine étais-je près d'elle, que son habitude du monde, la supériorité de son esprit sur le mien, ses airs de grande dame surtout, me replongeaient dans les plus profonds abîmes de cette timidité dont j'avais, lors de mes premières amours, donné de si éclatantes preuves.

Un jour, sans que je susse d'où venait ce bruit, sans que je me doutasse de la cause qui l'avait fait naître, j'entendis murmurer à mon oreille que j'étais l'amant de madame Lebègue.

J'aurais dû, à l'instant même, repousser ce bruit avec indignation; j'aurais dû faire de cette calomnie la justice qu'elle méritait. J'eus le tort de la combattre faiblement et tout juste ce qu'il fallait pour que ma vaniteuse dénégation eût tout le poids d'un aveu;

Il faut dire aussi que je fus, dans cette circonstance, admirablement servi par la malignité publique.

Pauvre esprit faussé que j'étais! j'eus un moment de joie, une heure d'orgueil à ce bruit, qui eût dû me faire rougir de honte, parce que j'avais laissé croire une chose qui n'était pas.

Je portai bientôt la peine de ma mauvaise action. D'abord, ce bruit me brouilla avec la personne qui en était l'objet; madame Lebègue me crut plus coupable que je ne l'étais; elle m'accusa d'avoir fait naître cette calomnie. Sur ce point, elle se trompait : je l'avais laissée vivre, laissée grandir, voilà tout.

Il est vrai que c'était bien assez.

Elle me ferma sa maison, maison amie à moi et à ma mère, et qui, dès lors, nous devint hostile à tous deux.

Madame Lebègue ne me pardonna jamais. Dans deux ou trois circonstances de ma vie, je me sentis piqué de l'aiguillon de la haine qu'elle m'avait vouée. Je n'essayai jamais de rendre la blessure reçue; je sentais, dans ma conscience, que j'avais mérité de la recevoir.

Partout où j'ai rencontré depuis madame Lebègue, j'ai détourné la tête devant elle, j'ai baissé les yeux devant son regard.

Le coupable avouait tout bas son crime.

Aujourd'hui, il l'avoue tout haut.

Mais aussi, cette confession faite, je puis dire hardiment au reste de l'humanité, hommes ou femmes : « Regardez-moi, et essayez de me faire rougir! »

Le lendemain de cet événement, j'eus la curiosité de visiter le lieu du combat. Je ne m'étais pas trompé : la pierre sur laquelle avait porté la tête de mon adversaire était ensanglantée à son aspérité la plus aiguë, et quelques cheveux dont la couleur me confirma dans mes soupçons, — qui, d'ailleurs, étaient déjà devenus une certitude avant cette dernière preuve, — étaient demeurés attachés à ce sanglant vestige.

Le soir, je vis Adèle : elle ignorait encore ce qui m'était arrivé.

Je lui contai tout; je lui dis qui je soupçonnais : elle se refusait à croire.

Juste en ce moment, un chirurgien, nommé Raynal, passait; je l'avais vu, le matin, revenir dans une direction qui était celle qui conduisait à la maison de mon blessé.

J'allai à lui.

— Qu'a donc un tel, lui demandai-je, qu'on vous a envoyé chercher de chez lui, ce matin?

— Ce qu'il a, garçon? me répondit-il avec son accent provençal.

— Oui.

— Eh bien, il a que sans doute, cette nuit, il n'y voyait pas bien clair, et que, pressé qu'il était de rentrer, il a été donner de la poitrine dans le timon d'une voiture. Le coup s'est trouvé si violent, qu'il en est tombé à la renverse, et qu'en tombant il s'est fendu la tête.

— Quand lui faites-vous votre seconde visite?

— Demain, à la même heure qu'aujourd'hui.

— Eh bien, docteur, dites-lui de ma part, que, passant cette nuit derrière lui, à l'endroit même où il est tombé, j'ai trouvé son couteau, et que je le lui renvoie. Ajoutez, docteur, que c'est une bonne arme, mais que cependant l'homme qui n'aurait que cette arme-là aurait tort de s'attaquer à un homme qui aurait deux pistolets pareils à ceux-ci...

Je crois que le docteur comprit.

— Ah! ah! fit-il; bon! sois tranquille, je le lui dirai.

Je présume que, de son côté, l'homme au couteau comprit aussi, car je n'en entendis jamais reparler, quoique, quinze jours après, je dansasse vis-à-vis de lui au bal du parc.

LXI

De Leuven m'invente pour son collaborateur. — *Le Major de Strasbourg.* — Mon premier *couplet chauvin.* — *Le Dîner d'amis.* — *Les Abencérages.*

J'avais naïvement raconté à de Leuven mon impuissance à traduire la belle ballade de Bürger; mais, comme c'était un parti pris chez lui de faire de moi un auteur dramatique, de Leuven m'avait consolé en me disant que l'opinion de son père était que certaines œuvres allemandes se refusaient absolument à la traduction, et que, tout particulièrement, la ballade de *Lénore* tenait le premier rang parmi ces œuvres-là.

Voyant que de Leuven ne perdait pas son espoir, j'avais peu à peu repris le mien.

Je dirai plus, à quelques jours de là, j'eus même un triomphe.

Lafarge avait beaucoup ri de cette idée qu'avait eue de Leuven, de faire de moi son collaborateur. En effet, quelle connaissance pouvait avoir du théâtre parisien un enfant sans éducation ; pauvre provincial, perdu dans une petite ville de l'Ile-de-France ; ignorant de la littérature française et de la littérature étrangère ; connaissant à peine les noms des maîtres ; n'éprouvant pour leurs chefs-d'œuvre les plus vantés, dont son défaut d'éducation artistique lui voilait la forme, qu'une médiocre sympathie ; se mettant à la pratique sans savoir, en théorie, ce que c'était qu'un plan, qu'une action, qu'une péripétie, qu'un dénoûment ; n'ayant jamais lu jusqu'au bout ni *Gil Blas*, ni *Don Quichotte*, ni *le Diable boiteux*, livres recommandés par les directeurs d'éducation à l'admiration générale, et pour lesquels, je dois l'avouer à ma honte, l'homme qui a succédé à l'enfant n'éprouve pas, aujourd'hui même, un bien vif intérêt ; lisant, en échange, tout ce qu'il y a de mauvais dans Voltaire, qui était à la mode à cette époque comme opposition politique et religieuse ; n'ayant jamais ouvert un volume ni de Walter Scott ni de Cooper, ces deux grands romanciers, dont l'un a si bien connu l'homme, dont l'autre a si bien deviné Dieu ; tandis qu'au contraire, il avait dévoré tous les méchants livres de Pigault-Lebrun, dont il raffolait, *le Citateur* compris ; ne connaissant de nom ni Gœthe, ni Schiller, ni Uhland, ni André Chénier ; ayant entendu parler de Shakspeare, mais comme d'un barbare, du fumier duquel Ducis avait tiré ce collier de perles qu'on appelle *Othello*, *Hamlet* et *Roméo et Juliette*, mais sachant par cœur son Bertin, son Parny, son Legouvé, son Demoustier ?

Décidément, Lafarge avait raison, et il fallait qu'Adolphe eût bien du temps à perdre pour avoir entrepris cette tâche à laquelle l'impossibilité seule pouvait ôter de son ridicule.

Mais Adolphe, avec son flegme anglo-allemand, avait bravement continué l'œuvre entreprise, et nous avions fait, tant bien que mal, un plan de vaudeville en un acte, intitulé *le Major de Strasbourg*.

Pourquoi le major de Strasbourg, plutôt que le major de la Rochelle ou de Perpignan ? C'est ce qu'il me serait impossible de dire. Quels étaient l'intrigue, le développement de cet embryon dramatique ? C'est ce que j'ai complétement oublié.

Mais ce que je n'ai pas oublié, parce que ce fut la première caresse faite à mon amour-propre, le voici :

C'était l'époque des pièces patriotiques ; une grande réaction intérieure se faisait contre nos revers de 1814, et notre défaite de 1815. Le couplet national faisait fureur, le chauvinisme était à la mode ; pourvu que l'on fît rimer, à la fin d'un couplet, *Français* avec *succès,* et *lauriers* avec *guerriers,* on était sûr d'être applaudi. Il est facile de comprendre que, de Leuven et moi, nous n'étions pas de force à innover et que nous devions nous contenter de suivre et d'adorer les traces de MM. Francis et Dumersan. Aussi, notre *Major de Strasbourg* était-il de la famille de ces dignes officiers en retraite, dont le patriotisme continuait de battre l'ennemi dans des couplets consacrés à la plus grande gloire de la France, et à venger Leipzig et Waterloo sur les champs de bataille du Gymnase et des Variétés.

Or, notre major, devenu simple laboureur, était surpris par un père et par un fils, lesquels arrivaient là, je ne saurais trop dire pourquoi, au moment où, au lieu de creuser son sillon, il venait de quitter sa charrue pour se livrer à une lecture dans laquelle peu à peu il s'absorbait tellement, qu'il ne voyait pas entrer ce père et ce fils ; — circonstance bien heureuse, puisque cette préoccupation du brave officier valait au public le couplet suivant :

JULIEN, *apercevant le major.*

N'approchez pas, demeurez où vous êtes.
Il lit...

LE COMTE.

Sans doute un récit de combats,
Ce livre?

JULIEN, *regardant par-dessus l'épaule du major, et revenant à son père.*

C'est *Victoires et Conquêtes.*

LE COMTE.

Tu vois, enfant, je ne me trompais pas:
Son cœur revole aux champs de l'Allemagne!
Il croit encor voir les Français vainqueurs...

JULIEN.

Mon père, il lit la dernière campagne,
Car de ses yeux je vois couler des pleurs?

Ma part de travail faite dans l'œuvre, je la portai à de Leuven. De Leuven, je dois le dire, était plein d'indulgence ; mais, cette fois, arrivé au couplet que je viens de citer, son indulgence monta jusqu'à l'enthousiasme, il mit le couplet sur l'air :

Dis-moi, soldat, dis-moi, t'en souviens-tu?

Il le chanta deux fois, quatre fois, dix fois, s'interrompant pour dire :

— Oh! oh! voilà un couplet qui sera bissé, si la censure nous le laisse.

Car dès cette époque, était en vigueur cette honorable institution appelée la censure, et qui n'a fait que croître et prospérer depuis.

J'avoue que j'étais bien fier ; je ne croyais pas avoir fait un pareil chef-d'œuvre. Adolphe courut chanter le couplet à son père, qui, en mâchant son cure-dents, lui dit :

— C'est toi qui as fait cela?

— Non, mon père, c'est Dumas.

— Hum! Vous faites donc un vaudeville avec Dumas?

— Oui.

— Pourquoi n'y glisses-tu pas ta *froide Ibérie?* ce serait une occasion de la placer!

Adolphe tourna les talons et alla chanter mon couplet à Lafarge.

Lafarge l'écouta en clignant les yeux.

— Tiens! tiens! tiens! dit-il, et c'est Dumas qui a fait cela?

— Oui, c'est lui.

— Vous êtes sûr qu'il ne l'a pas copié quelque part?

Touchante confiance!

— J'en suis sûr; je connais tous les couplets patriotiques qu'on a faits sur tous les théâtres de Paris, et je vous réponds que celui-là est inédit.

— Alors, c'est un hasard, et il se sera trompé.

De la Ponce lut le couplet à son tour; le couplet chatouilla son cœur de soldat de 1814, et, à la première occasion, il m'en fit compliment.

Hélas! pauvre couplet, si médiocre que tu sois, à mes yeux surtout, reçois cependant la place qui t'est due. Es-tu d'or ou de cuivre? En tout cas, tu es la première pièce de monnaie littéraire jetée par moi dans le monde dramatique! tu es l'amulette trouée que l'on met dans le fond du sac pour y faire venir un trésor! Aujourd'hui, le sac est plein à déborder! Ce qui est venu te recouvrir vaut-il beaucoup mieux que toi? C'est ce que l'avenir décidera, — cet avenir, qui, pour les poëtes, prend la forme superbe d'une déesse, et le nom orgueilleux de postérité!

On connaît le côté vaniteux de ma personne. Mon orgueil n'avait pas besoin d'être encouragé pour sortir du vase où il était enfermé, et grandir comme le géant des *Mille et une Nuits* : je commençai à croire que j'avais fait un chef-d'œuvre.

Dès lors, je ne pensai plus qu'à la littérature dramatique, et, comme, un jour ou l'autre, Adolphe devait retourner à Paris, nous nous mîmes à la besogne, afin qu'il emportât une cargaison d'ouvrages de la force du *Major de Strasbourg*.

Il n'y avait aucun doute que des œuvres si distinguées n'obtinssent, devant le public éclairé de Paris, le succès qu'elles méritaient, et ne m'ouvrissent, vers la capitale du génie européen, un chemin semé de couronnes et de pièces d'or.

Que diraient alors les personnes bienveillantes qui avaient affirmé à ma mère que j'étais un paresseux, et que je ne ferais jamais rien?

A l'œuvre, futur Schiller! A l'œuvre, futur Walter Scott! A l'œuvre!...

C'est dès lors que s'éveilla dans mon cœur une grande force qui peut tenir lieu de toutes les autres : la volonté ; une grande vertu, qui n'est certes pas le génie, mais qui le remplace : la persévérance.

Malheureusement, Adolphe n'était pas un guide bien sûr ; comme moi, il tâtonnait fort. C'est une vérité qui, d'elle-même, ressortira du choix des sujets que nous prîmes.

Notre second vaudeville fut emprunté aux *Contes à ma fille* du vénérable M. Bouilly.

Il était intitulé *le Dîner d'amis*.

Notre premier drame fut emprunté au *Gonzalve de Cordoue* de Florian.

Il était intitulé *les Abencérages*.

O intéressants Abencérages! ô traîtres Zégris! que de crimes du même genre vous avez à vous reprocher! O Gonzalve de Cordoue! que de jeunes poëtes tu as égarés dans cette voie où nous entrâmes pleins d'espérance, et d'où nous sortîmes pleins de confusion!

Pauvre Élisa Mercœur! je t'ai vue mourir caressant la chimère orientale ; seulement, tu t'y cramponnas comme le naufragé à la planche flottante ; tandis que nous, sentant son peu de résistance, nous eûmes le courage de l'abandonner, et de la laisser flotter au hasard sur cet océan sombre où tu la rencontras à ton tour!

Mais, alors, nous ne savions pas quel serait l'avenir de ces enfants, errants sur les grandes routes, que nous essayions de voler à leurs véritables pères, et que nous vîmes expirer de langueur, les uns après les autres, dans nos bras.

Ces travaux nous occupèrent un an, de 1820 à 1821. Pendant cette année, deux grands événements s'accomplirent, qui, pour nous, penchés sur notre œuvre, et ne nous préoccupant que d'elle, passèrent inaperçus :

L'assassinat du duc de Berry : 13 février 1820 ;

La mort de Napoléon : 5 mai 1821.

FIN DU TOME DEUXIÈME

TABLE

Pages.

XXIX. — La carrière. — Les Français mangent le haricot cuit pour les Cosaques. — Le duc de Trévise. — Il se laisse surprendre. — Le bonnetier Ducoudray. — Terreurs...................... 4

XXX. — Retour à Villers-Cotterets. — Rencontre. — L'étui aux trente louis. — Le sac de peau. — La taupe — Départ. — Voyage. — Arrivée au Mesnil. — Séjour. — Le roi Joseph. — Le roi de Rome. — Nous quittons le Mesnil. — Séjour à Crépy en Valois. — Les morts et les blessés. — Reddition de Paris. — L'île d'Elbe....... 8

XXXI. — M'appellerai-je Davy de la Pailleterie ou Alexandre Dumas? — *Deus dedit, Deus dabit.* — Le bureau de tabac. — Cause de la chute de l'empereur Napoléon donnée par mon maître d'écriture. — Ma première communion. — Comment je m'y prépare.. 22

XXXII. — Auguste Lafarge. — Grande partie de marette. — Chasse miraculeuse. — Épigramme. — Je veux faire des vers français. — De quelle façon je traduis Virgile et Tacite. — Montagnon. — Mes opinions politiques... 32

XXXIII. — Le fusil à un coup. — *Quiot Biche.* — Parallèle entre lui et Boudoux. — Je deviens braconnier. — On me fait un procès-verbal. — Madame Darcourt plénipotentiaire. — Ce qui empêche que le procès-verbal de Creton n'ait des suites fâcheuses pour moi... 39

XXXIV. — Débarquement de Bonaparte au golfe Juan. — La lecture du *Moniteur* en province. — Proclamations et ordonnances. — Louis XVIII, M. de Vitrolles et le maréchal Soult. — L'opinion publique à Villers-Cotterets. — La chapelière Cornu. — Les bonapartistes malgré eux — Les bruits de journaux............... 50

Pages.

XXXV. — Le général Exelmans. — Son procès. — Les deux frères Lallemand. — Leur conspiration. — Ils sont arrêtés et traversent Villers-Cotterets. — Quel affront ils y subissent.............. 59

XXXVI. — Nous conspirons aussi, ma mère et moi. — La confidence. — M. Richard. — La pistole et les pistolets. — Offre faite aux frères Lallemand pour les sauver. — Ils refusent. — Je retrouve l'un d'eux, vingt-huit ans après, chez M. le duc Decazes........ 65

XXXVII. — Napoléon et les alliés. — Passage de l'armée française et de l'empereur par Villers-Cotterets. — Les messagers de malheur... 79

XXVIII. — Waterloo. — L'Élysée. — La Malmaison............. 86

XXXIX. — Déroute. — Le haricot de mouton reparaît. — M. Picot l'avoué. — A force de diplomatie, il obtient de ma mère de m'emmener à la chasse. — J'en perds le sommeil, le boire et le manger... 96

XL. — Chasse aux alouettes. — Je deviens fort en thème. — La perdrix démontée. — Au bout du fossé, la culbute. — La ferme de Brassoire. — Boutade de M. Deviolaine en trouvant sa femme accouchée.. 104

XLI. — M. Moquet de Brassoire. — L'embuscade. — Trois lièvres me chargent. — Ce qui m'empêche d'être le roi de la chasse. — Faute d'avoir attaqué le taureau par les cornes, je manque d'être éventré par lui. — Sabine et ses petits............................. 110

XLII. — Seconde période de ma jeunesse. — Les gardes forestiers et les marins. — Choron. — Moinat. — Mildet. — Berthelin. — La Maison-Neuve.. 118

XLIII. — Choron et le chien enragé. — Niquet dit *Bobino*. — Sa maîtresse. — Chasse au sanglier. — Hallali. — Triomphe de Bobino. — Il est décoré. — Le sanglier qu'il avait tué ressuscite... 125

XLIV. — Les sangliers et les gardes. — La balle de Robin-des-Bois. — Le charcutier... 133

XLV. — La chasse aux loups. — Les petites villes. — Mort tragique de Choron... 144

XLVI. — Ma mère songe que j'ai quinze ans, et que la marette et la pipée ne peuvent pas me créer un brillant avenir. — J'entre dans l'étude de maître Mennesson, notaire, en qualité de *saute-ruisseau*. — Mon patron et mes collègues. — La fontaine Eau-Claire.. 153

XLVII. — Ce que c'était que l'homme assassiné, et ce que c'était que l'assassin. — Auguste Picot. — L'égalité devant la loi. — Derniers exploits de Marot. — Son exécution.......................... 161

Pages.

XLVIII. — Le printemps à Villers-Cotterets. — La fête de la Pentecôte. — L'abbé Grégoire m'invite à faire danser sa nièce. — Les livres rouges. — *Le Chevalier de Faublas.* — Laurence et Vittoria. — Un muscadin de 1818.. 169

XLIX. — Je franchis le *Haha*. — Il survient un accroc. — Les deux paires de gants. — La contredanse. — Triomphe de Fourcade. — J'en ramasse les miettes. — La valse. — L'enfant commence à devenir homme... 179

L. — Un chapitre inédit du *Diable boiteux*. — Histoire de Samud et de la belle doña Lorenza.. 189

LI. — A quoi me servit d'avoir été berné par les deux Parisiennes. — Les jeunes filles de Villers-Cotterets. — Mes trois intimes. — Premières amours... 202

LII. — Adolphe de Leuven. — Sa famille. — Détails inconnus sur la mort de Gustave III. — Le comte de Ribbing. — Les cordonniers au château de Villers-Hellon....................................... 214

LIII. — Le quatrain d'Adolphe. — La poule d'eau et le roi Guillaume. — Déjeuner au bois. — La poudre à gratter, les grenouilles et le coq. — Le spectre du docteur. — De Leuven, Hippolyte Leroy et moi, nous sommes exilés du salon. — Suites fatales d'une erreur géographique. — M. Paroisse.. 224

LIV. — Amédée de la Ponce. — Il m'apprend ce que c'est que le travail. — M. Arnault et ses deux fils. — Voyage en diligence. — Un monsieur confit en douceurs. — J'apprends à quel péril j'ai échappé.. 239

LV. — Mes premières impressions dramatiques. — L'*Hamlet* de Ducis à Villers-Cotterets. — Un pamphlet antibourbonien. — Poésie de notaire... 249

LVI. — Retour à 1814. — Marmont, duc de Raguse. — M. Dudon. — Maubreuil et Roux-Laborie chez M. de Talleyrand. — Le *Journal des Débats* et le *Journal de Paris.* — Lyrisme bonapartiste et enthousiasme bourbonien. — Complot contre la vie de l'empereur. — Vol de l'argent et des diamants de la reine de Westphalie... 255

LVII. — Compte rendu du procès relatif à l'enlèvement des diamants de la reine de Westphalie par le sieur de Maubreuil........... 281

LVIII. — Le dernier coup de fusil de Waterloo. — Esprit des provinces en 1817, 1818 et 1819. — Les *Messéniennes.* — *Les Vêpres siciliennes.* — *Louis IX.* — Appréciation de ces deux tragédies. — Un vers de Térence. — Quelle part j'ai droit de prendre à ce vers. — Trois heures du matin. — Topographie amoureuse. — *Valeat res ludicra*.. 289

Pages.

LIX. — Retour d'Adolphe de Leuven. — Il me montre un coin du monde artistique et littéraire. — La Mort d'Holbein et la Mort d'Orcagna. — Les entrées dans les coulisses. — La *Lénore* de Bürger. — Premier sentiment de ma vocation................. 295

LX. — La cerbère de la rue de Largny. — Je l'apprivoise. — Le guet-apens. — Madame Lebègue. — Une confession............ 301

LXI. — De Leuven m'invente pour son collaborateur. — *Le Major de Strasbourg.* — Mon premier *couplet chauvin.* — *Le Dîner d'amis.* — *Les Abencérages*.................................. 309

FIN DE LA TABLE DU TOME DEUXIÈME

POISSY. — TYP. ET STÉR, DE A. BOURET.

COLLECTION MICHEL LÉVY. — Gr. in-18, 1 fr. le volume.

A. Achard. Parisiennes et Provinciales. Brunes et Blondes. Femmes honnêtes. Dernières Marquises.

A. Adam. Souv. d'un Musicien. Dern. Souvenirs d'un Musicien.

G. d'Alaux. L'Empereur Soulouque et son Empire.

Achim d'Arnim. (*Trad. Th. Gautier fils*). Contes bizarres.

A. Assolant. Hist. fantast. de Pierrot.

X. Aubryet. Femme de vingt-cinq ans.

E. Augier. Poésies complètes.

J. Autran. Milianah.

Th. de Banville. Odes funambulesques.

Ch. Barbara. Hist. émouvantes.

Roger de Beauvoir. Chevalier de Saint-Georges. Aventurièr. et Courtisanes. Hist. cavalières. Mlle de Choisy. Chev. de Charny. Cabaret des Morts.

A. de Bernard. Portr. de la Marquise.

Ch. de Bernard. Nœud gordien. Homme sérieux. Gerfaut. Ailes d'Icare. Gentilh. campagnard, 2 v. Beau-père, 2 v. Paravent. Peau du Lion. L'Ecueil. Théâtre et Poésies.

Mme C. Berton. Bonheur impossible. Rosette.

L. Bouilhet. Melænis.

E. Bravard. Petite Ville. L'honneur des Femmes.

A. de Bréhat. Scènes de la vie contemporaine. Bras d'acier.

Max Buchon. En Province.

E. Blaze. Musiciens contemporains.

E. Carlen (*Trad. de M. Souvestre*). Deux jeunes Femmes.

L. de Carné. Drame sous la Terreur.

Emile Carrey. Huit jours sous l'Equateur. Métis de la Savane. Révoltés du Para. Récits de Kabylie. Scènes de la vie en Algérie. Hist. et mœurs Kabyles.

C. de Chabrillan. Voleurs d'or. Sapho.

Champfleury. Excentriques. Avent. de Mlle Mariette. Réalisme. Souffr. du Prof. Delteil. Premiers Beaux-Jours. Usurier Blaizot. Souv. des Funambules. Bourgeois de Molinchart. Sensations de Josquin. Chien-Caillou.

*** Souvenirs d'un officier du 2me de Zouaves.

H. Conscience (*Trad. Wocquier*). Scènes de la Vie flamande, 2 v. Fléau du Village. Démon de l'Argent. Veillées Flamandes. Mère Job. Guerre des Paysans. Heures du Soir. L'Orpheline. Batavia. Aurélien, 2 v. Souvenirs de Jeunesse. Lion de Flandre, 2 v.

Cuv.-Fleury. Voyages et Voyageurs.

G. Dantragues. Histoires d'amour et d'argent.

Comt. Dash. Bals masqués. Jeu de la Reine. Chaine d'Or. Fruit défendu. Chât. en Afrique. Poudre et la neige. Marquise de Parabère.

Général Daumas. Grand Désert. Chevaux du Sahara.

F. Deltuf. Aventures parisiennes. L'une et l'autre.

Ch. Dickens (*Trad. A. Pichot*). Nev. de ma Tante, 2 v. Contes de Noël.

Oct. Didier. Mad. Georges. Fille de Roi.

Alex. Dumas. Vie au Désert, 2 v. Maison de glace, 2 v. Charles le Téméraire, 2 v.

Alex. Dumas fils. Avent. de quatre Femmes. Vie à vingt ans. Antonine. Dame aux Camélias. Boîte d'Argent.

X. Eyma. Peaux noires. Femmes du Nouveau monde.

Paul Féval. Tueur de Tigres. Dernières Fées.

G. Flaubert. Madame Bovary, 2 v.

V. de Forville. Marq. de Pasaval. Conscrit de l'an VIII. Deux Belles-Sœurs.

Marc-Fournier. Monde et Comédie.

Th. Gautier. Beaux-Arts en Europa, 2 v. Constantinople. L'Art moderne. Grotesques.

Mme Emile de Girardin. Marguerite. Nouvelles. Marquise de Pontanges. Contes d'une vieille Fille à ses

veux. Poésies. Vicomte de Launay, 4 v.

L. Gozlan. Châteaux de France, 2 v. Not. de Chantilly. Emot. de Polydore Marasquin. Nuits du Père-Lachaise. Famille Lambert. Hist. de Cent trente Femmes. Médecin du Pecq. Dernière Sœur grise. Dragon rouge. Comédie et Comédiens. Marquise de Belverane. Balzac et Vidocq.

Hildebrand (*Trad. Wocquier*). Scènes de la Vie hollandaise. Chambre obscure.

Hoffmann (*Trad. Champfleury*). Contes posthumes.

A. Houssaye. Femmes comme elles sont. L'Amour comme il est. Pécheresse.

Ch. Hugo. Chaise de paille. Bohème dorée, 2 v. Cochon de saint Antoine.

F. V. Hugo (*Trad.*). Sonnets de Shakspeare. Faust anglais de Marlowe.

F. Hugonnet. Souv. d'un Chef de bureau arabe.

J. Janin. Chem. de traverse. Contes littér. Contes fantastiq. L'Ane mort. Confession. Cœur pour deux Amours.

Ch. Jobey. Amour d'un Nègre.

A. Karr. Les Femmes. Agathe et Cécile. Promen. hors de mon Jardin. Sous les Tilleuls. Poignée de Vérités. Voy. autour de mon Jardin. Soirées de Sainte-Adresse. Pénélope normande. Encore les Femmes. Trois Cents Pages. Guêpes, 6 v. Menus Propos. Sous les orangers. Les Fleurs. Raoul. Roses noires et Roses bleues.

L. Kompert (*Trad. D. Stauben*). Scènes du Ghetto. Juifs de la Bohême.

A. de Lamartine. Les Confidences. Nouv. Confidences. Touss. Louverture.

V. de Laprade. Psyché.

Th. Lavallée. Hist. de Paris, 2 v.

J. Lecomte. Poignard de Cristal.

J. de la Madeleine. Ames en peine.

F. Malefille. Capitaine La Rose. Marcel. Mém. de Don Juan, 2 v. Monsieur Corbeau.

X. Marmier. Au Bord de la Newa. Drames intimes. Granda Dame russe.

F. Maynard. De Delhi à Cawnpore. Drame dans les mers boréales.

Méry. Hist. de Famille. Salons et Souterrains de Paris. André Chénier. Nuits anglaises. Nuits italiennes. Nuits espagnoles. Nuits d'Orient. Château vert. Chasse au Chastre.

P. Meurice. Scènes du Foyer. Tyrans de Village.

P. de Molènes. Mém. d'un Gentilh. du siècle dernier. Caract. et récits du temps. Chron. contemp. Hist. intimes. Hist. sentim. et milit. Avent. du temps passé.

F. Mornand. Vie arabe. Bernerette.

H. Murger. Dernier Rendez-vous. Pays Latin. Scèn. de Campagne. Buveurs d'eau. Vacances de Camille. Roman de toutes les Femmes. Scèn. de la Vie de Bohème. Propos de ville et propos de théâtre. Scèn. de la vie de jeunesse. Sabot rouge. Madame Olympe. Amoureuses.

P. de Musset. Bavolette. Puylaurens.

A. de Musset, de Balzac, G. Sand. Tiroir du Diable. Paris et Parisiens. Parisiennes à Paris.

Nadar. Quand j'étais Étudiant. Miroir aux Alouettes.

Gérard de Nerval. Bohême galante. Marquis de Fayolles. Filles du Feu. Souvenirs d'Allemagne.

Charles Nodier (*Trad.*). Vicaire de Wakefield.

P. Perret. Bourgeois de campagne. Avocats et meuniers.

Amédée Pichot. Poètes amoureux.

E. Plouvier. Dernières Amours.

Edgard Poe (*Trad. Baudelaire*). Hist. extraordinaires. Nouv. hist. extraordinaires. Aventures d'A. Gordon-Pym.

F. Ponsard. Études antiques.

A. de Pontmartin. Cont. et Nouv. Mém. d'un Notaire. Pia du Procès. Contes d'un Plant. de choux. Pourq. je reste à la Campagne. Or et Clinquant.

M. Radiguet. Souvenirs de l'Amérique espagnole.

H. Révoil (*Traducteur*). Harems du Nouv. Monde. Docteur américain.

L. Reybaud. Dernier des Commis-Voyag. Coq du Clocher. Indust. en Europe. Jérôme Paturot, Position sociale. Jérôme Paturot, République. Ce qu'on peut voir dans une Rue. Comtesse de Mauléon. Vie à rebours. Vie de Corsaire. Vie de l'Employé.

A. Rolland. Martyrs du Foyer.

Ch. de La Rounat. Comédie de l'Amour.

J. de Saint-Félix. Scènes de la Vie de Gentilhomme.

J. Sandeau. Sacs et Parchemins. Nouvelles. Catherine.

G. Sand. Histoire de ma Vie, 10 v. Mauprat. Valentine. Indiana. Jeanne. Mare au Diable. Petite Fadette. François le Champi. Teverino. Consuelo, 3 v. Comt. de Rudolstadt, 2 v. André. Horace. Jacques. Lélia, 2 v. Lucrezia Floriani. Péché de M. Antoine, 2 v. Lettres d'un Voyageur. Meunier d'Angibault. Piccinino, 2 v. Simon. Dernière Aldini. Secrétaire intime.

E. Scribe. Théâtre, 20 v. Nouvelles Historiet. et Prov. Piquillo Alliaga, 3 v.

Alb. Second. A quoi tient l'Amour.

Fr. Soulié. Mém. du Diable, 2 v. Deux Cadavres. Quatre Sœurs. Conf. générale, 2 v. Au Jour le Jour. Marguerite. Maître d'école. Bananier. Eulalie Pontois. Si Jeun. savait... si Vieill. pouvait, 2 v. Huit jours au Château. Conseiller d'Etat. Malheur complet. Magnétiseur. Lionne. Port de Créteil. Comt. de Monrion. Forgerons. Eté à Meudon. Drames inconnus. Maison n° 3 de la r. de Provence. Av. d'un Cadet de Famille. Amours de Bonsenne. Olivier Duhamel. Chât. des Pyrénées, 2 v. Rêve d'Amour. Diane et Louise. Prétendus. Cont. pour les enfants. Quatre époq. Sathaniel. Comte de Toulouse. Vicomte de Béziers. Saturnin Fichet, 2 v.

E. Souvestre. Philos. sous les toits. Confess. d'un Ouvrier. Coin du Feu. Scènes de la Vie intime. Chron. de la Mer. Clairières. Scèn. de Chouannerie. Dans la Prairie. Dern. Paysans. En Quarantaine. Scèn. et Récits des Alpes. Goutte d'Eau. Soirées de Meudon. Echelle de Femmes. Souv. d'un Vieillard. Sous les Filets. Contes et Nouv. Foyer breton, 2 v. Dern. Bretons, 2 v. Anges du Foyer. Sur la Pelouse. Riche et Pauvre. Péchés de Jeunesse. Réprouvés et Elus, 2 vol. En Famille. Pierre et Jean. Deux Misères. Pendant la Moisson. Bord du Lac. Drames parisiens. Sour les ombrages. Mât de cocagne. Mémorial de Famille. Souv. d'un Bas-Breton, 2 v. L'Homme et l'Argent. Monde tel qu'il sera. Histoires d'autrefois. Sous la tonnelle. Théâtre de la Jeunesse.

Marie Souvestre. Paul Ferroll, traduit de l'anglais.

D. Stauben. Scènes de la Vie juive en Alsace.

De Stendhal. L'Amour. Rouge et Noir. Chartreuse de Parme. Promen. dans Rome, 2 v. Chroniq. italiennes. Mém. d'un touriste, 2 v. Vie de Rossini.

Mme B. Stowe (*Trad. Forcade*). Souvenirs heureux, 2 v.

E. Sué. Sept Péchés capitaux : L'Orgueil, 2 v. L'Envie, Colère, 2 v. Luxure, Paresse, 2 v. Avarice, Gourmandise Gilbert et Gilberts, 3 v. Adèle Verneuil, Grand Dame. Clémence Hervé.

E. Texier. Amour et Finance.

L. Ulbach. Secrets du Diable.

O. de Vallée. Maniers d'argent.

A. Vacquerie. Profils et Grimaces.

M. Valrey. Marthe de Montbren. Filles sans Dot.

M. Wey. Anglais chez eux. Londres il y a cent ans.

*** Mme la duchesse d'Orléans.

*** Zouaves et Chasseurs à pied.

www.ingramcontent.com/pod-product-compliance
Lightning Source LLC
Chambersburg PA
CBHW060419170426
43199CB00013B/2203